英語スピーキング指導ハンドブック

泉 惠美子・門田修平 編著

大修館書店

はしがき

　わが国の英語教育はこれまで基本的に，コミュニケーション能力の育成を目標としてきました。とりわけ近年では，日本の「グローバル化」戦略に対応した英語教育や英語学習の重要性が叫ばれ，そのための改革が進められています。その結果，中学校・高等学校では，授業は「英語で行う」ことが原則とされ，学習者が最終的にスピーキング能力を向上させ，どれだけ相手を意識して自分の気持ちや考えなどを英語で適確に表現したり，伝えあったりできるかということが最重要課題であると考えられています。

　このような趨勢（すうせい）の中で，本書では，「オーラルインタラクション」や「コミュニケーション」能力の育成をターゲットにしつつ，英語スピーキングの指導法，学習法，評価法に関する基本的な考え方や，具体的な実践例を提示したいと思います。その上で，そのスピーキング指導実践の背景となる情報，スピーキングについての実証研究データ，さらにはその獲得モデルについて解説し，TOEFL などアウトプット重視の外部テストや入学試験の動向などもふまえて，先生方が自信を持って英語スピーキングの指導ができるようになることを目標にしています。また，必修化された小学校外国語活動や CAN-DO，CLIL などホットな話題も随所に取り入れました。

　本書の構成ですが，第Ⅰ部は導入編とし，スピーキング指導に関する基本的な事項を取り上げ Q&A の形で解説しています。第Ⅱ部は実践編とし，スピーキング指導について具体的に小学校・中学校・高等学校での実践例などを挙げて，教科書を用いた指導，教科書以外の指導，評価，小学校での指導などについて取り上げています。第Ⅲ部は理論編と

し，音声言語習得，スピーキング，コミュニケーション，インタラクションモデルなどについて述べています。また，背景情報としてスピーキング指導に関わる基礎知識や，有益な情報，生徒の姿などを紹介しています。

こうした試みが結果的にどこまで成功しているかについては，既刊の『英語語彙指導ハンドブック』『英語リーディング指導ハンドブック』『英語音読指導ハンドブック』（大修館書店）と同様に，本書を手にとっていただいた読者のみなさまの判断に委ねたいと思います。

本書の刊行は，編者・執筆者の緊密なコラボレーションの賜物（たまもの）です。編者の趣旨に賛同し，度重なる執筆者会議や原稿検討会に出席いただき，また編者からの数々の要請に快く応じて頂いた執筆者の先生方に厚くお礼を申し上げます。また，大修館書店編集部の佐藤さん，向井さんには，さまざまな形で大いにご尽力いただきました。ここに記して深く感謝したいと思います。

2016年4月

泉　惠美子
門田　修平

目次

はしがき…iii

編著者・執筆者一覧…xi

導入編 ──スピーキング指導のQ&A── 3

Q1 グローバル化においてスピーキング能力の育成はどのような意味を持つのでしょうか。 4

Q2 スピーキング力とはどのようなものでしょうか。また，どのような能力が必要でしょうか。 6

Q3 スピーキングを困難にさせるものにはどのようなものがあるでしょうか。 8

Q4 コミュニケーション，またコミュニケーション能力とはどのようなことをさすのですか。 10

Q5 コミュニケーション，スピーキングの種類とタスクにはどのようなものがあるのでしょうか。 12

Q6 インプットからアウトプットに持っていくにはどうすればよいでしょうか。 14

Q7 L2学習における年齢要因：小学校で英語を教えるメリットは何でしょうか。 16

Q8 スピーキングの指導にはどのようなものがあるでしょうか。 18

Q9 教室英語とはどのようなもので，どの程度必要でしょうか。 20

Q10 スピーキングの評価には，どのようなものがありますか。また，その際の留意点は何でしょうか。 22

実践編 25

1. 導入活動：中学校 …………………………………… 26
1.1 オーラルインタラクションの進め方 26／1.2 インタラクションに関するQ&Aの例 34

2．導入活動：高等学校 …………………………………………………… 36
　2.1　オーラルインタラクションの留意点　36／2.2　高度な内容の素材の場合　36／2.3　英語に苦手意識の強い生徒の場合　39

3．本文の内容理解を進める：中学校 …………………………………… 43
　3.1　背景知識を豊かにするためのＱ＆Ａ（一斉）　43／3.2　理解の確認のためのＱ＆Ａ（ペアワーク）　46／3.3　コンテキストを発展させるためのＱ＆Ａ（一斉）　48／3.4　インテイクのための音読・暗唱　50

4．本文の内容理解を進める：高等学校 ………………………………… 52
　4.1　概要をつかませるための質問　52／4.2　内容の細部を理解させるための質問　53／4.3　さらに深く内容を理解させるための質問　55／4.4　インタビューとしてのＱ＆Ａ　56／4.5　生徒の主体的な学びのために　57

5．音声を重視した文法指導：フォーカス・オン・フォーム ………… 59
　5.1　フォーカス・オン・フォームの文法指導　59／5.2　対象学習者・科目・教材　60／5.3　フォーカス・オン・フォームの手順　60／5.4　フォーカス・オン・フォームの効果と課題　64

6．教科書を発展させる …………………………………………………… 70
　6.1　教科書の一部をそのまま再利用　71／6.2　教科書の一部を言い換えて利用　71／6.3　ダイアログをモノローグへ変換　73／6.4　教科書の本文を要約　74／6.5　教科書の内容をもとに推測　75／6.6　教科書に書かれている内容に対する意見　77／6.7　書かれている視点を変えて再編集　78／6.8　教科書本文の続きを創作　81／6.9　書かれていない情報を調べて発表　82

7．小学校における代表的な指導法 ……………………………………… 91
　7.1　歌・チャンツの指導　91／7.2　模倣・反復を目的としたゲーム活動　94／7.3　本当の情報を用いたやり取り　96／7.4　文字と音を結び付け，読みにつなげる　98

8．スキットを活用したスピーキング指導 …………………………… 109
　8.1　リズムに乗せた一斉練習　109／8.2　即興の一言を引き出すペアワーク

111／8.3 補足資料を使ったレポート活動「20世紀の偉人たち」 113／8.4 ジェスチャーとスピーキング 116

9. スピーチ・レシテーションの指導 ……………………………………… 123
9.1 授業でのスピーキング指導を進める方法 123／9.2 スピーチ指導の実際（prepared speech） 124／9.3 その他のスピーキング活動の具体例 132／9.4 終わりに 135

10. インフォメーションギャップを活用したインタラクションの指導 …… 140
10.1 はじめに 140／10.2 インフォメーションギャップ活動とは 140／10.3 インフォメーションギャップ活動の進め方 141／10.4 インフォメーションギャップ活動のバリエーション 145／10.5 インフォメーションギャップ活動における留意点 152

11. ディベートの指導 ……………………………………………………… 157
11.1 ディベートの種類 157／11.2 ディベートで育成される資質・能力 159／11.3 暗誦によるディベートの流れのイメージ化 159／11.4 帯単元で行うミニ・ディベート 167

12. ディスカッションの指導 ……………………………………………… 172
12.1 ディスカッションの準備活動 172／12.2 ディスカッション指導の一連の流れ（テーマの決定からまとめまで） 178／12.3 効果的なディスカッションにするための工夫 183

13. 公立・私立小学校における指導事例 ………………………………… 189
13.1 私立小学校での指導事例 189／13.2 公立小学校での指導事例 196／13.3 まとめ 200

14. プレゼンテーションの指導 …………………………………………… 207
14.1 プレゼンテーション（プレゼン）の利点 207／14.2 フォトストーリー 207／14.3 アウトリーチプロジェクト 211／14.4 プレゼンの成果と課題 218

15. プロジェクトの指導 ……………………………………… 223
15.1　プロジェクト学習とは　223／15.2　実践例（中学3年生〜高校2年生）　224

16. コミュニケーション方略の指導 ……………………………… 242
16.1　様々なタスクによるコミュニケーション方略（CS）指導　242／16.2　CSの表現　244／16.3　タスクを用いたCS指導の具体例　247／16.4　他のタスクの具体例　250／16.5　CS指導の留意点　253

17. スピーキングのテストと評価：中学校 ……………………… 258
17.1　オーラル・コミュニケーションのテストの種類と方法　258／17.2　オーラル・コミュニケーションの評価　263

18. スピーキングのテストと評価：高等学校 …………………… 266
18.1　手順の具体例　267

19. 入試とスピーキングの評価 …………………………………… 282
19.1　学習指導要領と大学入試　282／19.2　4技能型外部入試と大学入試　282／19.3　国産4技能型試験　283／19.4　スピーキング独立型テストの入試利用　284／19.5　コミュニケーション志向へ改善される高校・大学入試　285

理論編　　　　　　　　　　　　　　　　　　　　　　　　293

1. 音声言語習得モデル ……………………………………………… 294
1.1　第一言語獲得についてのモデル　294／1.2　母語獲得における言語本能から相互作用本能へのパラダイムシフト　301／1.3　第二言語習得におけるインタラクション仮説　303／1.4　第二言語としての英語の学習・教育への示唆：3段階学習モデル　305／1.5　コミュニケーションは多重処理タスク　306

2. スピーキングモデル ……………………………………………… 309
2.1　音声言語（話しことば）の特性　309／2.2　スピーキングの認知プロセス　310／2.3　第二言語スピーキングモデル　311／2.4　第二言語における語彙・文法コード化　313／2.5　第二言語における音声コード化　316／2.6　留学の

スピーキングへの効果：実証研究例　318

3．コミュニケーション能力をめぐって　322
3.1　コミュニケーションとは　322／3.2　Jakobson の6機能モデル　323／3.3　推論モデル（inference model）　325／3.4　Speech act theory　325／3.5　Hymes の SPEAKING　326／3.6　Canale and Swain のコミュニケーション能力　327／3.7　Bachman and Palmer のコミュニケーション能力モデル　328／3.8　非言語コミュニケーション　329／3.9　社会文化理論　330／3.10　コミュニケーションに対する態度，動機づけ　331／3.11　その他の関連理論　332

4．インタラクションモデル　333
4.1　インタラクションとは　333／4.2　インタラクションの中で何が起こっているのか　334／4.3　インタラクションに影響を与える要素とは　340／4.4　インタラクションを活用した指導の効果について　342／4.5　スピーキング指導にインタラクションを活用するために　344

5．日本人英語学習者の運動リズムとことばのリズム　346
5.1　イメージを発話に変えるための身体運動　346／5.2　日本語発話時の動きと英語発話時の動きの関係　347／5.3　発話に同期する身体運動　348／5.4　発話速度と身体運動　349／5.5　小学生の発話速度に見られる個人差　350

6．スピーキングの流暢性の獲得　354
6.1　模倣と再現：模倣は生得的能力か？　354／6.2　顕在記憶から潜在記憶へ：インターフェイス再考　356／6.3　第二言語スピーキングにおける反復の効果　359／6.4　まとめ：インプットとアウトプットをつなぐプラクティス　363

[背景情報]
1　多重知能（Multiple Intelligences）理論を活用する授業　67
2　ティーチャートークの意義と効用　85
3　絵本の読み聞かせからアウトプットへ　104
4　タイ中学生との国際交流　120

- 5 チャンツからスピーキング活動へ　137
- 6 タスクに基づくスピーキング指導　153
- 7 SSH におけるスピーキング指導　184
- 8 音韻ループを鍛える学習法　203
- 9 ズーミングプレゼンソフト Prezi の活用　220
- 10 CLIL とは？　236
- 11 コミュニケーション方略指導の有効性　255
- 12 スピーキング関連コンテストの紹介　288

付録…367

参考文献…375

索引…383

編著者・執筆者一覧

【編著者】
泉 惠美子（いずみ えみこ）（京都教育大学教授）
導入編 Q2-10，実践編 16，[背景情報 11]，理論編 3

門田 修平（かどた しゅうへい）（関西学院大学教授）
[背景情報 8]，理論編 1, 2, 6

【執筆者】（五十音順）
稲岡章代（いなおか ふみよ）（賢明女子学院中学校・高等学校教諭）
実践編 1, 9, 17，背景情報 5

高田哲朗（たかだ てつろう）（京都外国語大学他非常勤講師）
実践編 4, 12，背景情報 7，背景情報 12

竹下厚志（たけした あつし）（神戸龍谷中学校・高等学校教諭）
実践編 6, 11, 15, 18，背景情報 2，背景情報 10

田中武夫（たなか たけお）（山梨大学大学院教授）
実践編 10，背景情報 6，理論編 4

田縁眞弓（たぶち まゆみ）（京都教育大学・ノートルダム学院小学校講師）
実践編 7, 13，背景情報 3

溝畑保之（みぞはた やすゆき）（大阪府立学校指導教諭）
導入編 Q1，実践編 2, 5, 14, 19，背景情報 1，背景情報 9

山本玲子（やまもと れいこ）（京都外国語大学・京都外国語短期大学准教授）
実践編 3, 8，背景情報 4，理論編 5

英語スピーキング指導ハンドブック

導 入 編
―― スピーキング指導の Q&A ――

Q1 グローバル化においてスピーキング能力の育成はどのような意味を持つのでしょうか。

Ans. 私たちは「知識基盤社会」に生きていると言われています。私たちを取り巻くものごとが地球規模でつながり、一国単独の努力では解決できない問題が出現し、その解決策を地球儀的視点で解決しなければならないグローバル化が、「知識基盤社会」の中で進行しています。その例をユネスコ無形文化遺産に登録された和食の代表格「ウナギ」で考えてみます。「ウナギ」に関しては、食文化、貿易、環境、交渉、言語が多国間で複雑に絡まっています。日本は、中国、韓国、台湾から「ウナギ」を輸入しています。絶滅危惧種に指定され、4国は稚魚の捕獲量を減らす会議を行いました。英語母語話者が不在の会議で英語が世界共通語として使用されました。このようなグローバル化現象が身近に頻繁に起こっていて、その特質は次のようにまとめられます。

---

1) 知識には国境がなく、グローバル化が一層進む
2) 知識は日進月歩であり、競争と技術革新が絶え間なく生まれる
3) 知識の進展は旧来のパラダイムの転換を伴うことが多く、幅広い知識と柔軟な思考力に基づく判断が一層重要になる

大企業にとっては、作れば売れる時代が国内でも国外でも終わり、新しい発想と行動力を持ったグローバル人材が求められていることは明らかです。

中小企業や地方産業はどうでしょうか。平成24年までの3年間で8.9%の中小企業が消滅しています。対外競争力低下、国内マーケット縮小に加え、ICT不対応、後継者不足がその原因です。経済格差が広がり、貧困家庭が増え、高校、大学を退学せざるを得ない若者が生み出されていきます。

しかし、グローバル化に対応し、再建している例があります。売り上げの3倍の借金を抱える老舗旅館は、インターネットを利用し海外からの客を増やす策に出ました。来客には外国語で対応します。このような積極姿勢から、庭園の整備などに融資を受けることに成功しています。また、国内市場のみの展開で一度破産した繊維業者は、海外向けのデザインを工夫し、輸出を突破口として、再建を果たしています。国民一人一人が内向き志向でいることはできず、グローバルな視点を持たなければなりません。

OECDは「知識基盤社会」で求められる主要能力（キーコンピテンシー）を次の3つに定義しています。

> 1) 社会・文化的，技術的ツールを相互作用的に活用する力
> 2) 多様な社会グループにおける人間関係形成能力
> 3) 自律的に行動する能力

　かいつまんで言うと，知識や技能を「習得」し，様々な場面で「活用」できるまでにすることが大事です。このような考えから，グローバル対応能力を持つ人材の育成を目指して，小学校・中学校・高等学校の学習指導要領が改訂され，英語授業が4技能型へ改善されています。特に高校では，「授業は英語で行うことを基本とする」ことで，授業時に教員と生徒がともに英語を使う場面を増やしています。さらに，文部科学省は平成25年に「グローバル化に対応した英語教育改革実施計画」を公表し，小学校での教科化，中学で「英語で授業」を行うことと高校での発表，討論，ディベートなど活動の高度化を提案しました。生涯にわたって4技能を積極的に使えるようになることを，次の指導要領の改訂でも目指しています。

　また，平成26年度にスーパーグローバル大学（SGU）とスーパーグローバルハイスクール（SGH）が始まりました。SGUでは，世界レベルの教育研究を行うトップ大学や，先導的試行に挑戦し大学の国際化を牽引する大学として，徹底した国際化と大学改革を断行する大学を重点支援することで，高等教育の国際競争力を強化しようとしています。外国人教員を増やし，教員による一方向的な講義形式の教育とは異なる，学習者の能動的な学習への参加を取り入れたアクティブ・ラーニング型授業が行われようとしています。入試にも4技能型外部試験を取り入れることが予定されています。SGHの構想には，地元発，故郷の誇り，共生，社会貢献，持続可能性，地球市民，アジア志向，女性リーダーなどのキーワードが使われ，真に質の高いグローバルリーダーを目指しているのが特徴です。構想のもと，グループワーク，ディスカッション，論文作成，プレゼンテーション，プロジェクト型学習等の実施が予定され，英語スピーキング能力育成の重要性が増しています。

　今まで隅に追いやられていたスピーキング能力の育成が，グローバル化が進む知識基盤社会で，「理解」から「習熟」，「活用」という観点で重要であると言えます。

Q2 スピーキング力とはどのようなものでしょうか。また，どのような能力が必要でしょうか。

Ans. スピーキングには様々な能力が必要とされます。語彙力，正しく文を作る力，正確に音を産出する力，リズムやイントネーションなどの発音，つまづいたり，止まったりせずに流暢に話す力，困った時に修復する力，会話を始めたり，続けたり，終わらせたり，割り込んだりする力，相手によって表現を変える力，まとまった英語を話す力，意味交渉をしたり，相手を説得する力，効果的に発表する力など，数え上げればきりがありません。また，海外に留学やホームステイなどで訪れる場合，自分を相手に理解してもらわないといけませんし，丁寧な表現や決まり文句，イディオム等を用いることも必要です。

一方，学習指導要領の「話すこと」の目標は，以下のように取り上げられています。

中学校：初歩的な英語を用いて自分の考えなどを話すことができるようにする。
  (ア) 強勢，イントネーション，区切りなど基本的な英語の音声の特徴をとらえ，正しく発音すること。
  (イ) 自分の考えや気持ち，事実などを聞き手に正しく伝えること。
  (ウ) 聞いたり読んだりしたことなどについて，問答したり意見を述べ合ったりなどすること。
  (エ) つなぎ言葉を用いるなどのいろいろな工夫をして話を続けること。
  (オ) 与えられたテーマについて簡単なスピーチをすること。

高等学校：聞いたり読んだりしたこと，学んだことや経験したことに基づき，情報や考えなどについて，話し合ったり意見の交換をしたりする。
・単語の発音，リズムやイントネーションなどの音声的な特徴を捉えて適切に話すことができる。
・語句や表現，文法事項などの知識を活用して適切に話すことができる。
・場面や状況に応じた適切な表現を用いて適切に話すことができる。
・相手の発話に対して適切に応答することができる。
・情報や考えなどについて，互いに質問したり，質問に答えたりすることができる。
・聞いたり読んだりしたこと，学んだことや経験したことについて，その

概要や自分の意見を話すことができる。
・その場の状況，聞き手の反応，話題，伝えようとする内容や気持ちなどに応じた適切な速度や声の大きさで話すことができる。
・事実と意見などを区別して話すことができる。

　そこで，具体的なスピーキングの場面を考えれば，英語を話すメッセージに関する計画，すなわち情報に関する知識や話題管理，ターンテイキング（発話の順序取り）などの技能，語彙や表現，文法の選択と意味交渉（明確さの要求などのストラテジー）の技能，産出における文法や発音の正確な知識と技能などが必要です。まず，どのような話の展開になるのかを意識して相手を考慮しながら話す技能が求められます。さらに，情報量を調整し，相手に分かりやすく伝え，意味交渉をする技能が求められます。当然，言い間違いや訂正，言い換え，繰り返しが起こります。また，分からなければ聞き返したり，確認しながら，コミュニケーションを成功させたりすることが大切です。時間的制約の中で意思伝達を行うためには，話の流れを理解し，背景知識を用いながら，相手とうまくやり取りする技能も必要です。

　さらに，沈黙への対応や相手への反応，できるだけ簡潔に量と内容を精選し，関連した内容で分かりやすい発音で伝えること，相手の目を見て話すことなどが必要です。その際，イントネーションやリズム，ジェスチャーや表情といったパラ言語や非言語の使用も不可欠です。

　スピーキング能力を育成するためには，語彙，文法，発音の指導は言うまでもなく，リスニング力も重要です。相手の言っていることが聞き取れないとコミュニケーションをうまく進めることができません。また，ある程度正確で流暢な英語を用いて，自分の意見や情報を相手に応じて適切に伝える力が必要です。そのためには，スピーキングの知識と技能の両方を育成することが望まれます。定型表現やチャンクなどの習得，英語を話す機会を授業中に増やすこと，またALTや外国人と実際に話す実践の場を与えること，試行錯誤を繰り返す中で，生徒は次第に話せるようになります。そのためにも，教室の環境や学ぶ共同体としてのクラス経営は重要です。多少間違っても構わない受容的なクラスの雰囲気をつくり，上手な英語の発音や，パフォーマンスを奨励し，互いに学び合い，頑張ろうとする集団の育成が不可欠です。

　スピーキングは短期間で伸びる技能ではありません。「継続は力なり」で，授業中教員が英語を話すことはもちろんのこと，生徒が話す機会をできるだけ作り，生徒自身で振り返りながら自律的に学ぶ姿勢を推奨したいものです。

Q3 スピーキングを困難にさせるものにはどのようなものがあるでしょうか。

Ans. スピーキングは最も伸ばしたい力であると同時に最も難しい技能であるといえます。それではなぜそんなに難しいのでしょう。読んだり書いたりするという書き言葉とは異なり，聞いたり話したりという口頭言語では，時間的な余裕がなく，その場で即座に考えて話したり，相手が話す英語を聞いてそれに反応しなければなりません。また，日本のようなEFLの環境では，授業以外で日常的に，英語に接したり話したりする機会も少なく，知識と技能に隔たりがあることが多いのです。したがって，十分な慣れや訓練が必要とされます。ここでは，スピーキングを困難にさせる要因を，学習者，認知的複雑さ（記憶容量など），言語的複雑さ，コミュニカティブ・ストレスなどの観点から考えてみます。

①学習者要因：英語学習や話すことへの動機や不安，自信，コミュニケーションへの意志（willingness to communicate）といった情意面と，外向性・内向性といった性格や言語適性，習熟度の違いなどが考えられます。特に英語を話す際に，自分の能力や発音などに自信がない，そのため人前で話すのが不安である生徒や，内向的で人とコミュニケーションをするのが苦手な生徒もいると思われます。ペアやグループ学習で発言できない生徒に出会うことも少なくありません。人前で英語を話すとなると，言いたいことが相手に伝わるだろうか，間違えないでうまく話せるだろうか，相手の言うことが聞き取れないとどうしようなど，話す前から不安が付きまとい，情意フィルターが上がり，パフォーマンス力を下げる場合があります。

②認知的複雑さ：話題や内容によっては抽象的なものや異文化など，親密度が低く，背景知識がないため，予想したり，内容を推測したりするのが難しい場合があります。何を言っているか分からないといったことが起こったり，ジャンルによっては話の展開や構成が分からないのでうまく対応できない場合もあります。スピーチやプレゼン，ディスカッションやディベートなども一定の型があります。それらを知っているのと知らないのとでは難しさが異なります。また，ロールプレイ，問題解決タスクなど，認知的負荷がかかればかかるほど，論理的な内容は母語で考えることが増え，英語に直す時間が必要でタイムラグが生じ，流暢さが下がります。

③言語的複雑さ：複雑な語彙や構文を使うような内容やタスクでは，脳内で

それらを検索し，処理し，保持するのに負荷がかかり，産出に時間を要し，流暢に言葉が出ないということが起こります。まずは簡単な語彙や表現を駆使して話せるようにし，次第に複雑さを増すようにしたいのですが，相手によってはうまくいかないことがあります。記憶容量とも関連しますが，できるだけ脳内処理が早くできるように訓練することが必要です。

④**コミュニカティブ・ストレス**：スピーキングは，他の技能より時間の制限やストレス，プレッシャーを受けやすい技能です。相手の話す英語が早すぎて聞きとれない，複数の参加者がいる場合は，会話に入っていけない，インタラクションがうまくできない，会話の主導権を握れないといった問題も起こります。ライティングのように，あとで読み直して推敲することができず，一度口に出してしまうと取り返しがつかないので，慎重に言葉を選んで話すといったこともあります。人前で話すのに慣れた人でも，どのような質問をされるだろうかなど予測がつかない事態にプレッシャーを感じることもあります。

それ以外にも日本語と英語の距離が大きく，調音，発音の難しさや，日本語の影響で最後に母音が入ったり，平坦なイントネーションになり相手にうまく通じないことがあります。また，日本語と異なり英語は必ず主語が必要であったり，What would you like? に対して I'm ice cream. と答えてしまうといった間違いもあります。語順を始め文法知識の獲得に時間がかかったり，三人称単数や過去形など簡単な文法でも実際の発話場面では言い間違いやエラーを繰り返すといったことや，それに気づかないこともあります。

さらに日本人の国民性や文化の違いで，英語母語話者が対象となるローコンテクスト文化に対して，文脈に依存するハイコンテクスト文化に慣れている日本人には言葉が足りなかったり，沈黙が多かったり，I'm sorry. を頻繁に用いて相手に謝り過ぎるという印象を持たれることもあります。

しかしながら，スピーキングを困難にさせる要因は促進させる要因と表裏一体です。例えば，生徒の学習動機や自信を高め，不安を軽減する，普段の授業を通じて習熟度を上げる，馴染みのある話題や予測が可能な容易な内容を用いる，複雑な語彙や構文を要求しないタスクから始める，話す前に準備の時間を与えたり，時間制限をなくし，じっくり取り組めるようにする，様々なスピーキングのジャンルやタスクに取り組ませ精通させる，繰り返し同じタスクを用いて流暢性を高める，良いモデルを示し，発音や優れた点を褒めるなど，スピーキング力を育成することが困難の克服につながります。

Q4 コミュニケーション，またコミュニケーション能力とはどのようなことをさすのですか。

Ans. コミュニケーションとは，様々な定義がありますが，単なるメッセージのやり取りではありません。言葉を使って相手と思いを伝えあうことであり，人と人の心の交流（気持ちや考え）があり，相手や周りを含めた新たな発見，自己表現，言語あるいは非言語によるメッセージの交換を通して，お互いに意味を創出し，つながり，ひびきあい，関係を築くことです。また，自分と他者の間に意味が存在し，社会や他者との結びつきを可能にし，豊かにしてくれるものであり，そこに"生きた"コミュニケーションが生まれます。したがって，ことばの教育では，意味を伝えたり，気持ちを運んだり，人とつながる道具となる英語を教え，習得させ，使わせることが重要です。文脈を与え，相手を意識した活動を通して自分が表現したいことが相手に伝わる必要があります。したがって，ことばを覚える段階（知識）から使える段階（運用能力）に持っていく必要があるのです。

また，コミュニケーション能力についての詳細は理論編で述べますが（☞p.322），コミュニケーション能力を表す構成要素としてよく引用されるCanale (1983) によると以下のようになります。

① 文法能力（grammatical competence）：音声・単語・文法の能力
② 談話能力（discourse competence）：一文以上をつなげる能力
③ 社会言語能力（sociolinguistic competence）：社会的に「適切」な言語を使う能力
④ 方略的能力（strategic competence）：問題が起こった時処理する能力

また，言語の働きを理解して使える，機能的能力（actional compence）を含めることもあります。いずれにしても，言語がどのようになっているか，音声・語彙・統語・文法など言語の仕組みを理解し，それらを一貫性や結束性を持ってまとまった文章で表す構成能力と，具体的に場面や文脈の中で，相手や話題や内容に応じて，相手の意図を理解しながら適切に言語を用いる語用能力の両方が必要になります。

一方，文部科学省の現行の学習指導要領の外国語活動ならびに外国語科（英語）の指導目標は以下のようになっています（圏点筆者）。

> **第4章　外国語活動　目標**
>
> 「外国語を通じて，言語や文化について体験的に理解を深め，積極的にコミュニケーションを図ろうとする態度の育成を図り，外国語の音声や基本的な表現に慣れ親しませながら，コミュニケーション能力の素地を養う。」
>
> **中学校　外国語（英語）**
>
> 「外国語を通じて，言語や文化に対する理解を深め，積極的にコミュニケーションを図ろうとする態度の育成を図り，聞くこと，話すこと，読むこと，書くことなどのコミュニケーション能力の基礎を養う。」
>
> **高等学校　外国語（英語）**
>
> 「外国語を通じて，言語や文化に対する理解を深め，積極的にコミュニケーションを図ろうとする態度の育成を図り，情報や考えなどを的確に理解したり適切に伝えたりするコミュニケーション能力を養う。」

　いずれも，コミュニケーション能力が重要だとされています。それでは，コミュニケーション能力を育成するためには，どのようなことが必要でしょうか。コミュニケーション能力はすぐには育ちません。何年も英語を学習したり，入試のために難関な問題を解く練習をしてきたとしても，実際に英語を使えるか，また英語を話せるかと問われれば，多くの日本人が自信がないと答えるのではないかと思われます。特にスピーキングは，これまで4技能の中でも学年が上がるにつれて軽視されてきた分野ではないでしょうか。しかしながら，今後はグローバル化が進み，国内でも様々な国の人々と日常や仕事の場で共通語として英語を用いる機会が増えます。そこで，スピーキング能力を高め，正確かつ流暢に話せるようになることが重要です。時間をかけて考えたり，準備しなくても，その場で即座に自然に話せることができるように自動化を高める必要があります。

　児童・生徒の多くは英語を使って外国の人と話してみたい，コミュニケーションをしてみたいという願望を抱いています。それらを実現するためにも日々の授業の中で，教師も英語を用い，本物の英語を繰り返し聞かせたり，読ませたりし，実際に意味を中心としてやり取りをさせたり，話させたり書かせたりする活動（4技能）をうまく取り入れていくことが望まれます。コミュニケーション能力はコミュニケーションの場を与え，実際に英語を使わせ，成功体験を積み重ね，有能感を与える中で育成されることを忘れずに，指導や評価を行いたいものです。

Q5 コミュニケーション，スピーキングの種類とタスクにはどのようなものがあるのでしょうか。

Ans. コミュニケーションタスクは，情報差があり，面白く，役立ち，目的や意味があり，相互交流的なものを用いることが大切です。また，生徒の興味や関心に応じて選択したりアレンジしたりすることも重要です。
具体的には，次のようなものがあります。

①ロールプレイ・スキット：互いに役割を決めて，場面を設定して演じます。道案内や，買物，レストランでの注文なども含まれます。

②インフォメーションギャップタスク：互いに異なる情報を持ち，それらをもとにやり取りを行います。世界地図の都市に時刻や天気予報が書かれてあり，空欄になっている都市の情報を互いに聞き出したりします。

③ジグソータスク：ジグソーパズルのように，1つの情報をペアやグループで分け合い，それらをつなぎ合わせて完成し，何かを考えたり見つけだしたりするものです。例えば，犯人探しなどで目撃者の情報が異なり，それらを言い合うことで犯人を探すなどといったものがあります。

④絵の描写や指示：パノラマ絵や何枚かの絵の描写を行ったり，2つの絵の違いを探したりします。また，何かを作ったり（折り紙の鶴や風船など），絵を描いたり（部屋の間取りなど），道具の使い方を説明したり（携帯電話など）するなど，指示を行います。

⑤課題解決タスク：ある課題を個人，ペアやグループで考え解決します（悩み相談の手紙，私たちの町を良くするには，など）。

⑥意思決定タスク：2つのうちどちらが良いかを決定したり，協働して話し合った後，1つの意見に統一したりします（コミュニケーションの手段としてメール・手紙・電話のどれが良いか，など）。

⑦意見交換型タスク：互いに意見を交換します（好きなもの，得意なこと，休日の過ごし方，将来の夢など）。

⑧電話での会話：相手の顔を見ないで電話機を持ち，週末の予定を立てたり，メッセージを伝えたり，お礼を述べたりします。

⑨物語作り：教科書の本文を発展させたり，馴染みのある昔話のパロディーを作成したり，絵本を元にオリジナル物語を作ったり，簡単な物語をペアやグループで創作したりします。

⑩プロジェクト型タスク：個人，ペア，グループなどで日本文化／学校紹介

ビデオなどを作成したり，CMやTV番組を制作したりします。調査して発表することも含まれます。

タスクには，授業や指示のような，一方が言ったことからもう一人が実演するone-wayタスクと，双方が意味交渉を行うようなtwo-wayタスクがあります。また，結果が求められるものとそうでないものがあります。出来るだけ本物に近い状況でタスクを行えるように留意し，タスクをデザインする際には，目的に応じてバランスよくタスクを選択したいものです。

次に，スピーキングには，1人で行うナラティブ，ペアで行う会話，グループで行う討論など様々な種類があります。また，発表とやり取りでジャンルが分けられる場合もあります。ここでは2つに分けて考えてみましょう。

(1) 発表：英語を用いて話したり，発表したりします。
　①レシテーション：有名なスピーチや詩，文章の一部を暗唱し，感情をこめて話します。
　②スピーチ：自己紹介や他己紹介，Show & Tellや，テーマを決めたスピーチなどがありますが，継続的に行うことが効果的です。また，スピーチを聞いた後，質疑応答を行ったり，第三者にレポートをさせて感想を述べさせたりすることもよい活動になります。
　③プレゼンテーション：テーマを決めて調べ，それらをまとめて，ポスターを作成したり，PCのプレゼン用ソフトを用いて発表したりします。
　④劇・ドラマ・インプロヴィゼーション（即興）

(2) やりとり：ペアやグループでやりとりを中心に行います。
　①スキット：モデル文を一部入れ替えたり，最後に1文を付け加えたり，部分的にアレンジするといった取り組みやすいものから，即興や，よく練ったものまで考えられます。
　②ロール・プレイ：簡単な日常会話から，徐々に発展させましょう。
　③インタビュー：生徒同士，生徒とALTなど様々な形態，内容設定が可能です。
　④ディスカッション：討論で用いる表現集などをあらかじめ準備し，生徒にいつでも使えるように配布しておくとよいでしょう。
　⑤ディベート：発達段階や学年に応じてテーマを設定しましょう。

指導と評価の両方において，実際に授業中に話す機会を十分に提供し，体験を積むことが重要です。また4技能の統合・育成を図れるものもあります。様々なタスクを段階的かつ効果的に用いるようにしたいものです。

Q6 インプットからアウトプットに持っていくにはどうすればよいでしょうか。

Ans. 英語には4技能＋考える力の5技能が必要と言われます。さらに教室での指導においては，技能を統合させ，総合的な能力を培うことが求められています。スピーキング指導の場合も同様で，話す力を育成し高めるためには，リーディングやリスニングなどのインプット（入力）とインテイク（内在化）が不可欠であることは言うまでもありません。さらには，話す内容も大切です。まずは，大量の良質の英語を読ませたり聞かせたりすることで，英語に触れさせ，読解や聴解などを通して受容的能力を育成し基礎体力を鍛えることが必要です。もちろん語彙や文法も重要ですが，それらも多読や多聴などを繰り返し行うことで次第に促進されるでしょう。

次に精読や速読で内容を理解したテキストを何度も音読します。生徒が飽きないように様々な工夫を凝らした音読が有効です。その際，留意点やねらい，目標などを明確にし，活動に取り組ませましょう。例えば様々な音読活動をさせながら効果も確認することが必要です。また，ペアで一人が英文を読み，もう一人がテキストを見ないで一文全部を復唱するインテイク・リーディングも有効です。さらには，後で要約などのアウトプット活動が待っていることを告げておけば，インプットやプラクティスの段階での取り組み方も変わってきます。

アウトプット活動にもさまざまあります。本文のQ&Aを作る，ジャンルの形式を変える（ナラティブとダイアログの変換，レポート形式にするなど），口頭要約，感想を言う，続きを考えて発表する，内容に関する討論や発表，スキット，プロジェクトやタスクなどが考えられます。即興のものもあれば準備を要するもの，個人，ペア，グループで行うものなどに分かれます。またそれをパフォーマンス評価として取り上げることもできます。

次にそれぞれの段階での指導と留意点を考えてみましょう。

(1) **インプット**

①プリ・リスニング／リーディング：テーマに関する導入を，ICTを活用した絵や図表，映像や音声などを用いて行い，興味づけを図ります。またスキーマを活性化します。新出語彙や表現をフラッシュカードやパワーポイントなどを用いて導入し，英語の音と形式，意味を同時に理解させます。それらを使って文章を作らせたり，英英辞典から例文を探さ

せたり，ワードハンティングなどをさせ，語彙に習熟させます。
②ホワイル・リスニング／リーディング：質問を変えて何度も読み聞きさせ，内容に関するさまざまなQ&Aにより理解を促進させます。例えば，true or false，英問英答，多肢選択など形式を工夫します。
③ポスト・リスニング／リーディング：分からなかった箇所や文法，構文等を説明したり，確認を行います。

(2) プラクティス
①音読活動：何度か音読させ，インテイク・リーディングも行います。
②プラクティス：シャドーイングやプライミング効果を用いて何度も繰り返します。内在化したものをアウトプットにつなぐための活動です。(☞p.363)
③ディクトグロスなどの再構築活動や即興性のあるアウトプット活動につなげる meaning-focused task などが必要です。

　従来インプットされたもの（知識など）が取り込まれることが前提ですが，アウトプット（使えることが）できるくらいの力（潜在化）に変える必要があります。個人，ペア活動などを用い，流暢性・自動化を図ることをねらい，いかに意識的・顕在的な知識を自動的にアウトプットに活用できる力に変えていくかがポイントです。

(3) アウトプット
①フローチャートや要約のクローズ文を用いたりして，全体を把握させ，まとめて話す準備をさせます。
②キーワードを与えたり，教科書の内容のパワーポイントや絵などを用いたりして要約やリテリングをさせます。
③感想や内容に関する議論をさせます。
④テーマに関する調べ学習などを家庭で行わせ，発表をさせます。
＊口頭発表を英文で書いてまとめさせることも重要で，内容や時間によっては書いたものから発表させる方が良い場合もあるでしょう。

　インプットからプラクティス，アウトプットという流れが一般的ですが，その内容や指導法は発達段階や題材によっても異なり，アウトプットした後にインプットをするケースもあるでしょう。また前年用いた教科書を持ってこさせてアウトプット活動を行うなどスパイラルに繰り返し英語を使わせます。授業では，インプットとアウトプットを同時に，また行きつ戻りつしながら英語力を伸ばすことを考えたいものです。

Q7　L2学習における年齢要因：小学校で英語を教えるメリットは何でしょうか。

Ans.　文部科学省が2013年12月13日に発表した「グローバル化に対応した英語教育改革実施計画」によれば，2020年より小学校では，外国語活動を3・4年生から実施し，5・6年生では，「教科」として英語を週3コマ程度実施するという案が出されました。そのために，専門教員による授業の促進，学習教材の充実などが検討されています。また，小中高を通じて，積極的にコミュニケーションを図ろうとする態度の育成や，「聞く」「話す」「読む」「書く」の4技能をバランスよく育成することが強調されています。世界的にみても小学校で外国語（英語）を教えている国がほとんどですが，小学校から英語教育を始めるメリットは何でしょうか。

　母語習得の知見を活かしながら発展してきた第二言語習得，並びに外国語習得研究の分野では，早期外国語教育に関して様々な理論が取り上げられ，示唆が述べられています。その中で，小学校で外国語を導入する利点として，一般に The older is faster, the younger is better. とも言われていますが，それには次のような根拠が考えられます。

①臨界期仮説・敏感期仮説：Lennebergが提唱した，思春期までに始める方が外国語を習得しやすいといった仮説です。これは，異論も多いのですが，発音に関しては，young learnerの方が，older learnerや大人より耳が良く，聞こえてくる音を模倣し，母語話者のような発音を習得しやすいとされています。日本人はrとlの区別ができないとよく言われますが，母語である日本語にない音などを聞き取り，産出するのは容易なことではありません。脳の可塑化が進む前の柔軟な時期に，歌やチャンツ，絵本などを用いて良質の英語を大量に聞かせることは，少なからず効果があると考えられます。

②全体的理解と曖昧さに耐える力：子どもの母語習得はまず聞いて理解しようとする期間が長く（silent period），理解が進み，ある程度語彙や表現が脳内に蓄積されると，自分から語や文を産出するようになります。特に小学生の場合は，絵本の読み聞かせや，DVDなどを用いてお話を聞かせる中で，すべての語彙や表現が分からなくても，絵や場面，分かる単語から意味を推測し，全体として（whole）内容を理解しようとします。高学年になると，分析的に理解し，何か分からない箇所があると不安を感じるよ

うになります。そのように外国語習得にとって必要な，曖昧さに耐える力が幼いほど備わっていると言えます。
③柔軟な対応力と失敗を恐れず積極的に取り組む態度：子どもは異質なものに対する寛容さがあり，柔軟に対応します。また，人前でも失敗を恐れず，やってみようとします。小学校では低学年になればなるほど，授業中に手を挙げたり，発言をしようとします。学年が上がるにつれて，仲間の目を恐れたり，失敗しないかと不安を感じたりするようになります。外国語習得には，リスクを気にせず，実際に使ってみて，失敗から学ぶという姿勢が大切です。また，模倣と反復が大切で，低学年ほど何度も同じことを繰り返すことをいとわず，身体を用いて歌やチャンツにも取り組み，身体全体で言語を獲得します。また，異文化や国際理解の点でも価値観が固定しておらず，外国の人や文化にも自然に接し，異質なものを受け入れやすいと言った特徴があります。

　これらは，初めて出会う外国語学習には，大切な要素と言えます。小学校から異なる言語や文化，またコミュニケーションに対して興味を持たせ，積極的な態度で取り組む姿勢を育てること，また，特に聞いて理解する力を育てることが重要です。外国語習得は「聞く→話す→読む→書く」の順に段階を追って指導することが望ましいと言えます。まずは，子どもたちに英語耳を作りましょう。教員が，実際に絵や実物，ジェスチャーなどを用いて表情豊かに英語を話す中で，児童に興味を持って聞かせ，どのようなことが述べられているかを推測させ，理解させます。特に子どもに身近な単語（外来語などで知っている語彙などを用いる）や決まり文句などを聞かせて楽しく学び，反応させる段階，それらを用いて発音したり，言ってみる段階，音韻認識を高め，日本語と異なる文字であるアルファベットに親しませ，文字と音を結びつける段階，絵本などを用いて次第に読み書きを導入し，リタラシーを高める段階など，丁寧に指導することが必要です。そのような素地が，中高の英語教育につながっていきます。したがって，小学校の英語教育は今後ますます重要になると考えられます。英語嫌いを作らず，英語は好きだ，面白い，分かる，できる，と自信やできる感を持てる児童を育てたいものです。

Q8　スピーキングの指導にはどのようなものがあるでしょうか。

Ans.　スピーキングの指導には，段階があります。また，スピーキングに関するものとして，発音，対話，スピーチ，プレゼンテーション，ディベート，ディスカッションなどを取り上げ指導することはもちろんですが，授業中にテキストに出てきた単語や表現，文章を音読すること，テキストの内容について質問したり答えたりすること，文章をまとめて要約したり，感想を述べたり，議論したりすることなどは日常的な指導として大切です。

　外国語教授法としては，これまで，特に聞くこと，話すことに関しては，自然な英語を大量にインプットすることが言語習得に重要だとするナチュラル・アプローチ（Natural Approach），目標言語を用いて教えることが大切だとするダイレクト・メソッド（Direct Method），行動主義心理学や構造言語学の観点から，刺激と反応，つまり模倣と繰り返しが大切だとし，パターンプラクティスなどを実施するオーディオリンガルメソッド（Audio-lingual Method），聞いたことを身体で反応する TPR（Total Physical Response），コミュニケーションを中心に行う CLT（Communicative Language Teaching），内容を中心に指導する CBA（Content-based Approach），タスクを用いて指導する TBLT（Task-based Language Teaching），内容と言語を統合して教える CLIL（Content and Language-integrated Learning）など，様々な方法が提唱されてきました。シラバスにも概念／機能シラバス（notional/ functional syllabus），状況シラバス（situational syllabus），話題シラバス（topic syllabus），タスクシラバス（task-based syllabus），語彙シラバス（lexical syllabus）などがあり，1980 年代以降，コミュニケーションの場面を与え，言語の働きを重視した指導が推奨されてきました。そこで，ダイアログを通して英語の表現を学び，ロールプレイやスキットをさせたり，様々なトピックや自分の気持ちを用いて表現させたりといったことがあります。しかし，最近では，教科書を題材として英語を用いて授業を行う中で，4 技能の育成を図ろうとする指導が中心となっています。

　まずは，個々の発音，強勢やイントネーション，区切りなど英語の音声の特徴を指導し，英語の音を習得し，正しく発音できるようになることが大切です。その際，小学校から音韻認識能力を高め，中学校ではフォニックスの簡単なルールが分かって自分で読む力をつけ，音読を繰り返すことにより音

韻符号化が容易になり，読むことから話すことへとつながります。また，様々な話題について，最初は家庭や学校などの身の回りのことから，次第に社会や世界のこと，地球規模の課題などについて自分の考えや気持ち，事実などを聞き手に正しく伝えることができるようになることが求められます。そのためには，授業中に様々なテーマを与えて，意見を言わせたり，発表させる機会を作ることが大切です。次に，聞いたり，読んだりしたことなどについて，問答したり意見を述べ合ったりできること，すなわち，インプットした内容を，取り込み（intake），最終的にアウトプットできるように，語彙や表現，内容の英文を取り込んでそれらを応用して，発展的に用いて自己表現や議論につなげることが大切です。そのためには，日ごろから，批判的に英文を読ませたり，論理的に考えさせる習慣をつけておき，テキストの読解でも推論や意見・評価を求めるような発問をすることが求められます。最終的には英語でアウトプットが求められるということを意識させてインプット，インテイク，プラクティスを行わせることが必要です。

　また，コミュニケーションの最中に様々な原因で，コミュニケーションがうまくいかなくなる場合があります。その際，つなぎ言葉や方略を用いるなどいろいろな工夫をして話を続けることも大切です。さらに，様々なテーマについて簡単なスピーチをしたり，話し合ったり，議論すること，日本の文化や習慣などについて発表できること，時事的なテーマや内容について発表，討論，交渉，説得などができること，なども大切な要素です。暗唱大会，スピーチコンテスト，ディベートコンテストなど外部のコンテストなどに参加する生徒もいるでしょうが，学校内でもそのような機会を設定し，ALTなどの協力を求めながら，様々なプロジェクトや活動に取り組ませることや，留学生などを招いたり，TV会議を行うなど国際交流活動の機会を設けることもスピーキングや英語コミュニケーション能力を育成するためには重要です。

　授業中のスピーキング指導の留意点としては，話しやすい雰囲気を作ること，間違いを恐れず話し続けることを奨励すること，また，教員が間違いをどのように訂正するかといったことも大切です。さらに，様々なタスクを用いてスピーキング指導を行い，評価することも指導と評価の一体化の点から大切です。簡単なタスクやプロジェクトなどでは協働学習も有効です。個人，ペア，グループなど学習形態を工夫したり，ICTなど情報機器の使用についても指導する必要があります。楽しく有意味なスピーキング活動を取り上げ，相手を変えて繰り返し使わせる中で流暢性や正確さを高めさせましょう。

Q9 教室英語とはどのようなもので，どの程度必要でしょうか。

Ans. 教室英語にも2種類あります。いわゆる，クラスルームイングリッシュ（Classroom English）と呼ばれる，教師と生徒が授業中に指示をしたり，質問したりするために日常的に用いる英語（Stand up, please. など定型表現が主）と，教師が生徒に分かるように話す教師発話（teacher talk）です。文部科学省は，中学校でも高等学校でも「英語の授業は基本的に英語で行う」という提案をしていますが，英語の授業では基本的に英語を用いた言語活動が行われなければ，英語の習得は起こりませんので，教室英語は英語のインプット・アウトプットの機会として大変重要です。そのため，教師が用いる英語も質と量が問われます。

教師発話は，母親が乳幼児に用いる母親言葉（motherese）や母語話者が外国人に用いる外国人言葉（foreigner talk）と同様に，いくらか留意点があります。例えば，簡単な語彙や構文（文型）を用いる，ゆっくりスピードを調整しながら，明瞭な発音で相手が分かるように丁寧に伝える，学習者が分からなければ繰り返したり強調したりする，視聴覚補助やジェスチャーを用いて表情豊かに伝える，といったことが大切ですが，パラフレーズしたり（paraphrase），簡素化したり（simplify），あるいは分かりやすく例などを挙げて，話を膨らませたりする（expand）技術は教師が備えたい技能です。

また，英語を用いて授業を行うとは，教師が一方的に英語を用いて文法などを説明したり，文章を解説することではなく，生徒自身が英語を使って考えながら言語活動を行うことを指しています。つまり，読んだり，書いたり，聞いたり，話したり，習得した語彙や文法を使ってコミュニケーション活動を行うことを意味しています。そこで，スピーキング活動においても，できるだけ All English で行いたいものです。特に，ALT を活用することにより，生きた英語のコミュニケーションが可能になります。言語の知識を運用能力に高めるためには，数多くの使う機会を提供すること，教師が英語の使い手として良いモデルを示すことが大切です。ALT と JTE がインタラクションする中で，JTE が生徒の立場に立って，分からない英語を聞き返したり，説明を求めたりするコミュニケーション方略を示すことも大切です。

さて，教室英語ですが，小学校から基本的なあいさつ（Hello. Good morning. How are you? など），ルーティーン的な質問（日・曜日・天気など，

What's the date today? How's the weather today? など）や活動の指示（Listen to me carefully. Repeat after me. Close/Open your textbook. Get into pairs. Make a group of four. など），簡単な質問（Who knows the answer? Any volunteers? など）には慣れさせておき，歌やゲーム，クイズや絵本の読み聞かせ，コミュニケーション活動など基本的には英語を用いて指示をします。分からなければ，実際にこのようにすればよいということをALTと一緒に示しながら理解を促します。中学校・高校でも英語で進めますが，文法事項の説明や難解な構文等，必要な場面は日本語を効果的に用いることも大切です。

　次に，教師発話ですが，特に説明力，質問力が必要です。答えの分かっている質問（display questions）のみならず，あらかじめ答えが分からない質問（genuine questions, referential questions）を用います。また，事実質問のみならず，推論発問や評価発問，個人に関する質問などを用いることにより，生徒に考えさせる機会を与え，思考・判断・表現力を伸ばすことができます。また，教師は質問する人，生徒は答える人ではなく，生徒同士で質疑応答する機会を作りましょう。コミュニケーションの基本は相手に興味を持って尋ねることから始まります。日常的に授業の始めは，教師のスモールトークから始めたり，日頃あったこと（週末にしたこと）や，あるテーマ（好きな季節など）を与えて1分間チャットをさせるなど生徒同士で話させたり，授業中の様々な場面で，生徒に意見を求めて，教師と生徒，生徒間のインタラクションを増やすこと，意味を中心としてやり取りをさせることが，第二言語習得にとっては重要です。また言うまでもなく，英語の時間は英語を使うという環境を作ること，人前で英語を話すことに抵抗がなく，少しぐらい間違っても大丈夫といったクラスの雰囲気を作ること，上手に発音する生徒を称賛したり，英語をうまく話す生徒をモデルに，互いに頑張って英語を使おう，上手になりたいという思いを生徒達の中に育てることが，やる気を生みだし，自律した学習者を育てることにもつながります。

　英語が苦手な小学校の担任の先生も，研修を受けてAll Englishで頑張っておられます。中高の英語教員も，授業中に英語を流暢に用いたALTとのやり取りなどを生徒に示すことにより，生徒にあんな風に英語を使ってコミュニケーションができるようになりたいと思ってもらえるよう，日本人が英語を使うモデルを示したいものです。ただ，生徒の発達段階や習熟度に合わせて，生きた英語を丁寧に気持ちを込めて用いることが大切なのは言うまでもありません。

Q10 スピーキングの評価には，どのようなものがありますか。また，その際の留意点は何でしょうか。

Ans. スピーキングでよく用いる評価には，実際に英語を話させて評価するパフォーマンス課題があります。例えば，暗唱，スピーチ，インタビュー，ロールプレイ，スキット，プレゼンテーションなどを行います。またその際に必要になるのは，評価基準を明記したルーブリックと呼ばれるものです。例えば学習指導要領の中学校英語に関する評価を行う際の観点として以下のものがあげられており，これらに留意して評価することが必要です。

(ア) 強勢，イントネーション，区切りなど基本的な英語の音声の特徴をとらえ，正しく発音すること。
(イ) 自分の考えや気持ち，事実などを聞き手に正しく伝えること。
(ウ) 聞いたり読んだりしたことなどについて，問答したり意見を述べ合ったりなどすること。
(エ) つなぎ言葉を用いるなどのいろいろな工夫をして話を続けること。
(オ) 与えられたテーマについて簡単なスピーチをすること。

スピーキングテストの具体例と評価の観点／方法としては，授業中に行うタスクを評価として用いるのが望ましいといえます。間違い探し，インフォメーションギャップ，絵の並べ替えや描写といったタスクや，ペアでの会話，スピーチ，プレゼンテーション，ディベートなどの形式が考えられます。また，聞いた内容や読んだ内容に関するＱ＆Ａなども考えられます。

テストは，個人，ペア，グループで行うものなどに分かれます。例えば，好きな季節，人生において大切なものは何かなどをテーマとして与えて１分間スピーチをさせたり，個人またはペアに授業中に習った内容でインタビューテストを行ったり，買物，道案内，食事の注文，電話での会話などのロールプレイを行わせたりします。その際，それぞれに役割を書いたタスク用紙を渡し，ペアで十分に練習させた後，評価するとよいでしょう。

評価の観点は，例えば，内容・伝達度，英語（語彙，文法などの正確さと，発音，速度などの流暢性），話しぶり（アイコンタクトなど），積極的に伝えようとする態度などとなります。一方，パフォーマンス評価で用いるルーブリックは，横軸を「観点」，縦軸を「レベル」として，観点ごとにレベルが

わかる評価基準表を作成すると、評価の妥当性、信頼性が保てます。なお、ルーブリックの指標は、5・4・3段階のいずれでも構いません（表1参照）。

表1　ルーブリックの例（スピーチ「将来の夢」）

観点	内容	正確さ （語彙や文法）	発音 （声の大きさ、など）	コミュニケーションの態度
A	自己の夢や考えを具体的に説明し、適切に話すことができた。	適切な語彙を用いて英語を正しく使っており、重大な文法の間違いがなかった。	適切な発音で、大きく明瞭な声で、表情豊かに話すことができた。	アイコンタクトをしっかり保ち、ジェスチャーを用いて表情豊かに積極的に話すことができた。
B	自分の夢や考えをおおむね説明し、話すことができた。	語彙や英語をおおむね正しく使っており、重大な文法の間違いがなかった。	相手に届く声で話せたが、時々発音が不明瞭で分かりにくかった。	アイコンタクトにも気をつけていたが、やや消極的な態度であった。
C	自分の夢や考えの説明が不十分でうまく話すことができなかった。	言っていることは分かったが、語彙や文法の間違いが多かった。	声が小さく、発音の誤りもあり、伝わりにくかった。	アイコンタクトがあまりなく、積極性が見られなかった。

　ルーブリックを用いる意義は、作成する過程で、卒業時点でどのような力をつけたいかをまず考えて、逆向き設計により単元構想を考えることができることです。そこで、到達目標（ゴール）を見通して、日々の授業を組み立てることができる。また、3年間、学年毎、学期毎、単元毎といった、長期、中期、短期の目標を設定できるなどの点にあります。作成にあたっては、担当者一人ではなく英語科全体で取り組むと、主観的になりがちな発表態度や技能などを、より客観的な評価にすることができ、評価基準を共有することで信頼性が保てます。また、生徒があらかじめルーブリックにより何をできるようにすべきか（can-do）を知ることで、意欲と明確な目標をもってパフォーマンス課題に取り組むことができます。自己の到達状況を客観的に把握することで、自己評価力が高まり、自律した学習者の育成につながります。生徒の意見を反映して共同してルーブリックを作成したり、内容を改善する中で、生徒とともに授業を作り上げていくことも可能になります。

実践編

1 導入活動：中学校

　教科書には，対象となる学年に合った題材による対話やスピーチ，物語，説明文や手紙，メール等，いろいろの種類の英文が提供されている。扱う英文の内容や特徴に合わせたアウトプットを授業のゴールに設定した上での導入を心がけたい。新出事項を扱った内容を導入するとき，生徒の理解を深めやすくするためにはどのような手順や方法で行うとよいか，英語で授業を進めながら，具体的に生徒とどのような話題でオーラルインタラクションをすれば効果的なのか，また授業を始めるに当たってどのようなスモールトークが最適か，などを考える必要がある。そこで，中学校の教科書を用いて，導入の際の音声コミュニケーションのあり方について実例を示しながら考える。

1.1　オーラルインタラクションの進め方

　新出事項や教科書本文の導入は，キーとなる語句や事実・内容の紹介を，できるだけ可能な既習語句や，生徒が理解しやすい単文を用いて行う。さらにそこに新出事項を加えて，オーラルインタラクションを行う。音声によるやりとりなので，生徒が集中しやすいように，教科書は閉じた状態で行うのがよい。オーラルインタラクションは英語での教師と生徒とのオーセンティックなやりとりなので，授業内容を意味のある発話として提示し，学習へと動機づけることも可能となる。

1.1.1　オーラルインタラクションの進め方の留意点

　オーラルインタラクションを進めるにあたり，一般的に次のような事項に着眼し，留意する必要があると思われる。

(1) teacher talk を通して，生徒に語りかける態勢

　　　音声によるやりとりであるので，話すスピードや使用する語彙や英文の難易度は学習に合った適切なものでなければならない。また必要に応

じて内容理解の助けとなる視聴覚教材（写真，図，絵，ピクチャーカード，画像など）や教師の身振り手振り，表情なども活用し，生徒全員に語りかけることが必要である。もし生徒が理解できない反応を示した場合は，繰り返したり，別の言い方に言い換えたり，スピードを緩めたりしてすぐに対処する。

(2) 発問の工夫

よい発問をしたとき，生徒はヒントを摑むためテキストを何度も繰り返して読み，思考を重ねて答えを見つけようとする。文字を解釈する表面的な内容理解から，徐々に深みのある理解へと広がっていく。発問に工夫をして，話者の気持ちを考えたり，状況について想像を膨らませたりすることを楽しませることもできる。解釈や状況予想など，人とは違う答えを思いつく生徒もいる。そのときはクラスみんなで多様な答えを楽しむチャンスとなる。「みんなの答えを聞きたい」と生徒や教師が思えるような発問を準備しておき，生徒の学習意欲を高めたいものだ。

(3) 生徒の応答を活用

常に教師が生徒へ発問し，生徒が答えるというのでは，話題が教師先導の一方的なものになってしまう。そうならないためにも，教師は生徒の発言を展開させ，それを受けてどう思うかなどを他の生徒に尋ねるとよい。「教師対生徒」のやりとりから「生徒対生徒」の活動へと拡大させることができる。この活動を取り入れることによって，生徒は常に他の生徒の発言にも注意をして聞き，誰のどのような発言にも返答ができるように準備態勢を取るようになる。

(4) 生徒の興味や集中力を持続させる工夫

生徒にとって英語の授業の間，ずっと集中し続けることは易しいことではないだろう。特に集中しなければならない場面，楽しく活動する場面，リラックスして取り組む場面などを織り込みながら，生徒の興味や集中力を持続させる工夫が必要である。各単元や各授業のゴールに向かってスモールステップを踏ませ，生徒にとって無理のない授業展開にすることが大切である。

1.1.2 授業者としてオーラルインタラクションを考える手順

生徒の学習状況をよく理解した上で，具体的にどのような内容を，どういう順に，いかなる表情や表現を使ってオーラルインタラクションをするかに

ついての思考手順の一例である。
(1) **スモールトークの作成**
　　本時に扱う題材へと自然に展開できる内容にする。
(2) **教科書の内容理解**
　　場面，トピックス，登場人物，内容把握と理解，イラストの内容と活用，文化知識，疑問点の有無などを確認する。
(3) **新出構文や語句の確認**
　　最初のインプットに際しての既習語彙の使用や説明方法を考える。
(4) **題材への動機づけ，インプットの内容と方法を熟慮**
　　題材に興味を持たせるにはどうしたらよいか，本文の内容を理解するために必要な知識や情報とそれらを提示する英文を選択する。
(5) **視聴覚補助の活用内容の決定**
　　思考の展開を手助けするものを精選する。
(6) **指導目標の再確認**
　　指導過程は自然か，全体のプランに無理や修正の必要はないかを再確認する。

1.1.3　スモールトーク（small talk）

　授業は，まず英語でのあいさつで始まり，ウォームアップ，復習，そして新出事項の導入へと進められるのが一般的と思われる。スモールトークにより，ウォームアップでは What's up? とお互いに聞いて昨日や今日にあったことやニュースなどを話題にして英語でコミュニケーションをすることができる。また前時をはじめとする既習内容と今日導入して指導する事柄（内容，文構造，語彙，文法，文化知識など）とをリンクさせることにより，生徒が無理なく新出事項を理解していく助けともなる。要所にスモールトークの活用を試みたい。以下，中学一年6月ごろの授業を想定して一例を示す。

Teacher: What did you do last weekend? Did you go shopping or did you listen to music? Me? I saw a movie at home. How about you, Masao?
　Masao: I practiced soccer at school. I belong to the soccer club.
　　　T: Oh, I know. Are you a good soccer player, Masao?
　Masao: No, I'm not, but I like it very much.
　　　T: That's nice! Well, class, what day is it today?
　Class: It's Monday.

T: Yes. What do you usually do on Monday? Me? I practice yoga in the evening. Do you practice yoga?
Class: No, I don't.
T: Really. What do you usually do on Monday, Karin?
Karin: I practice volleyball. I belong to the volleyball club.
T: I see. Please enjoy volleyball.

1.1.4　オーラルインタラクションの内容作成と実際

　授業で使うオーラルインタラクションの英文を作ってみる。「どのようなティーチャートークで生徒をリードすれば生徒は理解しやすくなるだろうか」，「こう質問すればきっと生徒はこう返答するだろう」など，生徒と教室で実際にオーラルインタラクションをしている場面を思い浮かべながら書くと取り組みやすくなる。

　以下，実際の教科書本文を導入するときのオーラルインタラクションの例を紹介する。新出文構造ならびに文法は，I do not ....（一般動詞の否定文）とWhat do you ...?とされているが，それらについては前時に導入し，学習を終えたものとする。

【教科書本文】

> Emma: What do you have in your hand?
> Ken: I have a *shamisen* pick.
> Emma: *Shamisen*? Cool. What music do you play?
> Ken: I play traditional Japanese music.
> 　　　But I don't play it well.
> 　　　　　　　　　　*New Crown English Series 1*（三省堂），p.37

オーラルインタラクションを考えるにあたり
　どのようなやりとりを行うかを決定していくとき，生徒の状況を頭に浮かべると考えやすくなる。
- 生徒たちにこの会話の状況をどのように知らせようか。
- Emmaはどこの国から来たのかを生徒は覚えているか。
- 生徒たちは三味線を実際に見たことはあるか。

- Ken は I have a *shamisen* pick. という文をいかなる表情で，どのような動作をして言ったのだろう，生徒に考えさせよう。
- Emma が What do you have in your hand? と聞いたということは，エマは三味線について知っているのだろうか，など生徒に考えさせよう。
- 生徒は三味線を弾くのに pick を使うことは知っているのだろうか。
- Emma の *Shamisen*? Cool. What music do you play? という会話の流れを見て，この間，Ken は何か動作をしてエマに見せたのか，これも生徒に考えさせてみよう。
- 生徒は traditional Japanese music をどんな音楽だと思っているか。
- Ken は But I don't play it well. と言っているが，どういうことかを生徒は内容理解できるか。

オーラルインタラクションの例

　中学1年生の例を取り上げるが，中学校入学と同時に英語の音声によるコミュニケーションに慣れさせていきたい。既習事項はまだ多くはない時点でもオーラルインタラクションによる活発な本文の導入ができるはずである。以下，その一例を示す。なお，文中の①〜④は，「1.1.1　オーラルインタラクションの進め方の留意点」の (1) 〜 (4) にあたる。

T: Do you like music, class?（①話しかける態勢）
Ss: Yes, I do. / So, so. / No, I don't.
T: Who is in the brass band club?
Ss:（ブラスバンドクラブに入っている生徒は挙手するだろう）
T: The members of the brass band club, stand up, please.（起立した生徒に向かって，楽器を当てるようなゲーム感覚で）Do you play the flute, S4?（④リラックスを与えながら *small step* として Do you …? の復習を行い，本時の目標文へと徐々に導く工夫を開始している）
S4: No, I don't.
T: Oh, no. Do you play the trumpet?
S4: No, I don't.
T: No? Oh, help me, class. S5, make a question to S4, please.（③生徒と生徒がコミュニケーションを取るチャンスを与えている）
S5:（生徒同士は教師以上に，お互いのことについてはよく分かり合っ

ているものである。日頃から仲良しの生徒がいれば，ここで指名するとよい）Do you play the drums, S4?
S4: Yes, I do. I play the drums every day.
T: Wow, S5, you know well! S4, are you a good drummer?
S4: Yes, I am.
T: Great. You play the drums well. That's wonderful. （④ *small step* として，本時の新出語の一つである *well* の使い方を自然に提示し，内容理解が可能な文で与えている）

Well, class. Today I have a CD. Please listen.（本時の内容に入る。音楽の本に出ているような，生徒もよく知っているような曲を三味線で演奏した CD を聞かせながら）This is not the piano. Listen. What sound is this? （②正解を探すことを楽しみながら生徒がそれぞれに考え，本時の中心となる話題へと生徒の興味を広げやすい状況を作り始めている）（生徒の様子を見ながら，再度発問すると生徒は答えを言うタイミングを取りやすくなるだろう）

T: What sound is this, class?
Ss: *Shamisen!*
T: That's right. That's the *shamisen*. （おもむろに三味線が入ったバッグを取り出す。その中には音楽科の先生から借りた本物の三味線が入っている。外観的には何が入っているかはわからない）Well, look. What do I have in this bag?（生徒の中には自由に想像して答えるかもしれない。勘のするどい生徒は三味線と答えるかもしれない。生徒の様子を見ながら，一人の生徒にそのバッグを持たせ，開けさせる。中身をクラスに見せながら）What do I have in this bag? （③前時のターゲット文である *What do I have in this bag?* を使って，復習並びに本時の話題の中心である三味線へと話題を進めている）

Ss: You have a *shamisen*.
T: Yes. I have a *shamisen* in this bag.（三味線をバッグから取り出す。クラス全体に向かって）（①実物を使って，話のやりとりを進めている）
Do you play the *shamisen?* （①クラスの全員に語りかけ，ここで一度生徒の表情を確かめ，全員が話題についてきているかを見る）（生徒は教室内を見るだろう。生徒の誰かが手をあげればその生徒に三味線を渡してもよいが，めったにないであろう。もし挙手がなければ，

一人の生徒に向かって）Hi, S1. Please play the *shamisen*.（と言って三味線を渡す）Here you are.

S1: (S1 がどんな反応をしてくれるか楽しみであるが，きっと教師の言う Here you are. に対し，日頃の受け答えのように反射的に Thank you. と言って受け取ってくれるだろう。S1 は事前に教師が人選しておくことが必要）(④ここで少しリラックスさせている）

T: (S1 がもし，ギターのように弾こうとしたら制止して）S1, do you play it with your fingers?
(③本時の新出語の pick と話題の比較ができるように，small step として，... with your fingers という話題を出している）

S1: Yes, I do.

T: Oh, really. We don't play it with our fingers. We use ....（クラス全体に文を完成させて言うように目線を送る。生徒たちの反応を観察する。小学校で三味線について学んでいる可能性も高い。その場合は生徒から解答が得られるであろう。もし，返答がなければ）

T: （三味線のバチを取り出し，クラス全体によく見せて）Look. We use this for the *shamisen*.（①実物を使って印象づけている）（③この文は教科書の前ページで学習した英文の応用である）What do you call this in English?（③新出語彙なので意識して丁寧に発音する。また，後の a の欠落を招かないためにも a をつけて発音指導をする）A *shamisen* pick. Repeat.

Ss: A *shamisen* pick.

T: (①生徒は shamisen の部分を早口で忙しく発音してしまうので，きちんと発音することを促して，繰りかえさせる）One more time. A *shamisen* pick. Repeat.

Ss: A *shamisen* pick.

T: Much better! So, S1, please use this *shamisen* pick. Here you are.

S1: （きっと S1 は三味線を弾いたことがなく，バチを渡されたら驚くであろう）

T: （困っている S1 を助けるような感じで）I'm sorry we don't have time to play it.（③と言いながら S1 から三味線を返してもらう。教室には笑いも増え，なごやかな雰囲気が増すだろう）Thank you, S1. (①ここで，教科書出版社が出しているピクチャーカードかまたはデジタル教科

書の写真を使って，本時の教科書本文の内容に入っていく）（まず，健が三味線のバチをエマに見せている絵を提示しながら）Now, class, who is this boy?
Ss: He is Ken.
T: Yes, he is Ken. How about this girl?
Ss: She is Emma.
T: Right. She is Emma. Where is she from?（②直接，本時のページ内容には関係はないが，本時に扱う会話を読みこなすのに必要な内容であるため，発問が有意となる）
Ss: She is from Australia.
T: Good. She is from Australia. Emma has a question to Ken. "What do you have in your hand?" Repeat the question.
Ss: What do you have in your hand?（③ small step としてこの質問と先ほど指導した答えの文をひとまとめの Q & A として理解させようとしている）
T: Very good. S2, say it once again.
S2: What do you have in your hand?
T: Perfect! Ken's answer, please, class.
Ss: A *shamisen* pick.
T: That's right.（先ほど見せた実物のバチを取り出し，もう一度語彙を確認させる）A *shamisen* pick. Ken said, "I have a *shamisen* pick." Repeat.
Ss: I have a *shamisen* pick.
T: Good. S3, say it once again.（③必要に応じ，個人チェックを行う）
S3: I have a *shamisen* pick.
T: Very good.（エマが首を傾げて返事をする様子をやって見せて）*Shamisen*? Cool.
（もう一度モデルを見せて）*Shamisen*? Cool. Repeat.
Ss: *Shamisen*? Cool.
T: OK. Look at me. Which do you like better, model 1 or model 2?（③教師はモデルとして 2 種の表情のものを見せる．始めは口先だけで表情に乏しい言い方，のちに気持ちの入った表情豊かな表現の見られる言い方を実演して見せる）

> Ss: Model 2!
> T: Yes. Model 2 is great. So, let's say, "*Shamisen*? Cool."
> Ss: *Shamisen*? Cool.
> T: Great! What music do they play with the *shamisen*? Pop music? Rock? Jazz?
> Ss: ...?（②生徒も答は何だろうと思考を深めるチャンスとする）
> T: (①音楽科から音楽の本や CD のジャケットを借りてきて見せたり，聴かせたりする。またはインターネットで検索した写真などを見せる) Traditional Japanese music.
> Ss: Traditional Japanese music.
> T: They play traditional Japanese music. Repeat.
> Ss: They play traditional Japanese music.
> T: (①教科書のピクチャーカードまたはデジタル教科書の絵を再び見せて，教師が健になった様子で生徒に語りかける) Hi, I'm Ken. I play the *shamisen*. I play traditional Japanese music, but （①あまり演奏が上手ではない様子を手振りによる三味線演奏で見せたり，その顔の表情を強調して見せたりして) I don't play it well. Repeat.
> Ss: I don't play it well.

　もし環境が整っていれば，日本の伝統音楽を奏でる三味線演奏画像が YouTube で多種に渡りあるので，オーラルインタラクションによる内容導入後，見せてもよい。生徒にとって，日本文化を知る良い機会となる。

1.2　インタラクションに関する Q&A の例

　オーラルインタラクションによって導入した内容に関する質問をすることによって，生徒の理解を確かめ，どんなフィードバックが必要か，また次の指導過程へ進めてもよいかなど，授業者としての判断をしていくこととなる。

　以下，1.1.4 で示したオーラルインタラクションによって導入したトピックに関する実際の Q&A を考えてみる。この課を学習する段階では，一般動詞の 3 人称単数はまだ未習事項であるので，工夫が必要である。

> T: Class, you are Ken. Answer my questions. Are you ready?
> Ss: Yes, we are ready.
> T: Good. Ken, what do you have in your hand?
> Ss: I have a *shamisen* pick.
> T: *Shamisen*?
> Ss: Yes.
> T: Please play it now.
> Ss:（各自,バチを使って両手で三味線を演奏する動作をするだろう）
> T: Wow, that's cool. You play the *shamisen* well.
> Ss: No, I don't.
> T: Oh, really. What music do you play?
> Ss: I play traditional Japanese music.
> T: I see.

　授業過程において,どのような活動がこの次に続くのかをよく練った上で,教科書本文のオーラルインタラクションを進めることが必要である。一つの活動がその次に控える活動へのレディネスとなるようにし,活動を通しての指導が次々に単元目標へと一筋の道のように進んでいけるように,全体の指導過程を考慮しなければならない。

　さらに,授業実践において一番大切なことは,授業者と生徒が一緒に,英語の授業を行っていくことであろう。教師も生徒も自分の表情,自分の言葉(My English)を使って,互いの個性や創造性を大切にした授業づくりを目指したい。

2 導入活動：高等学校

2.1 オーラルインタラクションの留意点

イラストなどの視覚的補助を利用し，英語で語って聞かせながら，生徒とやりとりをし，語彙・言語材料や題材を導入するオーラルインタラクションを取り上げる。導入活動の目的である「テーマについて読んでみよう」という意欲をもたせることを念頭に置く。英語の音に慣れさせ，聴覚像（acoustic image）を形成することを重視し，また，直聴直解の体験をとおし，全体の意味内容を直感的に把握する能力（subconscious assimilation）を育成することもねらっている。次の点に留意して実施する。

> 1) 視覚補助を利用する。
> 2) 単語の音韻情報とその意味が持つイメージを十分に活性化する。
> 3) 音声を聞かせ「わかる」ことを優先させる。
> 4) 重要な語と言語材料は自然に繰り返し聞かせ，文字を後に提示する。
> 5) 重要な語と言語材料は，オーラルワークで発声できるようにする。

2.2 高度な内容の素材の場合

1. 対象学年：第2学年
2. 単元：Lesson 8 *Crossing Cultures: Japonisme and Western Art* ジャポニズムとして知られる日本の浮世絵の西洋芸術への影響を取り上げて文化の交流について知る
3. 教科書：*Mainstream English Communication II* Zoshindo
4. オーラルインタラクションの目標
    - 日本語で理解しても表層的な理解になりがちなものを体感させる。
      （切り取ってきたような物体を配置する浮世絵の技法を体感。）
    - テーマに関わる木版画，鯉のぼりの英語を生徒から引き出し，オーラルワークで定着を図る。

- 仮定法過去形を使用する場面を与え，それを使用し自分の意見をペアで交換し，クラス全体に示す
5. 使用する視覚補助（パワーポイントや prezi で提示できると効果的）
浮世絵 3 枚
切り取ってきたような物体（ここでは鯉のぼり）の効果がわかるように浮世絵原典より鯉のぼりを削除したもの一枚
6. 実践例

T: I am going to show you three famous works of art. What are they?（3枚の浮世絵を見せる①）

S: *Ukiyo-e*.

T: Yes. These three works are not paintings. They are not water-color, oil-painting or black ink painting. What kind of art are they?

S: *Hanga…Moku-hanga*.

T: Yes. What is "*Moku-hanga*" in English?

S1: Print.

S2: Wood?

T: Very close. It is "woodblock print".（文字を画面に示す／板書する）Class. Repeat, "Woodblock print".（Class. Repeat, …は日頃より繰り返し練習として習慣にしておく）

Ss: Woodblock print.

③より鯉のぼりを削除

T: Now take a look at this woodblock print.（鯉のぼりを削除した浮世絵を見せる②）It was created by Hiroshige, a famous *ukiyo-e* artist.

This print is missing something. I deleted one object from the print. I am sorry for Hiroshige. If you were Hiroshige, what would you put in the print?（教員が例を出す）If I were Hiroshige, I would put a boat in the river. Think about one object you would like to add in it. Say your idea to your partner. Use the following format: If I were

Hiroshige, I would put … in the print.（文型を画面に示す／板書する）
Class. Repeat,
"If I were Hiroshige, I would put … in the print".

Ss: If I were Hiroshige, I would put … in the print.（30秒考えさせる）
T: Now say your idea to your partner.（生徒はペアで意見交換する）
T: Next, I'll appoint someone. Please say your idea to the class. How about S1?
S1: If I were Hiroshige, I would put cherry blossoms in it.
T: Wow. Cherry blossoms would make it more beautiful. What about S2?
S2: If I were Hiroshige, I would put a dragon in it.
T: Looks like we are back in the Edo period. Now I will show you the original Hiroshige.（原典を示す③　生徒は鯉のぼりの効果を実感する） It has "*koi-nobori*" in it. Can anybody say "*koi-nobori*" in English? First, what about "*koi*"?
S: Carp.
T: That's it. What about "*koi-nobori*"? It has a lot of moving air in it and we feel that it is swimming in the air. It should be "carp …". Moving air is "*kiryu*". Does anybody know the English word for "*kiryu*"? …（生徒から回答がなくても，考える時間をとって）Stream... and "*Koi-nobori*" is a carp streamer. Now, class. Repeat, "A carp streamer".
Ss: A carp streamer.
T: Now compare these two prints. One without a carp streamer and the other with a carp streamer. What effect does the streamer have on the print? As you can easily see, it has a great effect on the print. When western artists saw Japanese woodblock prints, they were surprised. The chapter we are going to read is about these effects. Let's find what effects Japanese art had on Western art.

　本文では「切り取ってきた物体が背景の富士山を遮っている」と一般的な説明の後，When we look at the picture, we feel like we are in it. とある。このパートの理解の際に，英文と浮世絵の原典では腑に落ちにくいが，鯉のぼりを削除した作品との比較で，その効果をよく理解することができる。また，

ほぼ同じ時期に「英語表現」で学習していた仮定法を実際に使用することで定着もはかれた。個人で考えさせ，ペアで意見を交換し，クラス全体で共有するようにした。生徒の学習状況をよくわかった教員が，適切なオーラルインタラクションを計画することが重要である。

2.3　英語に苦手意識の強い生徒の場合

1. 対象学年：第1学年
2. 単元：Lesson 2 *Shoes for a Dream*　日本からケニアに子ども靴を送るボランティア活動を行う高橋尚子さんの話
3. 教科書：*My Way English Communication I* Sanseido
4. オーラルインタラクションの目標
    - 「子ども靴」，「ケニア」，「高橋尚子」を挙げて，章の主題について考えるきっかけを与える。
    - 子ども靴，マラソンの英語を定着させる。
    - 教科書にはないケニアの背景情報を与える。
    - 写真，地図で，具体的なイメージを活性化する。
    - この章では扱わないが，national flag, shape などの基本語も実物や状況のなかで音声インプットを与え，聞いてわかる体験をさせておく。
5. 使用する視覚補助（パワーポイントや，prezi で提示できると効果的）
    紳士靴，子ども靴，ケニア山，アフリカ像，ケニア国旗，ケニア地図，高橋尚子

6. 実践例

T:（①青空に伸ばした手）Now you can see a beautiful blue sky and a hand that is reaching out for something. You are going to see some things on the screen.（紳士靴へズーム②）What are they? Anybody?

S: Shoes.

T: Yes. They are shoes. They are men's shoes.（音声を聞かせてから文字 men's shoesを提示) Now, class. Repeat, "Men's shoes".

Ss: Men's shoes. （子ども靴をズーム③）

T: Now what about these. What type of shoes are they? Or whose shoes are they?

S: *Kodomo gutsu?*

T: What is it in English? …

S: Child?

T: They are children's shoes. Class. Repeat, "Children's shoes".

Ss: "Children's shoes."

T: Now, I'll show you a picture of a mountain. （ケニア山をズーム④）Do you know something about this mountain? Where is this mountain? In Japan? In Europe? If you go down this mountain, you can see these animals. （アフリカゾウの写真⑤）Where is the mountain?

S: Africa.

T: Yes. Then where in Africa? Now, I will show you the shape of the country and its national flag. Say the name of the country. （国旗をズーム⑥）This is the shape of the country（国境をなぞる）and the design is its national flag. Can you name the country?

S: Kenya.

T: Yes. It's Kenya. I'll show you the map of Africa, and this is Kenya. （地図をズーム⑦）It's on the equator. Do you think it is very hot in Kenya because the

country is on the equator?（赤道を指さす）As you see in the picture, the mountain has some snow.（ケニア山の雪を指さす）Why?

S: It is high.

T: Yes. Mount Kenya is 5,199 meters high. Kenya has highlands. It is on the equator, but it is cool. Next, I give you a quiz. I give you six clues. Name a famous person. Who is this person? The person is 41 years old.（ヒントは一つ一つ音声の後で文字を提示する⑧）In this picture she is eating something. The person has five rings on her chest. The person got people's honor award. The person broke a world record. The person has a nickname and it is one alphabetical letter.

Ss: Q-chan.

T: Yes, the person is Takahashi Naoko, a great Japanese marathon runner.（高橋さんの写真⑨）Class. Repeat, "Marathon".

Ss: Marathon.

T: She won the gold medal in the Sydney Olympics. Shoes, Kenya and Takahashi Naoko. (⑩) These three are linked. One thing links these three. What links these three? Now start reading Lesson 2, "Shoes for a Dream" in the textbook.

　英語が苦手な生徒を対象とした教科書の話題は具体的なものを載せているが、それをより肌に感じるように、あるいは、「遠い」場所でのことは近く

に引き寄せるように工夫をした。テキストにない背景知識の理解を助けるために，様々な視覚補助を利用する。クイズ形式を利用すると活動が楽しくなる。内容そのものや，核心の主題は読んだときに深く理解できるよう，導入時は伏線をもたせる。全体を把握させながら語彙を導入し，読解活動の動機付けになるように組み立てる。生徒を引き込み，キーワードやキーセンテンスを言えるようにし，スピーキングの土台を構築するように計画した。

3 本文の内容理解を進める：中学校

　学校外で市販の教科書準拠の参考書等を使った教科書予習が可能であるため，中学校の授業にはすでに全訳を知って授業に臨んでいる生徒も少なからずいる。その中でいかに教科書の内容を深く理解し味わう段階へ持っていくかは大きな課題である。その解決法として，和訳を与えるのではなく自ら考えながら発話させるQ&Aやオーラル・インタープリテーションを通して生徒の情動を動かし，内容を生徒の心にしみ込ませる活動が有効である。

3.1　背景知識を豊かにするためのQ&A（一斉）

　教科書で扱われる題材の中には，歴史や文化の背景知識が必要となるものもあるが，難解なテーマであれば興味を持たせるのは難しい上，教師から一方的に説明するだけでは，生徒の心にはほとんど残らない。難解なテーマの時こそQ&Aを通したインタラクションが効果的である。その際は，比較的易しい表現や，文でなく単語のみでも答えられる質問にとどめ，英語より内容に注意が向くようにする必要がある。以下，その具体例を紹介する。

3.1.1　教科書にある質問を利用した指導例

　New Crown English Series 3（旧）のLesson 6 "I have a dream" の扉には，キング牧師のスピーチを聴くためにリンカーン記念堂の前に集まった群衆の写真とともに，最初に次の2つの質問が掲載されていた（現在の改訂版には掲載されていないが，古い教科書もコピーし，良いところはとことん活用するのが筆者のやり方である）。

　以下の（1）〜（3）のように展開する。

Q1. What do you see in this picture?
Q2. Do you know anything about the history of the United States?

---

(1) 教師がQ1を投げかけ，生徒の様々な予想を聞く。
(2)「キング牧師のスピーチを聞くために集まった群衆」という回答を示す。
(3) Q2を数名の生徒に聞く。日本語で答えてもよいこととする。

　扉絵はカーペットの上にゴマが散らばったようなぼんやりした白黒写真であり，(たとえ参考書の和訳を手元に持っていても) 何の写真であるかはわからない。人間だと知ると生徒は非常に驚き，たとえ全訳を知っていても，内容に興味をそそられる。中学校の教科書は語彙・字数の制限から，どのような物語でも簡略化せざるを得ない。しかし，だからこそ，教科書で省略された部分を補ったり膨らませたりする楽しさがある。参考書の和訳を越える「意味」は与えられるのである。

3.1.2　教科書の対話文を利用した質問と指導例

　教科書には，「1962年当時の水飲み場の写真」とともに以下のような対話文が出てくる。

> Paul: Look at these men drinking water.
> Kumi: What about it?
> Paul: This photo taken in 1962 shows a dark side of the history of the United States.
> Kumi: I still don't understand. Can you tell me more?
> Paul: The story of Martin Luther King, Jr. will explain.
> 　　　　　　　　　　　　　*New Crown English Series 3*（三省堂），p.66

この対話文をより簡単にした次のようなQ&Aが考えられる。

> Q3. What is the man doing?　(A: He's drinking water.)
> Q4. What does the plate say?　(A: For colored only.)

　背景知識の説明の段階で同じ表現を使うことで，内容把握の段階で説明を省くことができるだけでなく，教科書の登場人物が答えるより先に，自分なりの解答を考えさせることができる。

　以下 (1)〜(4) のように展開する。
(1) 教科書は使わず「1962年当時の水飲み場の写真」を拡大したピクチャーカードのみを見せながら，Q3, Q4を質問する。
(2) バスの座席や公園など，肌の色で分けられていたことを示す当時の写真

で作成したピクチャーカードを追加し，同様の質問をする。
(3) 口頭だけで十分に Q&A を行い，答えを生徒自身に考えさせる。
(4) 生徒の関心が高まると逆に生徒から質問が出てくる。内容が高度になった場合は，教師は日本語も混ぜながら答える。

3.1.3 ピクチャーカード・映像を使った質問と指導例

生徒自身が人種差別を身体感覚で感じることが，内容理解に入る前に必要である。ここでは，プラスアルファで以下のような質問を用意する。

Q5. Do you know the man's name? （A: Lincoln.）
Q6. Who is Lincoln? What did he do?（A: President. 奴隷解放。）

---

(1) リンカーンの写真を大きく引き伸ばしたピクチャーカードを黒板に貼り，Q5，Q6 を質問する。
(2) キング牧師・オバマ大統領の写真も順に見せながら同様に質問する。
(3) リンカーン，キング牧師，オバマ大統領とつながる歴史の流れを概観する。
(4) オバマ大統領就任当時のニュース映像から，黒人の人たちの熱狂ぶりや，感涙にむせぶインタビューの様子を見せる。リンカーンのスピーチやオバマ大統領のスピーチを CD か教師の音読で聞かせ，迫力を味わわせる。

〈留意点〉
　有名な人物についてある程度の知識はあっても，英語で Q&A をすることは生徒にとって難しいので，表に英語，裏に日本語を書いたフラッシュカードを使うのが効果的だ。たとえば，教師が Who is Lincoln? と質問した時に，生徒が「大統領って何て言うんだっけ」とつぶやくと，すかさず Very good. とほめながら「大統領」と書いたカードを示す。そして裏面の president という英語を瞬間的に裏返して見せながら，Who is Lincoln? と再度質問する。生徒は He is a president of USA. と答えることができる。英語だけでやりとりする流れを断ち切らないことが大切である。

3.1.4 生徒の心を動かす質問と指導例

最後に以下のような質問をする。

> Q7. Are we colored?　Are Japanese people colored?

　No! と即答する生徒もいるが，Really? Then, are we white? と聞き返すと，実に複雑な表情になる。このような，一見シンプルな Q&A のやり取りを通し，このテーマは，生徒にとって人ごとではなくなる。不思議なことに，このような深刻なテーマを扱う時は，日本語よりもストレートでシンプルな英語でのやり取りの方が，生徒の心を大きく揺さぶる。たとえば，ジョン・レノンの「ハッピー・クリスマス」の歌詞を簡単な英語で説明していた時のことである。Black. White. Stop the fight. とゆっくり言っただけで生徒たちが水を打ったように静まり返った。日本語だと，「黒，白，戦争は，だめ。」とゆっくり言ったと想像してほしい。本当に生徒の心を動かしたい時には多くのことばはいらないのだ。

　生徒にとっても，流暢に使えない英語の方が自分の心の中をさらけ出せるというケースもある。沖縄で体験した平和学習について英作文をさせた授業の後，ある生徒がこのように言った。「先生，感動して泣いたことを，日本語の感想文なら恥ずかしくて書けないのに，英語だと I cried. とさらっと書けますね。」日本語より心とことばに距離がある英語だからこそ，生徒も教師も言いたいことの核心だけを口にすることになる。「英語で生徒の心を動かすなんてできない」ではなく，「英語だからこそ動かすことができる」場合があるのだ。

3.2　理解の確認のための Q&A（ペアワーク）

　背景知識を豊かにするための Q&A では，比較的易しい表現や，文でなく単語のみでも答えられる質問を用意した。しかし，理解の確認のためには，教科書の新出語彙や文法項目を「正確に」アウトプットさせる必要がある。正確なスピーキングを求める活動では，自信がない生徒（ほとんどの生徒が該当する）は一気に消極的になるので，全体の前で発話させるのではなく，ペアワークを取り入れる。

【教材例】

> 　Martin Luther King, Jr. heard about Mrs Parks. He said, "There are many things we black people cannot do. We cannot stand it any more.

> Let's support Mrs Parks. Let's fight for the right of anyone to take any seat on any bus."
>
> So the black people of the city stopped riding buses. Some walked to work and school. Others used cars. They got support from some white people. The boycott lasted for more than a year. Finally, black people won the right to sit anywhere.
>
> *New Crown English Series 3*（三省堂），p.71

【ワークシート例】

　ワークシートは破線で左右に切り離してあり，座席の隣同士は生徒A，生徒Bとして，それぞれ別の半分を受け取るようにする。これで，ペアの相手とはそれぞれ違う質問用紙を持っていることになる。

【Student A】	【Student B】
Q1. What did Martin Luther King Jr. say when he heard about Mrs Parks?	Q4. Who supported the black people who didn't use buses and walked or used cars?
Q2. For what did they fight?	Q5. How long did the boycott last?
Q3. What did the black people of the city stop?	Q6. Why was the boycott successful?

【指導例】

　Q1〜Q5はほぼ同じ文が教科書にあり，さらに教科書と同じ順番で出てくるので，難易度はそれほど高くない。しかし，質問文も答えの文も長いしっかりした文になるため，自分たちがかなりの量の英語を話したという実感を，生徒自身が持つことができる。以下，(1)〜(3)のように展開する。

(1) 語彙・文法指導を終了後，ワークシートを配布する。
(2) 生徒AがQ1〜Q3を読み，生徒Bが教科書を見ながら答える。
(3) 交代し，生徒BがQ4〜Q6を読み，生徒Aが教科書を見ながら答える。
　Q6だけは，答えが1つではなく，さらに答えが教科書に書いてあるわけではないオープンエンドの質問である。Q6における対話例を以下に示す。

【対話例】

> T:（どのペアも答えに窮しているのを確認し）The last question is very difficult. If student A can't answer it, student B can answer instead. If both of you can't answer, think and discuss about question 6 together. You can answer in Japanese.
> Ss:（英語であるいは日本語で熱心に相談し始める）
> T: Well, have you finished? Let's check the answer!（Q1〜Q5までを，ランダムに指名し，生徒の答えを聞く）Very good!
> How about question 6? The textbook doesn't have the answer.
> Did you discuss and find the answer in pairs?（1人の生徒に）
> Why was the boycott successful?
> S1: Because bus company is not happy.
> T: I think so, too.（生徒の間違いをさりげなく訂正した表現で全員に向かって）Why is [the] bus company unhappy?
> S2:（考えながら）The bus company has no money…?
> S3: Maybe before boycott, many black people used a bus. White people don't use a bus because they are rich and they have car.
> T: The rich people have [cars]. Great! Good guess!

　筆者はこのような活動では必ず最後にオープンエンドの質問を入れておく。背景知識や物語の内容を真に理解していなければ答えられない。「意味を乗せた発話」に，英語と日本語の区別を感じさせず入っていく，そして教科書の文と即興のスピーキングとの境界をなくしていくための指導である。

3.3　コンテキストを発展させるためのQ&A（一斉）

　コンテキストを発展させる段階では，再度正確さより内容に意識を向けさせたいので，ペアワークから一斉へ戻る。教科書にはキング牧師のスピーチのうち，I have a dream...で始まる2パラグラフのみが掲載されているが，実際のスピーチにはこのフレーズが何度も繰り返されることによる迫力と感動がある。実際のスピーチを使用しコンテキストを発展させる場合，(1)〜(8)のような展開が考えられる。

(1) オバマ大統領の就任演説で，「レストランに入ることを断わられた男の息子が，今日，大統領になりました」という箇所を映像で見せる。

(2) キング牧師の映像を，全文の原稿とともに見せ，以下の箇所で止める。

> King: I have a dream that one day on the red hills of Georgia the sons of former slaves and the sons of former slave owners will be able to sit down together at a table of brotherhood.

(3) 以下のQ&Aを行う。

> Q1. What does "the sons of former slaves" mean?（A: Black people.）
> Q2. What does "the sons of former slave owners" mean?
>   （A: White people.）
> Q3. Who is "the son of a man who was rejected at a restaurant"?
>   （A: President Obama.）

(4) この後，スピーチはちょうど教科書に掲載されたパラグラフにさしかかるので，できれば原稿を見ずに聞き取るようにさせる。
(5) 適宜映像（音声）を止め，Q1～Q3と同じようなQ&Aで内容確認を行いながら進んでいく。
(6) スピーチの終盤を聞かせる。

> King: When we let freedom ring, when we let it ring from every village and every hamlet, from every state and every city, we will be able to speed up that day when all of God's children, black men and white men, Jews and Gentiles, Protestants and Catholics, will be able to join hands and sing in the words of the old Negro spiritual, "Free at last! Free at last! Thank God Almighty, we are free at last!"

(7) 以下のQ&Aを行う（できれば教師が指名して次々と答えさせたい）。

> T: From where do they let freedom ring?
> S1: From every village and every hamlet.
> S2: From every state and every city.
> T: Who are "God's children"?
> S3: We. All people.
> T: Only Protestants and Catholics? Only Christians?
> S4: No. Buddists, Islams, and … everyone!

> T: Why did King say "Thank God"?
> S5: Because he is free.
> S6: No, he is not free yet. Maybe because he is going to die…?

(8) 最後に，この "Free at last! Free at last! Thank God Almighty, we are free at last!" という最後のことばが刻まれた，キング牧師の墓石の映像を見せる。

〈留意点〉
① 実際の音声は聞き取りにくいので，教師がオーラル・インタープリテーションで読んでもよい。あるいは，ネイティブスピーカーによる録音 CD も市販されている。ただ，迫力と観客の熱狂は本物の映像で味わわせたい。
② 難しい語彙があっても原稿を見て内容を類推しながら答えられるような質問（上記 (7)Q&A 対話例の下線部を参照のこと）をし，Q&A をする中で自然と大意が把握できることが望ましい。
③ S5 や S6 の生徒たちのやり取りに，最終的な解答はないため，日本語での討論に展開する。教師は意見を述べず，生徒たちの思考を深めさせる。

3.4　インテイクのための音読・暗唱

以上，3.1 から 3.3 までの Q&A による指導を通し，教科書の内容を深く理解させた上で，最後に挑戦させたいのがインテイクのための音読・暗唱である。内容への共感は，提示された英語表現の正確な知識理解と意味の双方を身体に沈めることに直結する。特に，実際のスピーチ映像や音声に触れ，迫力ある文章に接した生徒には，自らの思いを乗せることばの力強さが理解できている。共感できたスピーチであれば，自分の思いとしてそれを再現できる。

3.4.1　スピーチ音読指導例（グループ）

(1) 教科書に出てくるキング牧師のスピーチの一部を，キング牧師の話し方を真似てもよいし，自らが思いを伝えられると思う話し方を考えてもよいと指示した上で音読発表することを伝える。
(2) 正確にかつ情感豊かに読めるよう，教師自身のオーラル・インタープリテーションをモデルに一斉音読をさせる（オーラル・インタープリテー

ションによるモデル提示法については『英語音読指導ハンドブック』〔大修館書店，2012〕参照のこと）。
(3) 個別練習をさせながら，机間指導で個別指導をする。
(4) アナウンサー・リーディング（文末はできるだけ顔を上げて読む）をしながら，情感豊かに音読するように指示する。
(5) 予告した日に，4～5人のグループ内で音読発表会をする。
(6) 評価用紙を配布しておき，発音（明瞭さ）・声の大きさ・情感の豊かさなどを相互評価させる。

〈留意点〉
① オーラル・インタープリテーションに抵抗感のある生徒もいるため，全体の前で発表はさせないが，普段と異なる抑揚などを互いに楽しむ雰囲気を作るためには，ペアワークよりグループワークが有効である。
② 特に評価の高かった生徒には，全体の前での発表や，外部のスピーチコンテストへの挑戦（☞ p.288）を勧めたりする。

3.4.2 スピーチ暗唱指導例（個人）

(1) キング牧師，リンカーン，オバマ大統領らのスピーチから，自分で暗唱したいスピーチ（及びその箇所）を自由に選ばせる。
(2) 暗記できた生徒は，休み時間や放課後に直接教師のところへ来て暗唱する。

　原稿を持たない完全暗唱は生徒の負荷が高いので，暗唱の題材だけでなく量も自分で選べるようにする（1パラグラフでも可とする）ことが必要である。筆者の経験では，同じテーマの複数のスピーチに対し情動が豊かに動き共感できた生徒は，こちらの予想を超えて難易度の高いスピーチや量に挑戦することがある。ある年の中学校卒業式の前日，一人の生徒が暗唱を聞いて欲しいとやってきた。彼女はキング牧師のレッスンを，目を潤ませながら受けていた生徒で，印象に残っていた。「先生，私は受験が終わってから暗唱を始めたので，来るのが遅くなってすみません」と言って彼女が最後まで見事に完全暗唱したのは，"I have a dream"の全文であった。

4 本文の内容理解を進める：高等学校

4.1 概要をつかませるための質問

　新しい課に入って，オーラルイントロダクション（oral introduction）やオーラルインタラクション（oral interaction）などで課全体の導入を行った後，教科書の本文に入ってからのスピーキング指導を紹介しよう。高校の教科書はパートに分かれているのが普通なので，パート1に入る場合を考えてみよう。先ず，このパートの中心となる内容をつかませるための質問，即ち Focus Question（以下 F.Q.）から始めたい。

【教材例】

　Japanese diplomat Chiune Sugihara was stationed in Lithuania in 1939, during one of the darkest times in human history.

　"Look outside," Sugihara said to his wife, Yukiko. Together, they peered out of the curtains. It was July 18, 1940. On the normally quiet street was a crowd of hundreds of people. They were moving about and hanging onto the gates of the consulate. Some were so desperate that they tried to climb over the fence.

　"They are Jewish refugees trying to escape from Hitler," Sugihara explained.

　They looked out again. The terrified eyes of the crowd were pleading for help.

　"Why are they coming here?" Yukiko asked.

　"They want me to arrange transit visas for them through the Soviet Union and Japan so that they can get to free countries. They say if I don't help them, they will be killed by the Nazis."

　Sugihara sympathized with the Jewish refugees, but he didn't have the

> authority to issue visas without permission from the Foreign Ministry in Tokyo. He sent telegrams to the ministry three times to ask for permission to issue visas to the refugees only to find all his requests were refused.
>
> *Mainstream English Communication* Ⅱ （増進堂）, pp.38-39

この教科書の場合，次のような F.Q. が教科書に載せられている。

> Focus Question: Why were there so many people in front of the consulate?

　自分で質問を作る場合に注意したいことは，決して細部について問うのではなく，上の F.Q. のように，このパートで内容上最も大切なことを聞くことである。したがって質問は1問でよい。手順は，先ず教科書を閉じさせて，F.Q. を口頭で与える。本文や生徒の状況によっては，黒板，またはワークシートを用意して，質問を文字で見せながら提示してもよい。いずれにせよ，本文を聴かせる前に Pre-Question（以下 Pre-Q.）として与えておくことが大切である。そして，モデルの音声を1回または2回聴かせる。その後で，先に与えてある F.Q. の確認，即ち Questions & Answers（以後 Q&A）をする。

　生徒のレベルに比べて本文の難度が高い場合には，答えやすくする工夫をするとよい。例えば，答えの選択肢を示して，選んで答えられる形式にしたり，答えとなる英文の一部を与えておき，それに適語を補いながら答えさせる形式にしたりする。

　実際に答え合わせの Q&A をする際，ワークシートを与える場合は特に，「答えを棒読みしたり，小さい声でボソボソ答えたりするのではなく，顔を上げて自分が英語で話している姿をイメージして」答えるように指導したい。そうすることで，単なる答え合わせではなく，スピーキングにつながる活動をしているという意識をもたせることができる。

4.2　内容の細部を理解させるための質問

　次に，内容の細部を理解させる質問に移る。F.Q. の場合と同じように，Pre-Q. を与えてから音声を聴かせる。例えば，パートが4つのパラグラフから構成されているとすると，1つのパラグラフに1～2問，計4～8問程度の質問を与える。その際，各パラグラフの中心的な内容を問う質問を与えるようにしたい。説明文などの場合は特に，事実を見つける質問（fact-finding questions）が中心になる。

　ストーリーの場合は，登場人物や場面，プロットなどを確認する質問を与える。4.1 の教材例について，質問例を見てみよう。

> Q1. Who were the crowd of people?
> Q2. Find one adjective that shows how the crowd of people looked?
> Q3. Besides Sugihara, who was looking at the crowd of people?
> Q4. How did Sugihara think about the crowd of people?
> Q5. What did Sugihara do?
> Q6. What response did he get after that?

　音声を聴かせる際，テキストを見ないで聴かせるか，テキストを見ながら聴かせるかは生徒の状況に応じて選択したい。音声を聴かせた後に Q&A を行うが，ワークシートに質問を示しておくと，Q&A を生徒同士でペアやグループで行わせることができる。その際は，ワークシートから顔を上げて相手を見ながら実際に質問しているように Q&A を行うよう指導したい。

　この後，さらに細部を読み取らせるための細かい Q&A を行う。各パラグラフに数問用意する。質問の中には，文構造を確認するもの（e.g. What is the subject [the predicate verb] of this sentence?），代名詞などの指すものを確認するもの（e.g. What does 'they' refer to?），単語の文脈での意味を確認するもの（e.g. What does this word mean here?）などを含めてもよい。

　続いて，音声を聴かせながら再度本文を黙読させる。今度はさらに細部に注意を向けるためや，行間を読ませるための質問に移る。事実を見つける質問（fact-finding questions）だけでなく，推測が必要な質問（inference questions）や，英文と生徒の持っている背景的知識を結びつけさせるような質問を加えるとよい。

　4.1 の教材例を用いて，実際の教室でのやり取りを再現してみよう。

> T: Now I'll ask you some questions about this part. Please answer in English. Question 1: Why was 1939 one of the darkest times in human history? S, please.
> S: I don't know.
> T: Think about the year 1939? What happened in 1939? I think you learned it in World History.

〈実践編〉4 本文の内容理解を進める：高等学校　55

> S: World War Ⅱ ?
> T: Yes. World War Ⅱ started in 1939. So....
> S: Many people were killed, and many towns and cities were destroyed. That's why 1939 was the darkest time.
> T: That's right. Does everyone understand this? Is there some other answer? （略） Then, next question.

　上の例で下線部を引いた質問と同様に，推測や背景的知識が必要な質問の例をあげてみよう。
- Did Sugihara understand why so many people were coming to him?
- What countries does 'free countries' mean?
- Why didn't the Foreign Ministry in Tokyo give Mr. Sugihara permission to issues visas to the Jewish refugees?

　このような質問は，協同学習で取り組むと効果的である場合がある。推測が必要な質問や，英文と生徒の持っている背景的知識を結びつけさせるような質問は，学びは可能な限り高いレベルの課題に挑戦させる必要があるという意味で，ヴィゴツキーの発達の最近接領域の理論で示されている「背伸びとジャンプ」が必要な質問であり，協同学習に適した課題であると言える。

4.3　さらに深く内容を理解させるための質問

　各パラグラフについて細部を問う質問が終わると，今度は再度パート全体を見渡すような質問をする。その際用いたいのが，生徒自身と関連させる質問（personal involvement questions）である。4.1の教材例では次のような質問が考えられる。

Q1. If you had been in Sugihara's position, would you have thought that you would issue visas to the Jewish refugees as he did?

Q2. Do you think you live in a free country? What did 'a free country' mean to the Jewish refugees? What does it mean to you?

　このような質問は，テキストと生徒の間の距離を縮めて，一層深く内容理解を進めさせるのに効果的である。
　実際に教室で行われるやり取りを上のQ1.を例にとって再現してみよう。質問は予め配布してあるワークシートに載せられているものとする。

> T: Now, why don't you try 'Further Questions'? This time, let's do this in pairs. First, do *janken*. Winners, ask losers Question 1, and losers, answer it. When you answer, be sure to add the reason why you think so. Then, losers, ask winners the same question and winners, answer it. Try to answer Question 2 in the same way. Everyone, stand up. When you finish, you can sit down. OK? Let's start. (Everyone stands up.)
> S1 (Winner): If you had been in Sugihara's position, would you have thought that you would issue visas to the Jewish refugees as he did?
> S2 (Loser): I am not so strong as Mr. Sugihara, so I wouldn't have thought that I would issue visas. How about you, S1?
> S1: I would have thought that I would do the same as Mr. Sugihara because I think the most important in everything is to do according to our conscience. (以下略)

　この例では,「質問に対して答える」というだけで終わっているが, 相手の答えを聞いてさらに突っ込んで質問 (Successive Questions) し, それに答えるというようなやり取りまでできることを目標にしたい。

　課全体を読み終えた段階で, 課全体 (Part 1～4) をもう一度通して読ませた後に, 生徒自身と関連させる質問 (personal involvement questions) として,「杉原千畝の生き方」や「平和の意味」などについて自分の意見や感想を述べさせる機会を与えるのもよいだろう。そのためには, 先ず自分の意見や感想を書かせてみて, それをペアやグループで読み合わせをして, その内容についてお互い感想を言い合ったり, 批評しあったりして, 最後に全員の前で発表させるとよい。これらのテーマは, スピーチ課題としてプロジェクト学習に発展させることもできる。

4.4　インタビューとしてのQ&A

　教材例のような人物についての課の場合は, ペアワークまたはグループワークとして,「その人物にインタビューしてみる」という設定で, インタビュワー役の生徒の質問に, その人物役の生徒が, 教科書で学んだ情報をもとにして, その人物になったつもりで答えるという活動に挑戦させてはどうだろう。これは教科書と生徒の間の距離を一挙に縮める効果がある活動であ

る。しかし，すぐにインタビューできる高校生は多くないかもしれない。そこで，先ず次のような「インタビューの例を空所補充させる活動」で練習させてから少しずつ空所部分を多くしていくようにするとよい。次の例は，4.1の教材例の場合を示している。

【インタビューの例】 ＊（　　）内の語句を生徒が補いながら対話する。

> Interviewer: Mr. Sugihara, when you saw (a crowd of people) in front of (the Japanese consulate), did you understand what was going on there?
> Chiune Sugihara: Yes. I knew that they were (Jewish refugees) escaping from (Hitler) and that they wanted me to (arrange transit visas).
> Interviewer: When you sent (telegrams) to Tokyo to ask for (permission) to issue visas, you found all your requests were (refused). How did you feel then?
> Chiune Sugihara: To tell the truth, I was at a loss. I thought and thought with (my family). （以下略）

ペア（またはグループ）での練習が終わったら，是非全員の前で何組か発表させたい。お互いの発表から学びが深まることは大いにありうる。

4.5　生徒の主体的な学びのために

これまで述べてきたのは，すべて教師が質問を用意したり，場面設定を考えたりと，教師主体の活動であったが，授業は言うまでもなく，教師と生徒（と教材）で成り立つものであり，生徒を質問作りに参加させることは大いに推奨すべきである。なぜなら，そうすることによって，生徒の主体的な学びを実現し，一層活発に英語で話すことに取り組ませる機会を与えることができるからである。教師が作成した質問で授業を何回か行い，質問作りの仕方を指導したら，是非生徒にも質問を作らせ，それを用いたQ&Aでの授業展開を計画したい。その際，生徒一人一人に質問を考えさせるより，ペアワークやグループワークとして取り組ませるのが効果的である。協同学習的な視点を加えることにより，生徒は教師が思いつかない面白い質問を考えてくれる場合がある。質問作りは協同学習課題として「背伸びとジャンプ」を

実現する可能性を秘めているのである。また，生徒の作成した質問の中から，よい質問は定期考査でも出題することを生徒に伝えておくと，生徒は一層頑張って問題を作成するものである。

　授業への生徒の主体的な参加という意味では，これまで教師が説明していたことを生徒に説明させる機会を設定することも，生徒のスピーキング力を育てる上で有効である。例えば，4.1 の教材例で言うと，「杉原千畝とその妻幸子」，「ユダヤ人難民」，「ナチスドイツによるユダヤ人大量虐殺」……などについて，生徒に本やインターネットなどを用いて調べさせ，その結果を写真や絵などのビジュアル・エイドを用いて発表させたり，プレゼンテーションソフトを用いてコンピュータで発表させたり，ポスターセッションさせるなどの活動である。そのレッスンに入る前，レッスン中，レッスン後のいずれかに時間をとって行う。予め1年間を通して全員が最低1つのテーマを教科書のレッスンの中から選ばせて担当を決め，発表予定表を作成して配布しておく。発表の1，2週間前に原稿を提出させ，教師が目を通しておき，重大な誤りのみ添削して返却し，それをクラスメイトの前で発表させるようにする。この活動は，できるだけ気楽に取り組みたいので，誤りについても寛容でありたいが，発表が生徒にとって成功体験になるようなフォローは行いたい。発表は原則英語で行わせたいところだが，状況に応じて難解な内容の説明は日本語で行ってもよいことにしてもよいだろう。可能なら発表の後で，英語での Q&A を行う。また，調べ学習や発表をグループワークとして協同で行わせると，一人一人の生徒にかかるプレッシャーを下げることができるだろう。普段の授業の中で，日常的に生徒が英語で発表する機会を少しずつでも設けることにより，英語でのスピーキングに対する抵抗を徐々に取り除くことができる。

5 音声を重視した文法指導：
フォーカス・オン・フォーム

5.1 フォーカス・オン・フォームの文法指導

　伝統的な解説式で文法を機械的に練習するのがフォーカス・オン・フォームズでの指導である。練習した形式の問題は解けるが，実際の場面では使えるようになるのが難しい。逆に英語を使用させてタスクを完成させて終わりがフォーカス・オン・ミーニングである。タスクはできるが，英語のレベル向上が期待通りにいかず，正確性が伸びにくい。これらの両極端の中間に位置し，タスクをさせながらきちんと文法も意識して学ばせようというのが，フォーカス・オン・フォーム（FonF）である。「話すこと」「書くこと」を中心に据えた「英語表現」では，「文法指導を言語活動と一体的に行うよう改善を図る」ことが求められている。この FonF を利用すると，一方的な教師の説明と練習問題の答え合わせ一辺倒という授業を改善できる。具体的には，図1のように，文法に焦点を当てたインプットを意味中心に処理させ，次に気づきを導き，学習者本来の学習システムを機能させ，そのシステムへのアクセスを経て，アウトプットで流暢さや正確さを伸ばす[1]。

図1　第2言語習得のモデル

　本稿では高校2年の英語表現の受動態のまとめの授業で，協同学習を取り入れ，インプットでクイズ，インテイクで音読練習，気づきでワークシートと ICT（パワーポイント）の活用，アウトプットでクイズ作成を行い，学習者が4技能を使用する例を紹介する。

5.2 対象学習者・科目・教材

普通高校2年生，2クラス3展開の26名。1年次に，受動態は学習済み。
使用教科書：*New Favorite English Expression II* Lesson 3（東京書籍）

5.3 フォーカス・オン・フォームの手順
5.3.1 インプット処理活動

5.3.1.1 活動を例を挙げて説明

クイズの例（図2）をパワーポイントを利用し行う。教科書のターゲットの受動態の例文をもとに5文でひとつのクイズを作成する（資料クイズ短冊セット参照）。音声を先に聞かせ，スクリーンの文字を遅らせて提示する。この段階では，受動態を意識させず，クイズを解くことに焦点を置く。

図2　パワーポイントで示すクイズ（くまモン）の例

5.3.1.2 語彙指導

クイズを配布する前に，created「作られた」，assigned「任命された」などの活動に使用する際につまずきが予想される語彙はリストにして与え，クラス全体で口頭練習を行う。

5.3.1.3 グループ分け

生徒は4名のグループに分けられる。欠席がある場合は3名で行うグルー

プをつくる。例にならって資料のような4つのクイズを作成する。資料を4つの短冊に切ったものが各人に与えられる。各短冊には，受動態で書かれた次の5つの英文と答えとなる写真が印刷されている。

1 I *am being shaken* in this picture.
2 I *am used* to make people feel comfortable.
3 I hope I *will be used* more often to save electricity.
4 I *had been used* by a lot people before air-conditioners became available.
5 I *am made* of paper and bamboo.

folding fan

この短冊のクイズの解答は扇子である。配布の際には，右のように解答となる写真が見えないように折り込んで（1, 2の写真は，開いた状態，3, 4は折り込んである）配布する。

クイズ短冊

5.3.1.4 音読指導

単語の事前指導は行っているが，念のため各英文の不明な箇所について挙手で援助が得られるようにする。自分でクイズを出題することを音読の目標にし，練習を徹底させる。四方読み音読練習（誰が何回目の音読をしているか，教員がつかめるよう，1回目は前，2回目は右，3回目は後ろ，4回目は左を向く音読練習）を行い，4回目は英文をリード・アンド・ルックアップでできることを目標にする。一斉に行うので，他のクイズを聞いて考える余裕はない。

5.3.1.5 クイズ出題

グループで一人ずつ，他の3名にクイズとして英文をリード・アンド・ルックアップで読みあげる。2回ずつ英文を繰り返させ，他のメンバーが写真を当てる。英文を繰り返してもらう際はCould you repeat the sentence? と言うことも指導し，クラスルームイングリッシュの使用を促す。

5.3.2 気づきの活動

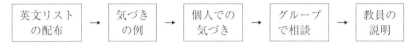

5.3.2.1 英文リストの配布

解答確認の後,クイズに使用した20文が書かれた英文リスト(資料)と気づきのためのワークシートが与えられ,時制を基準に受動態の分析を行う。個人で行った後,グループで分類を相談する協同学習の形態を利用する。

5.3.2.2 分類で気づきの活動

次のワークシートで受動態を時制に注目させ整理させる。本来なら何もヒントを与えず気づきを促すべきだろうが,時間の制約があるので,きっかけとなる説明を基本的な文法用語を使用し与える。時制に注目してまとめるように指示し,まずは個人で,次にグループで相談させる。

Task 2 Group the sentences

Now read all the sentences that are used in the quiz.
I *am made* of paper and bamboo.「私は紙と竹で作られています。」のように主語が「~される」ことを表すときに〈be 動詞 + 過去分詞〉受動態を使っています。合計で20個の文には,この受動態が使われていますが,いくつの形に分類できるでしょうか。

図3 気づきのためのワークシート

5.3.2.3 教員の説明

パワーポイントで教員とやりとりをしながら,次の7つの分類を確認する。縦軸には単純,進行中,完了を,横軸には過去,現在,未来を設定する。クリックをするたびに,空欄の文字が出るパワーポイントのアニメーション機能が効果を発揮する。表の②の基本となる現在の受動態を復習し,①を埋める際は「過去にするにはどうすればよいか」,「be 動詞を過去形にすればいいね」などと問いかけながら,表を完成していく。仕上げに表に完成した

例文を音読練習し,自動化を目指す。

表1 パワーポイントで示す受動態のまとめ

	past	present	future
simple	① This cake (was)(made) yesterday. 過去に「〜された」	② This cake (is)(made) on Saturdays. 習慣・真実	③ This cake (will)(be)(made) next Sunday. 未来に「〜される」
continuous	④ This cake (was)(being)(made) when you came home. 過去で進行中	⑤ This cake (is)(being)(made) right now. 今進行中	
perfect	⑥ This cake (had)(been)(made) when you came home. 別のことが起こった時には完了していた	⑦ This cake (has)(been)(made) now. 今完了した 今まで継続されていた	

5.3.3 アウトプット活動

5.3.3.1 説明と例の提示

各自が5文のヒントを考え新しいクイズを作ることを宿題とする。次の「ウナギのかば焼き」の例を参考にさせる。次回,小グループでクイズを出し合い,一番良いものをクラスで発表させることを説明する。

5.3.3.2 穴埋め

かば焼きが解答となるクイズを宿題の例とする。

Output Task 1: GRILLED EEL
1) *In this picture* I (grill: am grilled) over a charcoal fire.
2) I (catch: was caught) in the beautiful Shimanto river *yesterday*.
3) I (eat: have been eaten) by a lot of Japanese people *for a long time*.
4) I (dip: was dipped) in a sweet soy sauce-base sauce *three times*.
5) I (serve: will be served) on steamed white rice *soon*.

図4　アウトプット活動のシート

時制にかかわる語句をハイライトしておく。時制に対応する受動態の形は何かを確認しながら，穴埋めを完成させていく。この例のようなクイズを次時までの宿題とする。

5.3.3.3　宿題とし次時に小グループから全体へ

最初の5分で自分の作品の音読練習を行わせる。時間内に何回リード・アンド・ルックアップできるか回数を記録するように指示し，同時に英語の表現に関する生徒からの質問に対応する。その後，4名の小グループで，それぞれのクイズを出題し合う。各グループの代表がクラス全体に出題する。

5.4　フォーカス・オン・フォームの効果と課題

FonFでの授業では，文法事項を実際のコミュニケーションとして使用する機会を与えることができ，授業への集中度が高まり，学習意欲を維持することが容易である。花粉症でいつもティッシュペーパーを机上に置く生徒のクイズである。最終ヒントで爆笑が起こった。

1 I am being used by a young lady in this picture.
2 I will be thrown away soon after I am used.
3 I have been used by a lot of people for many purposes.
4 I am kept in a small box or in a plastic bag.
5 I was given away to a lot of people at the station yesterday.

tissue

〈実践編〉5 音声を重視した文法指導：フォーカス・オン・フォーム　65

　課題としては，日本の英語学習の土壌で，どの文法事項で，どの習熟度の時点で，どのような活動を行うのがよいのかを整理して，従来型の演繹を重視する指導との連携を考えていく必要がある。

資料　クイズ短冊セット
　クイズでは短冊に切る。気づきの活動ではこのまま配布する。

1 I *am being shaken* in this picture.
2 I *am used* to make people feel comfortable.
3 I hope I *will be used* more often to save electricity.
4 I *had been used* by a lot people before air-conditioners became available.
5 I *am made* of paper and bamboo.

folding fan

＊＊＊＊＊　＊＊＊＊＊　＊＊＊＊＊　＊＊＊＊＊

1 I *am being built* in this picture.
2 I *was designed* for the greatest sport activity in the world.
3 I *have been built* for a long time.
4 I *will be used* by famous players soon.
5 After the tournaments, I *will be used* for concerts.

the World Cup stadium

＊＊＊＊＊　＊＊＊＊＊　＊＊＊＊＊　＊＊＊＊＊

1 In this picture I *am being used* to take a picture.
2 I *have been used* by a lot of people in the world now.
3 I *can be carried* easily in your pocket.
4 Voice and mails *can be sent* through me.
5 I *was invented* by Steve Jobs.

smart phone

＊＊＊＊＊　＊＊＊＊＊　＊＊＊＊＊　＊＊＊＊＊

1 I *am remotely controlled* by someone.
2 At first I *was mainly developed* for military use.
3 I *have been used* for many different purposes.
4 I *am now being used* to take some pictures.
5 I will soon *be used* for delivering goods to customers.

drone

・注・
1) 佐藤一嘉. 2012.『授業をグーンと楽しくする英語教材シリーズ19　フォーカス・オン・フォームでできる！　新しい英文法指導アイディアワーク高校』東京：明治図書出版

背景情報 1

多重知能（Multiple Intelligences）理論を活用する授業

　知能指数 IQ（Intelligence Quotient）は，色々な問題を制限時間内に解いていく知能検査の成績を基に算出され，主に言語的および論理・数学的な側面を反映している。IQ は人間の固定的な資質を表すものでなく，訓練や体調により上がったり下がったりする。また，知能検査は人間の持つ才能のごく一部を測っているに過ぎず，新しい物を生み出す創造力，他人と協調できる社会性，芸術的なセンスなどは含まれない。

　IQ とは異なる指標として，心の知能指数 EQ（Emotional Quotient）がある。EQ は，1）自己認識力，2）自己統制力，3）動機付け，4）共感能力，5）社会的スキルで構成される。仕事上の成功には，IQ と EQ が 1：3 くらいの割合で関係していると言われる。EQ を高めるには，日常の小さな出来事にも目を向け，感動する習慣をつけることが有効である。

　1983 年に，ハーバード大学の心理学者ハワード・ガードナーが多重知能（MI）理論を提唱した。彼は知能を分類し，筆記だけで測る知能以外にも目を向けるべきだと主張している。代表的な知能と，それぞれに働きかける英語活動の例を紹介する。

表 1　MI 理論による 8 つの知能と活動例

	知能	活動
1	Linguistic Intelligence / Word Smart（言語的知能）	単語を読む，単語を言う，英語を言う，英語を聞く，など言語を使う活動
2	Logical-Mathematical Intelligence / Logic Smart（論理・数学的知能）	パズルをする，正しい順序に並べる，分類をするなど，論理的思考を用いる活動
3	Spatial Intelligence / Art Smart（空間的知能）	地図，実物などの視覚教材を使い空間のパターンを認識して操作する活動
4	Bodily-Kinesthetic Intelligence / Body Smart（身体・運動的知能）	ジェスチャー，ロールプレイ，ドラマなど，体全体や身体部位を使う活動
5	Musical Intelligence / Music Smart（音楽的知能）	歌やチャンツを聞いたり歌ったりする活動

6	Interpersonal Intelligence / People Smart（対人的知能）	人の気持ちや感情を見極めながら，ペアやグループになって協力して行う活動
7	Intrapersonal Intelligence / Self Smart（内省的知能）	自分の特性を活かして，個人で考えたり，やったことを振り返ったりする活動
8	Naturalist Intelligence / Nature Smart（博物学的知能）	可能な限り実物教材や自然な例を活用し，自然や人工物の種類を識別する活動

　小学校では，クロスカリキュラム的に多重知能をまんべんなく盛り込んだ授業が広がっている。*Hi, friends! 1* Lesson 5　What do you like? の活動例を円グラフで示す。

図1　多重知能理論を活用した授業計画：田辺あかり
http://www.keiwa-c.ac.jp/2013/wp-content/uploads/2014/10/veritas21-07.pdf

左脳を使う言語的知能に偏りがちな高校でも，多重知能を考慮するとよい。例えば，英語の歌を聞かせ，単語のイメージを浮かべさせると，音楽的知能や空間的知能を使い，右脳を活性化できる。クラスルームイングリッシュで指示を聞かせて体で反応させ，身体・運動的知能を働かせることができる。視覚補助を利用し音声で導入を行うオーラルインタラクションでは，言語的知能と空間的知能を使用している。理解した内容を絵に描かせる，読んだ内容をスキットにし演じることも一案である。対人的知能が機能するペアワークの前に，自分の考えをまとめさせる時間を取り，内省的知能を使わせると効果的である。4技能を使用し，グラフや表も提示し，論理的思考を直接の英語のやりとりで進めるディスカッション，ディベート，CLILはまさに，多重知能を複合的に使うという点で理想的である。

　このように，ある知能に焦点をあてた活動を意図的に計画し，様々な知能を活性化させるようにする。これによって個人として，異なる知能を使う機会を得て，学習意欲が高められる。また，ある領域に優れた生徒は，その才能を発揮することができ，その結果，より効果的に英語を学習することができる。

6 教科書を発展させる

　一通り教科書の内容が理解できたあとスピーキング能力育成のために必要な活動は教科書の英文を「再利用」することである。教科書の再利用の方法は以下のようなことが考えられる。

Step 1
1　教科書の一部をそのまま再利用する。
2　教科書の一部を言い換えて利用する。

Step 2
3　対話形式を報告文にする。
4　教科書の本文を要約する。
5　教科書の内容をもとに推測する。
6　教科書に書かれている内容について意見を述べる。

Step 3
7　書かれている視点を変えて編集し直す。
8　教科書本文の続きを創作する。
9　書かれていない情報を調べて発表する

　教科書の内容理解が終わるとすぐに本格的な表現活動（たとえば，偉人について書かれた教科書本文を学習した後に，「あなたが尊敬する人物についてプレゼンをしなさい」など）を実施することが見受けられるが，英語力が相当ある生徒を除いて，一から英文を創りだすことはかなりハードルが高いと思われる。そこで，その活動を実施する前に，教科書の英文を再利用することによって「教科書を使いこなせる」ようにすることを目標にする。
　実際には，スピーキング活動に入る前に書く活動を先に行い，何度も音読練習をするなどして，スムーズに英語が発話できるようにする。これらの活動を繰り返していくと，事前の準備がなくても，ある程度スムーズに英語が話せるようになる。

6.1　教科書の一部をそのまま再利用

　教科書に書かれた表現をそのまま使うのに最も簡単な方法は教科書本文と同じ状況で生徒自身の意見を尋ねることである。生徒には教科書と同じ表現を使うように指示する。

[Example 1]

> Mei: I hate winter in Japan!
> Aya: Why?
> Mei: Because it's too cold outside.
> Kenta: Really? I love winter!
> Mei: I can't believe it. Why do you like winter?
> Kenta: We have Christmas and New Year's Day. We get gifts and money.
> Mei: That's true. But still, I hate winter.
>
> *ONE WORLD English Course 1*（教育出版），pp.112-113

Task: 本文を参考に「冬」は好きか嫌いか言ってみましょう。

　T: Do you like winter?
　S: Yes.
　T: Why?
　S: Because <u>we have Christmas and New Year's Day. We get gifts and money.</u>

＊下線部は教科書と同じ表現

6.2　教科書の一部を言い換えて利用

　一部を言い換えるとは教科書本文にある表現の文構造を基本的に変えないで，単語レベルを変換していくことである。"登場人物 said that ～" を使って教科書本文を引用することや，筆者になったつもりでインタビュー等に答える "人物なりきり" が有効である。

[Example 2]

> Maria, the Philippines
> 　I'd like to study abroad. My parents aren't sure. I want them to understand my dream. What should I do?

> Boris, Russia
>
> I want to be a musician using computers. But my parents want me to be a doctor. Can I find a way to do both?
>
> Carlos, the USA
>
> I want to be a scientist and find a way to travel in time. I don't know when I will do it. But I will.
>
> Kumi, Japan
>
> I wonder why we have much waste. I think we buy too many things. Let's reduce waste by reusing and recycling things.
>
> NEW CROWN English Series 3 （三省堂）, p.80, p.82

Task: 誰と友だちになりたいですか，その理由はなんですか。

  T: Who do you want to be friends with among the 4 people?

  S: I want to be friends with Boris, because I like music and I want to be a musician, too. He said that his parents want him to be a doctor. I understand how he feels. My parents also will not listen to my dream.

[Example 3]

> My favorite photographer is Urashima Koichi. He lived in Toyokoro-cho, near Obihiro. He visited the same elm tree day after day to take photos of it. When I saw these pictures for the first time, I was so moved. This summer I visited this tree to take my own photos of it. I was very happy to be there.
>
> ONE WORLD English Course 2 （教育出版）, p.80

Task: 筆者さんになったつもりで答えましょう。

  T: Where did you go this summer?

  S: I went to Obihiro in Hokkaido.

  T: That's great. What did you do there?

  S: I took photos of an elm tree.

T: Why did you do that?
S: Because I like taking photos. I am interested in photography.
T: Who is your favorite photographer?
S: My favorite photographer is Urashima Koichi.
T: What photos did he take?
S: He took photos of an elm tree. I took photos of the same elm tree.

6.3 ダイアログをモノローグへ変換

　対話文を使ってペアでそれぞれ役割を決めてスピーキングの練習をすることも大切であるが，一人一人の生徒の発話量を増やすには対話文を報告文にする方法が有効である。対話に出てくる人物のうちの一人の視点からモノローグで語らせると内容をより深く理解でき，また第三者に報告するという目的が生まれる。

[Example 4]

> Bob: What is this shrine famous for?
> Aya: This shrine was built to remember Sugawara Michizane. He was a very wise man, and people call him "The God of Learning."
> Bob: I see. What's that paper in your hand, Aya?
> Aya: It's an *omikuji*. It tells my fortune.
> Bob: What does it say?
> Aya: It says *daikichi*. That's the best kind of luck!
> Bob: What else does it say?
> Aya: I'll pass the entrance exam!
> Bob: Good for you!
>
> *ONE WORLD English Course 3*（教育出版），pp.10-11

Task: ボブは先日，あやとデートしました。ボブはそのデートについて彼の友人に楽しそうに話します。ボブになったつもりでどんなデートだったか話しましょう。（実際の教科書とは異なる場面設定にしている）

　I went to Kyoto yesterday with my friend, Aya. We visited a shrine there. It is called Kitanotenmangu. It was built to remember a very wise man called Sugawara Michizane.

Aya had a paper called *omikuji*. It told her fortune. It said she would pass the entrance examination. I was glad to hear that.

6.4　教科書の本文を要約

　教科書本文を要約する技能はコミュニケーションの多くの場面で必要である。特に聞いた内容，読んだ内容を第三者に伝えるときにはこの要約する能力は不可欠なものである。要約する方法は目的に応じて様々だが以下のような方法が考えられる。

(1) 全体を読んだ後，話題の流れが分かるようにキーワード（と思われる語句）を抽出する。
(2) 話題の核となるアイデア（main idea）を理解し，上記のキーワードから最重要語句を絞り込む。
(3) 2のキーワードを中心に記述し，目的に応じて長さを調整する。
- 全体描写→詳細描写の順序を心がける。
- 具体例は基本的に削除する（場合によっては必要）。
- 重複する箇所（言い換え表現など）は削除する。
- 下位概念は上位概念でまとめる（apples oranges → fruits など）。
- 一連の行動描写を1〜2文でまとめる。
- できる限りパラフレーズするように指示する。
- 今までに学習した文構造を中心にまとめる。

[Example 5]

> 　I took my first trip alone during the summer vacation of my third year in junior high school. "I'll be away for a week or so," I proudly told my family and boarded a night ferry from Tokyo to Izu Oshima Island. There was just a light blanket in my backpack. What was I planning to do? I can't clearly remember now, but I think I planned to sleep out in the open air.
> 　The trip was a total failure. Unexpected problems came up as soon as I landed in Oshima. I felt uneasy, and I got back on the ferry to Tokyo. I was so embarrassed to return home within twenty-four hours. What a coward I was! (118 words)
>
> 　　　　　　　　　　　*PRO-VISION English Communication* I （桐原書店），p.5

Task: 内容を要約しましょう。

(1) キーワードの抽出（出現順）

first trip / alone / junior high school / a night ferry / from Tokyo to Izu Oshima / a light blanket / sleep out / a total failure / unexpected problems / felt uneasy / got back to Tokyo

(2) 上記のキーワードの絞り込み

first trip / alone / from Tokyo to Izu Oshima / a total failure / got back to Tokyo

(3) 目的に応じて長さを調整

例1) 何について書かれた英文。

This passage is about how the writer took his first trip.

例2) 誰が何をして，結果どうなったか。

The writer took his first trip alone from Tokyo to Izu Oshima, but he failed.（15 words）

例3) 誰がいつ何をどのようにして，結果どうなったか。

The writer took his first trip alone from Tokyo to Izu Oshima when he was a junior high school student. He had only a light blanket to sleep out. He had unexpected problems. He felt uneasy and went back to Tokyo very soon.（43 words）

＊全体描写→詳細描写の必要があるときは例1を例2および例3の初めに付け加える。

6.5 教科書の内容をもとに推測

　ここで言う推測とは，生徒が教科書の記述に対して意見を述べるときに，本文の記述に基づきその主張の論拠を組み立てることを指す。教科書に書かれていることに加え，そこから生徒自身がどのような視点で自分の主張を裏付けるのかを考える。この論拠を組み立てることに慣れてくるとディベートやディスカッションにおけるスピーキング能力につながる。

[Example 6]

> Sugihara sympathized with the Jewish refugees, but he didn't have the authority to issue hundreds of visas without permission from the Foreign Ministry in Tokyo. He sent telegrams to the Foreign Ministry three times for permission to the refugees. Three times he was refused.
>
> After receiving the third negative response from Tokyo, Sugihara discussed the situation with his wife and children. He had to make a difficult decision. On one hand, he was bound by the traditional Japanese obedience he had been taught all his life ; on the other hand, he had been told to help those who were in need. He knew that if he refused the orders of his superiors, he would be fired and his family would suffer great financial difficulty.
>
> Sugihara and his wife Yukiko even feared for their lives and the lives of their children, but in the end, they followed their consciences. Sugihara decided to issue the visas.
>
> *MAINSTREAM ENGLISH COURSE* Ⅱ（増進堂）, p.48

Task: 杉原千畝の行動から判断して彼は brave ですか，それとも selfish ですか。あなたの主張とその理由を話しましょう。

(1) 彼のとった行動を本文中から探す。
 He decided to issue the visas.
(2) なぜその行動をとったかの理由を本文中から探す。
 1 Sugihara sympathized with the Jewish refugees.
 2 He had been told to help those who were in need.
 3 They followed their consciences.
(3) brave か selfish かの根拠を本文を引用しながら自分で考える。

Student A

I think he was brave. He had been told to help those who were in need, so he sympathized with the Jewish refugees based on his conscience. People usually tend to think about themselves first, not about other people. He did something that not many people could do. That's why he was brave.

Student B

I think he was selfish. He knew that if he refused the orders of his superiors, he would be fired and his family would suffer great financial difficulty. If he could help many people and he ended up to make his family unhappy, I can't say he was brave. Family should be the most important thing in our lives.

6.6　教科書に書かれている内容に対する意見

ディベートのように教科書で記述されているある意見に対し生徒自身の意見を表明させたいときには次の方法で行うとより教科書本文を再利用することができる。

(1) "You said that 〜　, but I don't think so.　I have two reasons...."のようなフレーズを使って本文中の記述を述べてから自分の意見を言う。
(2) 教科書の記述に対して教師が反論文を書き，その反論文に生徒が反論する。

[Example 7]

> I believe that boxed lunches are better for us junior high school students. Let me explain two reasons.
> First, we don't have to eat things we don't like. Second, we can eat as much as we want. Therefore, if we have boxed lunches, we're able to enjoy lunch more.
>
> *ONE WORLD English Course 3*（教育出版），p.104

Task: あなたはこの意見に賛成ですか，それとも反対ですか。

S: You said that we don't have to eat things we don't like, I don't think so. It's not good for your health. You have to eat many different things. And you said that we can eat as much as we want. But that's also true for school lunches. We can have second helpings. And think about your mother. She has to make lunch for you every day. It's very hard for her.

[Example 8]

> We are what we eat, so if our food is fast, then our lives are also fast. We buy a lunch in a bag, take it to work and eat it in our cars or at our desks ; we don't share meals often with our families or friends ; we eat anything we can in the shortest time possible. No wonder we feel terrible, stressed out, and are a lot heavier. Since many people prefer to eat fast, efficient food, it's not surprising that much of our culture has little taste, little variety, and far too much speed.
>
> The world is getting smaller and smaller, and the cultures in different countries are getting more and more similar. However, there can be, or have to be, many kinds of unique cultures in the world.
>
> *ELEMENT English Course* II（啓林館）, p.51

Task: 次の英文は上記の英文内容を批判しています。あなたはこの批判した内容に賛成ですか，反対ですか。

　　You criticize fast food. You say that we feel terrible, stressed out, and are a lot heavier, when we eat fast food. But we are all busy every day. We don't have time to enjoy food. We have to earn money to support our families by hard work.

S: It's true that we are all busy. But we are what we eat, so if our food is fast, then our lives are also fast. If we continue living fast, we cannot live healthily. You'll feel terrible, stressed out. And also you'll become fat. We should have time to share meals often with our families or friends.

6.7　書かれている視点を変えて再編集

　物語文や人物紹介を扱った教材では，視点の変更（第3者視点⇔主観視点）によって，教材の再利用が可能になると同時に，生徒の創造力を育成することができる。また，書かれている視点を変えることによって多面的に教科書の内容を理解することができる。

[Example 9]

> Boris, Russia
>
> I want to be a musician using computers. But my parents want me to be a doctor. Can I find a way to do both?
>
> NEW CROWN English Series 3（三省堂), p.80

Task: ボリスの母親の立場になって言いましょう。

 S: I'm worried about my son. He wants to be a musician in the future. But he cannot earn money as a musician. I want him to be happy.

[Example 10]

> I want to tell you about one of the finest therapy dogs I have ever known. One day, I discovered that some children were looking after an abandoned mixed breed dog and her five puppies in an old deserted house. They had found them in a cardboard box in the garbage. When I first saw the mother, Chirori, she was very dirty and I noticed her back leg was deformed.
>
> I was worried about the dogs, so I visited them regularly. After a while, I found people to take care of the puppies, but nobody wanted Chirori.
>
> Suddenly she disappeared. Had somebody found her and taken her to the local animal shelter? I rushed over to check. "If I don't hurry, she may be put to death!" I thought.
>
> Sure enough, Chirori was in the corner of a cage with several other dogs. When she saw me, she jumped up at the bars. Her eyes were desperately saying, "Help me! I don't want to die!" When I stroked her through the bars, I knew I had to save her.
>
> As I led Chirori out, the other dogs were letting out sad cries. She suddenly turned and sat down. I knew she didn't want to leave them behind. "I'm sorry," I said sadly, "but you're the only one I can help for now."
>
> PRO-VISION English Communication I（桐原書店), pp.41-42

Task: 犬の立場から今までの出来事を紙芝居で説明しましょう。

自分が殺処分寸前から救出されたエピソードのはじまり
I want to tell you about how I was saved.

赤ん坊と一緒に捨てられたエピソード
I stayed with my babies in an old deserted house. I didn't know what to do with them.

近所の子供たちが私の赤ん坊の世話をし始めたエピソード
In the meanwhile, some children and a gentle-looking man came to see us. The children took care of my babies, but no one showed any interest in me.

悪い顔をした男が私を連れ去ったエピソード
One day a man who looked bad came and took me to a local animal shelter.

連れて行かれた場所で他の犬との出会いエピソード
There were other dogs there. They said that they would be killed sooner or later. I was very afraid.

以前会いに来てくれた優しそうな男との再会エピソード
A few days later, a man I saw in the deserted house came. When I saw him, I jumped up at the bars.

必死に助けを求めたエピソード
I said, "Help me! I don't want to die!" He stroked me gently, and he let me out.

友との別れエピソード

Then the other dogs began to cry. When I thought that they wanted to go out, I turned and sat down. I wanted to save them, but it was impossible to do so.

6.8 教科書本文の続きを創作

　教科書で扱われている物語文や対話文の続きを創作させること，または説明文の後に自分の意見を続けて言わせる活動は今まで学習してきた内容をさらに深めることができ，また，話の続きを考えることは論理的思考力，創造的・想像的思考力を育成することにつながる。教科書本文を暗誦したあとにこの活動を行うと発話量が劇的に増える。

[Example 11]

> 　Bob: I have a lot of *manga* at home.
> Kenta: Can I see some of them? Can you bring them to school?
> 　Bob: No, we can't bring *manga* to school.
> Kenta: Oh, you're right.
> 　Bob: Let's read them at my house this weekend!
> Kenta: It's far! How can I get to your house?
> 　Bob: You can walk!
> 　　　　　　　　　*ONE WORLD English Course 1*（教育出版），pp.96-97

Task: この後，ケンタはなんと言うでしょう。

　S1: I have a lot of *manga* at home.
　S2: Can I see some of them? Can you bring them to school?
　S1: No, we can't bring *manga* to school.
　S2: Oh, you're right.
　S1: Let's read them at my house this weekend!
　S2: It's far! How can I get to your house?
　S1: You can walk!
　S2: <u>You are not kind! Come to MY house with *manga*.</u>

[Example 12]

> The number of *shimafukuro* decreased for two reasons. First, many trees were cut down, so the owls had no place to build their nests. Second, people built dams which salmon and other fish could not jump over. Fewer fish meant less food for the owls.
>
> These days, volunteers are buying land and saving it for the owls. Now there are more than 100 hectares of protected land in eastern Hokkaido. What else can we do to save the owls?
>
> *ONE WORLD English Course 3*（教育出版），pp.84-85

Task: 最後の英文に続けてあなたの意見を言いましょう。

上記英文の続きから

 S: I think we should know more about shimafukuro. And then we should make chirashi, or leaflets, and pass them to people in our town. If they are interested in shimafukuro, they will stop cutting down trees and building dams.

6.9　書かれていない情報を調べて発表

教科書に記載されている内容では不足している情報がある。その不足情報を生徒自身がリサーチすることによって教科書の内容をより深く理解し，調べて発表する力を身に付けることができる。

[Example 13]

> Miep Gies
>
> To a casual observer, Miep Gies looked like quite an ordinary woman. But every day for two years she broke the law. Today, the world respects her for having the courage and com-passion to do that.
>
> In 1939, Miep was living and working for a company in Amsterdam in the Netherlands. World War II broke out that fall. A few months later, Hitler and his Nazi soldiers took over the Netherlands. Miep knew Hitler hated all Jews. Still, it was shocking to see Nazi soldiers begin to round up Jews and ship them off to forced labor camps. Miep Gies was not a Jew,

> but she hated what was happening. She felt angry every time she saw a Nazi soldier. By 1942, Otto Frank, whom Miep was working for, was in danger. Mr. Frank desperately wanted to protect his wife Edith and their two daughters, Margot and Anne. But what could he do? As a Jew, he had no rights. He and his family weren't allowed to leave Amsterdam. Any day now, the soldiers would come and take them all away.
>
> *Voyager Reading Course*（第一学習社), pp.110-111

Task: Nazis がどのようにして民衆から支持を得ていったかについてリサーチして発表しよう。

T: The passage says that Hitler and Nazis hated Jews and began to round up them and ship them off to forced labor camps. To do so, Nazis needed supports from German people. How did Hitler and Nazis persuade them to see Jews as devils and get support from German people? Do some research and make a presentation.

S: I did research about propaganda. Look at this picture. You can see a man wearing the Star of David. He is a Jew. He is staring at you through the national flags of the British, America and the Soviet. In those days, Germany was fighting against these countries. This picture shows Jewish people are trying to attack Germany behind those countries. If people see this picture, they will think Jews are bad people.

In the story about Miep, she was afraid of neighbors who might become suspicious, because they might report the fact that she helped Jews to Nazi soldiers. I think the neighbors were influenced by the propaganda and they thought Jews were bad, and the persons who helped Jews were also bad.

EFL 環境ではスピーキング能力を育成するのに必要なインプット量が不足している。教室で行われる言語活動がインプット情報の中心になるため、

EFL環境下では教室で扱われる英語をいかに効率的にインテイクさせていくかがポイントになる。そのためには，教科書に記述されている英文を何度も繰り返し再利用することである。

　改めて言うまでもないがコミュニケーション能力育成の目標の一つは生徒自身が自分で英語を産出できることである。教科書に記述された英語を模倣することから始めて，最後には自分の言葉（MY ENGLISH）で自己表現できるための一連の流れを設定しタスクを通して獲得させていくのである。スピーキング能力の育成について今まで述べてきたことをまとめると次のような学習の流れになる。

(1) 教科書の基本的理解
　　語彙・発音を理解し，話題について日本語で理解している。
(2) 教科書本文の取り込み
　　5W1Hに関する質問に"教科書を閉じて"答えることができる。
(3) 教科書本文の引用
　　教科書の一部を引用しながら自己表現することができる。
(4) 教科書本文の加工
　　教科書で使われている語句を変換したり，文構造を利用したりしながら自己表現することができる。
(5) 教科書本文と関連した情報の探索と発表
　　自ら調べた情報をまとめ，発表することができる。

　スピーキング能力の向上には4技能を統合させながら行い，事前準備による発話から即興による発話へとつなげていきたい。

背景情報 2
ティーチャートークの意義と効用

　教師が授業内で使用する言語は総じてティーチャートーク（teacher talk）と呼ばれている。英語の授業におけるティーチャートークは様々な定義がなされているが，foreigner talk といわれる英語母語話者が英語非母語話者に対して話す時に用いられる簡素化（simplified）した，また修正（modified）した言語使用と類似した，教師が教室内で生徒の理解を促進することを目的に使われる英語使用域のことを指す。Chaudron（1988）は熟達度の低い第二言語学習者を対象に研究した結果，次のようなティーチャートークの特徴を示すとしている。
1. 話すスピードを遅くしている。
2. 頻繁にポーズをとる。
3. 頻繁に繰り返しをする。
4. 誇張した発音をする。
5. 頻繁に基本単語を使う。
6. 従位接続詞等をあまり使わない。
7. 疑問文より平常文を多く使う。

　ティーチャートークは学習者にとって学習言語のインプットとなるため言語習得において重要な役割を果たすといわれている。また，教師と生徒間のインタラクションにおいてもティーチャートークは重要で，繰り返しをしたり，言葉のヒントを与えたり，話題を広げたりするなどして学習者が持っている言語知識を実際に使わせる場面を提供し言語習得を促進している（Long, 1996）。

　授業分析方法として提案されている，Flanders（1970）の Flanders' Interaction Analysis Categories（FIAC），Wragg（1970）の Interaction Analysis in the Foreign Language Classroom，Moskowitz（1971）の Foreign language interaction analysis（Flint），Spada, N. & M. Fröhlich.（1995）らの Communicative Orientation of Language Teaching（COLT）などを使うと，L1 と L2 の使用比率や発話の長さなどを含めたティーチャートークの中身について分析することができる。

　教師と生徒のインタラクションにおけるティーチャートークを分析するときに Sinclair and Coulthard（1975）の IRF（Initiation Response Follow-up / Feedback）がよく使われている。教師の発言（I）があり，学習者はその発言

に応答（R）し，その応答に対して教師がフィードバックを与える（F）という構造である。例えば，次のようなものである。

T: What did you do yesterday?
S: I bought a nice shirt.
T: That's good.

この時の最初の発言（Initiation）と最後のコメント（Follow-up/Feedback）がティーチャートークである。Mehan（1979），Sinclair & Brazil（1982）は教師と生徒とのインタラクションに関する分析のために以下のティーチャートークのフレームワークを作成した。

【ティーチャートークのフレームワーク】

Interaction	Initiation		Questioning
			Invitation
			Direction
	Follow-up	To no and incorrect answer	Inform
			Prompt
			Encouragement
			Criticizing
			Ignoring
		To correct answer	Acknowledgement
			Comment

Initiation はインタラクションを開始するときの教師の発言であり，3つのカテゴリーからなる。

1. Question（質問）
   最も頻繁に使われるインタラクションを始める時の方法である。Question には display question と referential question があり，例えば，教科書に記述されている内容を尋ねることが display question で，教師が知らない情報について生徒に尋ねる質問が referential question である。
2. Invitation（提案）
   教師が司会者や議長のような発言をすること。例えば，"Let's welcome the first presenter to the presentation." のような発言である。
3. Direction（指示）

指示に当たる。"Read the first paragraph silently, and find the answer to the first question." などである。

Follow-up は生徒の発言に反応したり，フィードバックを与えたりすることで教師の質問等に対し生徒が沈黙したり，答えが間違っている場合と正解の場合に分類されている。

1. Inform（情報提供）
生徒の誤りを直接訂正するもの。

2. Prompt（駆り立て）
生徒自身が誤りに気づくために生徒の発言を繰り返したり，誤りの箇所を強調して言ったりしてヒントを与えること。

3. Encouragement（激励）
生徒の答えが誤っていたとしても "Good job" と言ったり沈黙に対して "Don't worry about the mistake." と言ったりして，発言したこと（すること）自体を称賛すること。

4. Criticizing（批判）
生徒の誤りや行動に対し批判すること。例えば，"That's not correct." や "Did you do your homework?" など。

5. Ignoring（無視）
誤った答えを言った生徒を無視して次の生徒に質問すること。例えば，"OK, sit down, next one, please." など。

6. Acknowledgement（賞賛）
簡潔に生徒を褒めること。"Very good." "That's right. Sit down, please." など。

7. Comment（論評）
生徒の発言の内容を褒めたり，他の生徒に喚起を促したりする目的で行われるもの。"Thank you, Ken. Everyone, have you noticed that he has pointed out a very important thing?" などに相当する。

ティーチャートークの質と量が生徒の言語習得や学習意欲にどのように影響するかは非常に重要なテーマである。多くの研究者（例えば，Cook, 2000; Chaudron, 1988; 杉森, 2011）は実際の授業を観察した結果，授業内の教師の発話はおよそ70％にもなると報告している。このことは，それだけ学習者の発話機会が制限されていることを意味し言語習得の上で問題であるとし，学習者の発話量を最大限にして学習言語を使用させることが教師の重要な役割であるとしている（Harmer, 2000）。

授業は主に教材，生徒および指導者である教師から成り立っている。この中で，教師自身が生徒にとって情報源になることもあるが，教材が主たる情報である。その意味でティーチャートークは生徒と教材をつなげるための必要不可欠な手段となるが，先述した質と量がやはり重要になってくる。以下にティーチャートークの一例を示す。

Mother of Women's Judo

There was no rule that stated only men could compete, but no woman had ever participated. So everyone assumed that she was a boy. Rusty substituted for an injured teammate, and helped the team with the championship. She stood proudly with everyone to receive the gold medal, but after the ceremony Rusty heard her name called. The tournament director took her into his office and made her give up the medal. Apparently, the tournament organizers didn't like a woman taking part in the competition.

"When I came back without my medal, all of my teammates wanted to give their trophies back, but I wouldn't let them," she said. Rusty left the tournament with a new mission. She said, "It was a terrible feeling– like I did something wrong by being a woman. I never wanted that to happen to another girl or woman again."

Genius English Communication Ⅰ （大修館書店），pp.83-84

Example 1)
　T: Today we are going to read a story about a woman who is called the "Mother of Women's Judo". Rusty was a strong judo wrestler. She participated in the championship with her teammates, and the team got the gold medal. But she was told to give up the medal by the tournament director. From that time, she started to fight against the inequality between men and women in judo...Now let's read the passage.

Example 2)
  T: According to the rule in those days, could women join judo?
  S1: Yes.
  T: Correct. Did Rusty help the team in winning the championship?
  S2: Yes. She helped the team to win the gold medal.
  T: Yes. Did she get the gold medal?
  S3: Yes.
  T: Not really. Read the story again.

Example 3)
  T: Look at the picture. What does she look like?
  S1: She looks strong.
  T: Yes. She was very strong. She is called the "Mother of Women's Judo". Do you think she got the gold medal in the judo championships?
  S2: Maybe, yes.
  T: She helped her team to win the gold medal, but she was the only person who could not get the gold medal among her teammates.
  S3: What happened to her?
  T: Let's read the story to see what happened to her.

Example 4)
  T: Do you think men and women are equal in the Japanese society?
  S1: Well, I think so.
  T: How about you, S2?
  S2: I hear that men and women are not equal. Men get higher salary than women in companies.
  S3: Men play more important roles in many companies than women.
  T: Do you think men and women are equal in sports?
  S4: I think so, because both of them can enjoy almost all kinds of sports.
  T: Yes. Both of them can join most of the same sports, but about 30 years ago it was not true. What was the situation like in sports? Let's read a story.

 Example 1 は教科書の内容を読む前にその概要をほぼすべて紹介している。Example 2 は典型的な IRF 構造をした一問一答形式の display question である。

Example 3 は教師が絵を見せながら Q&A を通して生徒の興味を聞きつけ本文を読む目的を示している。Example 4 は本単元の主題に言及したうえで本文を読む目的を示している。ティーチャートークは指導目的に応じて使い分ける必要があり，また，生徒の反応によって臨機応変に場面ごとに使い分けたり，事前に生徒の反応を想定したりした上で計画を立てておくことが大切である。ティーチャートークの質と量によって授業の雰囲気は全く異なり，英語学習に対する意欲も異なってくる。

7 小学校における代表的な指導法

　小学校では，豊富なインプットを与えることで日本語とは異なる音の違いに気付かせたり，体を使ったTPRの活動で音声と意味を結びつける，あるいは教員やALTのスモールトークなどを類推しながら聞くといったリスニング中心の指導の中で少しずつ発話を促すことからスピーキング指導を始めたい。一往復程度の会話を導入した後すぐに暗記させて友達とやり取りする，あるいは，十分な準備をしないままみんなの前でスピーチをするといったアウトプットを急ぐ指導は，決められた表現で間違いなく話すことが英語学習のゴールであるという誤った認識を児童に持たせてしまうこともある。

　さらに，そのような心理的なプレッシャーから人前で英語を話すことに苦手意識を持ってしまう児童も出てくる。発話を急かすことなく，十分な助走期間を与えた上，自分の思いを「第2のことば」を使って相手に伝えるという体験を丁寧に重ねていくことが小学生の指導では大切なことである。

　そのスピーキング指導として以下の4つを具体例とともに紹介する。
(1) 歌やチャンツなどを使って，良質のインプットを十分与えて発話につなげる。
(2) 発話を支える決まり文句や新出語彙を楽しい活動として慣れ親しませる。
(3) 他教科で学んだことや身の回りで実際に起こっていることなど児童が興味がある内容を取り上げ，聞きたくなる話したくなる状況を作る。
(4) 英語のアルファベットに慣れ親しませながら音韻認識を高め，音と文字をバランスよく指導しつつ読みの活動から発話活動へ繋げる。

7.1　歌・チャンツの指導
(1) 歌の指導例
　歌と絵カードを使って8つの動物名とWhat's this? It's a ＿＿＿＿＿．という表現を導入する。教員が児童に聞こえた英語を問うことで何度も同じ歌を聞

く必然性を与え絵カードで聞こえた単語と意味を結びつける。歌い始める前に何度も歌詞を聞き内容も理解しているので自信をもって歌うことができる。またその表現を実際の場面で使うこともできるようになる。歌を使って，語彙や表現を導入する場合の手順としてほかの曲でも応用ができる。

What's this?

What's this?	It's a tiger.	What's this?	It's a lion.
What's this?	It's a giraffe.	What's this?	It's a cat.
What's this?	It's a monkey.	What's this?	It's a horse.
What's this?	It's a dog.	What's this?	It's a bear.

わくわくイングリッシュ2（CD／成美堂）

---

①音源を使って歌を聞く。

 T: Let's listen to the song.（1回目に歌を聴く）

 T:（聞き終わった後に）What did you hear?（耳に手を当てながら児童に問いかける）

 S1: キャット？　猫？

 T: That's right. A cat. What else did you hear?

 S2: ドッグって言ってたよ

 T: You are right. A cat and a dog. Anything else?
（いくつか聞こえた動物名を児童があげた後で）

 T: Let's listen one more time.（2回目に歌を聴く）
（さらに聞こえる単語に気を付けて聴くように促す）

②聞こえた単語を絵カードで表示。

 T: Now, tell me again what animals did you hear?（8枚の動物カードを児童に見せないで胸のところに持っている）

 S2: ライオン

 T: That's right. A lion.（挙げられた動物のカードを順に一枚ずつ黒板に貼っていく）

 T: Please tell me the order this time.（3回目に歌を聴く）

③絵カードの順番を考えさせる。
　T: Now tell me which animal was the first one?
　Ss: A tiger!
　T: Yes.（tigerのカードを黒板の左端に移動し貼る）What's next?
　　（すべて8枚のカードが貼り終えたところで）
　T: Let's listen again and check.（4回目に歌を聴く）
④一緒に歌う。
　T: Let's sing along.（4回目に歌を聴き一緒に歌えるところを歌う）
⑤カードを並び替え違う順に歌う。（2回目に歌う）
　またはペアでパートを交代しながら歌う（3回目に歌う）。
　T: Can you sing without the music? Let's try!（4回目に歌をアカペラで歌う）
　T: How about singing it in a different order?（5回目に教師が示すカードの順に歌う）
⑥動物名以外で既習の単語の絵カードなどを使い指さしながらWhat's this? It's a ＿＿＿＿．とやり取りをする（身の回りにある a pencil/a desk/a book/a notebook などを指さしながら交互にカラオケに合わせて聞きあってもよい）。
＊一度の授業の中でするのではなくモジュールで15分ずつの活動であれば，2回か3回に分けて上記の活動を行ってもよい。

(2) TPRを用いたチャンツの指導例

　小学校でよく指導される道案内に使われる表現のGo straight./ Turn right./ Turn left. を使いリズムに乗せて体を動かす活動。教員あるいは児童のデモンストレーションをみて意味を理解した上で実際に指示を聞き反応し繰り返すことで反復練習を行う。指示を聞いて理解し体を動かして従えること，また道案内の指示表現が使えることを目指す。

①体を使って意味を理解させる。
　T: Please watch me. OK?
　T: Go straight.（2拍で言った後，2拍で足踏みして前へ一歩進む）
　T: Can you do it? Go straight.（手招きし後について言わせる）

Ss: Go straight.
T: Great! This time, please say and do the move. Ready? Go straight.
Ss: Go straight.（教員の例にならって前へ進む）
T: Now, watch me again. Turn right.（2拍で言った後，2拍で右に90度向きを変える。同じく Turn left. も実際に示して見せる）

②教員はリズムに乗せてテンポよく指示を繰り返す。それに対して，児童は英語の指示を聞きながら反復し体を動かす。

③音声に慣れたところで目を閉じて行う。

T: Now, it's a challenge time. Please close your eyes. Listen carefully and move as told. Are you ready? Go straight.
Ss: Go straight.（体を前に）
T: Turn right.
Ss: Turn right.（体を右へ）
（何度か指示を繰り返す。教員は児童の動きをしっかり観察し，表現を繰り返しているか，指示に従い動いているかを確認する）

T: Stop. Open your eyes. And look around. Who got lost?
（何人かが違う方向を向いていることが楽しい笑いを誘い，繰り返しを厭わず反復練習ができる。また回を追うごとに注意深く指示を聞き体を動かすことができる）

④希望する児童をミニティーチャーとして前に出して指示させる。

⑤本活動の道案内のやり取りを行う。

＊体を使って表現に慣れ親しむことで，次の地図を使ったインフォメーションギャップの活動などに自信を持って取り組むことができる。

7.2　模倣・反復を目的としたゲーム活動
(1) 行きたい国はどこかとお互いに聞きあう活動を行う

　児童が世界に目を向けこんなところへ行ってみたいと思わせるような授業の流れを作ることが大前提ではあるが，そのあとに Where do you want to go? I want to go to _____. というやり取りが交わせるようにその表現を反復し定着させるための活動を紹介する（*Hi friends 2* "Let's go to Italy" 参照。国名はすべて既習）。

先生の行きたい国を聞く（表現の導入）

T: Hint No.1. I like sports. I want to watch this game.（サッカーボールの写真を見せながら）Where do I want to go?

S1: ブラジル！

T: Oh, you can watch soccer games there and they had the World Cup, but No. Hint number 2. I want to see this.（ピサの斜塔あるいはベニスのゴンドラなどの写真を見せる）

Ss: どこどこ？わからない

S2: スペイン？

T: No, it's not Spain. Hint No.3. I want to eat pizza and pasta there.

S3: アメリカ？

T: No. Not the USA. Any other ideas?（手をあげながら問いかける）

S3: イタリア？

T: Can you all ask me? Where do you want to go? Where do you want to go?（「行きたい国はどこ？」とたずねる言い方だと理解させ何度か繰り返したあと，合図とともに復唱させる）OK? One, two, ...

Ss: Where do you want to go?（一斉に）

T: I want to go to Italy.

(2) 質問と答え方の練習のためのゲーム活動

T: Let's play 'Stereo game'. Listen carefully and find who wants to go where. I need 5 volunteers.（5人の児童を前に立たせ自分の行きたい国を合図に合わせて一斉に言うように指示する）

T: Are you ready? What's the question? "Where do you want to go?" Let's practice. One, two, ...

Ss: Where do you want to go?（全員で一斉に練習をする）

> T: OK. Everyone, ready set go!
> Ss: Where do you want to go?
> T:（前に並んだ児童5人に向かって）Are you ready? One, two, ...
> Ss: I want to go to Italy/Brazil/China/Australia/Egypt.（口々に言う。ただしここで一斉に揃って言うように教員も一緒に速さを調整するため大きな声で加わるとよい）
> T: Did you get it? Where does Maki want to go?（一人の児童を指しながら）
> S1: Australia?
> T:（Makiに向かって）Do you want to go to Australia?
> Maki: No.
> T: OK. Let's all ask again. One, two, ...
> Ss: Where do you want to go?

＊一斉に児童が答えることで各自の答えがわかりにくくなることを利用したゲーム。よく聞き取れないという状況を作ることで何度も質問をする必然性を与え，答える児童ははっきり伝えるため工夫するようになる。何度も繰り返すことでしっかり発話できるようにし，次の活動でこの表現をやり取りする児童が，自信をもって言えることを目的とする。

＊教科書で口元を隠したり，正面ではなく横を向いて答えたり，といった工夫をして聞き取りの難度を調整することもできる。

＊What do you want to be? I want to be a teacher.（なりたい職業を問うやり取り）What color do you like? I like red.（好きな色を問うやり取り）などの少し長い文を反復・練習する場合にも使える。

7.3 本当の情報を用いたやり取り

(1) 将来なりたい仕事——世界の子供たち——

世界の子供たちがなりたい職業トップ3の表を見せながら児童とやりとりをする。その活動の中で既習の職業の名前を自分の考えを伝えるために使用する場面を与える。その場合，単語レベルでいいので児童に積極的に発話させたり，挙手で全員を活動の中に巻き込むようにする。教師は表や写真などの実物を助けにできるだけ英語で進めることが望ましい。

> T: Please look at this chart. This is the Top 3 chart of the jobs children want to have in Asia. Let's start with boys in Japan. No.1 is a soccer player. No.2 is a baseball player and No.3 is a fire fighter.（第一生命調べ 2014）
> T: Now, here is the chart from China. What do you think is No.1 dream job there?
> S1: A teacher.
> S2: A doctor.
> S3: A farmer.
> S4: A bus driver.
> （児童があげた職業を黒板に絵カードを貼る，あるいは書き出す）
> T: Who thinks it's a teacher?（挙手させる）A doctor? A farmer? A bus driver?（クラス全員が挙手して仮説に加わるように進める）
> T: Let's find out.（答えを示す）
> T: It's a teacher.
> Ss:（正解だった子たちが喜んで歓声をあげる）
> T:（正解者に拍手をしながら）Good guessing!

(2) 興味深い話，身近な話題を使ったスモールトーク

　本当にあったニュースなどの画像など見せながら児童に紹介する。その内容を児童とやり取りしつつ伝える。思わず聞きたくなるような状況を作るためにできるだけ児童の学齢を考慮に入れつつ興味深い話題を取り上げるようにする。道案内では地図記号を日本のものと外国のものを示したり，数の導入ではスポーツの1チームの人数を考えさせたり（児童がよく知っているスポーツから順に，フットサルや水球などあまり知れていないスポーツにする），動物が生育している地域や食べ物，絶滅種の話，環境問題，月食，またはスポーツイベントなどのタイムリーな話を実際の映像とともに伝えることで，自分の知っていることを単語レベルででも伝えたくなる状況を作る。始業時の5分に帯活動のスモールトークとして行ってもよい。

T: Let me show you the picture I took yesterday. What do you see in this picture?
Ss: 鹿！
T: That's right. They are deer. Where is this?
S1: A zoo?
T: No. It is not a zoo. I drove（運転するジェスチャーを見せながら）for about one hour from Kyoto to see a big temple. Do you know the Big Buddha "Daibutsu"?
Ss: 奈良？奈良の大仏？
T: That's right.

　児童の発話が日本語であったり，英語の単語であってもこういった活動を教師が根気よく英語で続けることでしっかり相手の英語を聞きつつ自分の思いをインタラクティブに伝えようとする態度を養うことができるだろう。

7.4　文字と音を結び付け，読みにつなげる

　文字を見なくても，耳で聞くだけで歌やチャンツあるいは短い英語のやり取りを大きな声で楽しそうに繰り返す様子が低学年ではよく見られる。しかし，中高学年になるとその発達段階に合った知的好奇心から自然に文字に興味を示すようになる。また，むしろ文字を見ないで音声だけでスピーキング活動を行うことに不安を感じる児童も増えてくる。日本語にない音にとまどいながらもなんとか聞こえた英語をカタカナで書くことで記憶の助けにしようとする子も多い。こういった時期を逃すことなく，文字に触れさせるチャンスを十分に与えたい。では一体どのような文字指導がスピーキング活動を支えるのかここでは考えてみよう。

(1) アルファベットに慣れ親しむ（名称と形）

　大文字のアルファベットを目にすることは多いが，読みにつなげる指導として小文字のアルファベットを目にする機会をたくさん与えるようにする。
① 黒板に書かれたアルファベットを教師が指さしながら何度もアルファベットソングを歌う。歌に慣れたら，音楽抜きでアルファベットを言って

みる。
② 文字の形とアルファベット読みが結びつくように順番を変えてアルファベットを書いたものをみんなで歌にのせて歌ったり，あるいは印をつけたり上にマグネットを置いた文字では手を叩く，など楽しい活動で慣れ親しませる。
③ 2人に1枚アルファベットが書かれたシートを渡して，交代でアルファベットを押さえながら言ってみる。
④ ZからAまで反対から言ってみる。（文字を見ながらあるいは見ないで）
⑤ アルファベットのチャートを使いペアの相手が言った文字を指さす。
⑥ アルファベット文字を5つ選びその上におはじきを置き，教師に読み上げられたアルファベット文字からそのおはじきを取っていく。すべてのおはじきがなくなったところで「ボンゴ！」と叫び，一番早くボンゴが言えた児童が勝ちとする。

(2) 文字と音の結びつけ

児童を対象とした文字指導の3つの要素である①アルファベット，②文字の形，③音，のうち一番将来的に読みにつながる重要な指導は③の文字と音を結びつける指導だと言われている。この音と文字を結びつけることを一般にフォニックス指導と呼ぶことが多く日本でも英語の初学習者対象に行われてきた。しかしまだ英語の音声にも馴染みがあまりなく，単語知識などもほとんどない小学生を対象とした場合，ルール中心に学ばせる形でのフォニックス指導はあまりふさわしいとは言えない。いきなりルールから入るのではなく，初頭音の音韻に注意を向けさせ気付きを促す指導——アルファベットジングルを使った音韻認識向上指導——をここでは提案したい。

① 基本となるキーワードを，aから始まるものからzまで，26セット

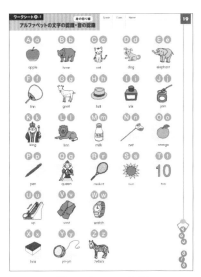

図1　キーワード例

準備（図1。参考資料：http://www.mext.go.jp/component/a_menu/education/detail/__icsFiles/afieldfile/2015/04/02/1356176_07.pdf）

② "A./a/a/apple. B./b/b/bear." のようにアルファベット読み・音素読み・キーワードを並べたモデル音声の後について何度も繰り返す。

③ 全員でのコーラス読み・班ごとにパートを分けて言うグループ読み・ペアで言う，などバリエーションをつけることで飽きさせることなく何度も26の英単語に触れて，初頭の音韻を意識させる。

④ 基本のセットに慣れたら，こんどはaからzまでの初頭音で並んだ動物の名称，食べ物の名称，身の回りのものの名称，動詞，国の名前などを紹介し初頭音に気付かせる音韻認識活動とすると同時に語彙指導ともする。

⑤ 導入した語彙を使って，カルタ取りをしたり，ビンゴゲームをしたり，または3ヒントクイズの活動にヒントとして音韻を頻用したりする。

> T: Let's play 'Three hint quiz.' You see 4 animal cards on the board.
>   I give you 3 hints. Guess which one I am talking about. Are you ready?
>   （動物のアルファベットジングルで使った絵カードのうち，lion, monkey, tiger, zebra の4枚が貼られている。）
> T: Hint number 1. It can run fast.
> S1: Is it a zebra?
> T: Maybe. Listen to Hint number 2. It lives in the jungle.
> Ss: Lion! Lion!
> T: No, it's not a lion. Next hint. The last hint. It starts with /t/t/.
> Ss: Tiger!

(3) 読みはじめの機会を豊富に与える歌・チャンツの指導

歌やチャンツを小学校での英語指導に用いることは，
- 児童が楽しく取り組め英語学習への動機付けとなる
- 英語の強調・リズム・イントネーションを自然な形で学ぶ
- 語彙あるいはフレーズをコンテンツの中で学べる

- 文化的な違いを学べる
- 音をよく聴き歌詞を見ることで，文字と音への自然な気付きを与えられる

などの効用が考えられるが，ここでは最後にあげた文字と音への自然な気付きを与える指導の方法について紹介する。

指導に用いる選曲はそれぞれの目的に合わせることができるが，英語圏の子どもたちに長く親しまれてきた曲やマザーグースのナーサリーライムなどはその音声の自然さや歌詞に多く含まれるライム（音韻）が含まれることで上記の目的を果たすものが多い。また，児童が歌やチャンツを耳にすると，その模倣能力を生かして歌詞をそのままチャンクで覚えてしまうことがよく見られる。聞いて覚える。覚えたものをみんなで元気に歌えた。そこまでの活動で終わるのではなく，ある程度学齢があがったとき，歌やチャンツによるインプットをいかに意味の伴う語彙習得や文字認識に結びつけるかを指導の流れとともに紹介する。

My Bonnie lies over the ocean ♪ （歌）

My Bonnie lies over the ocean

My Bonnie lies over the sea

My Bonnie lies over the ocean

Oh, bring back my Bonnie to me. Bring back, bring back

Oh, bring back my Bonnie to me, to me

Bring back, bring back

Oh, bring back my Bonnie to me

---

1. CD などの音源を使って曲を流す（歌詞は見せない）。

    T: Please listen to this song.

2. 児童に聞こえた英語を挙げさせる。何度か繰り返す。

    T: What did you hear?

    Ss: Bonnie. Me. Back.

    T: Good! Can you listen to the song again and tell me more words you hear.

3. 教師が，CD 音源に合わせてゆっくりジェスチャーを付けながら歌う（My〔自分を指さす〕over the ocean〔海の向こうという動作で指さした後波を手で表す〕bring back〔両手で引っ張る動作〕to me〔自分の胸に手を当てる〕など）。

T: I will sing along the song with gestures. Watch me.
4. 動作を付けながら歌える部分だけ一緒に歌うように指示する。
　　T: Now. Everyone stand up. And do the gestures and sing where you can.
5. 全員に見える形で歌詞を表示（模造紙・板書・プロジェクターなど），歌とともに歌詞を見るように促す。
　　T: This is the song. Listen to the song as you follow the lyric.
6. 歌いながらハイライトされている /b/ の文字の部分ではいずれかの動作をさせる（歌いながら立って座る・頭に手を置く・小さく手を叩くなど）。
　　T: Now, when it comes to the letter "b" please stand up and sit down.
7. 内容を推測させるイラスト付きの歌詞を配布し，歌いながら /b/ の字を押さえたり，歌詞にそって指を動かすように指示する。
　　T: Let me pass out the sheet. You can sing along with it.

　学齢が低いほど小学生は歌やチャンツが大好きで積極的に聞こえた英語のフレーズや単語をそのメロディやリズムに合わせて口にしようとする。高学年になると英語歌詞を文字で見せることでその知的好奇心から音声化して読もうとする態度が育ってくる。そういった学齢に応じた特性を生かしつつ，自然に文字と出会わせ，やがては文字と音声の対応規則にしたがって単語を音読できるような下地をつくりたい。

(4) 絵本の指導

　絵本には，英語がわからなくても内容を推察させる絵があり，文字が示されている。さらには，読み聞かせのスキル（読み手の声色・抑揚・間の取り方・ページめくり・聞き手とのやり取りなど）によって具体的にイメージを膨らませて，内容理解を深めることも可能である。スピーキングの指導教材としても，小学生を対象にこれほどすぐれた教材はないだろう。児童をフィクションの世界に引き込むことで内容をドラマ化し英語のフレーズを感情をこめて言わせたり，読み手の問いかけに対して答えを言うといった活動も行える。

　子どもの発達レベルに合わせた絵本の読み聞かせは，談話理解を促進するとともに，読みの指導導入に有効な手段となると言われている。小学生が一番自然な形で文字と出会えるのが絵本である。児童に多量の良質なインプットを与え，音韻認識を高めるとともに，思わず「文字を読みたくなる」「書かれた意味を考えたくなる」機会を与えることが絵本には可能だ。

具体的には，絵本読みの時には児童をできるだけ読み手の周りに集まらせて絵本やその文字が見える状態で行う。それが無理であれば，市販のビッグブックを使う，またはICT機器を使って教室全体から文字を見える状態にすることが望ましい。

　まず，表紙の題名を示しみんなで読んでみる。そのタイトルから考えられる内容をみんなで考えてみるのも楽しいかもしれない。読み聞かせでは，常にどこを読んでいるかを示せるように，指や指し棒を移動して見せる。そのことによって，英語は，日本語の縦書きとは違うこと，目は左から右へ移動することなども自然に体験させる。また，初頭音などへの自然な喚起も促せる。そのうち，児童のレディネスを観察した上で簡単なセリフなどは教師の**one, two** というキューとともに一緒に言ってみるのもいいだろう。

　これらの活動で大事なことは，安易に教師が Repeat after me と繰り返させないで，児童から自発的に始まる読みを待つこと。あくまでも，子どもたちの「読んでみよう」という気持ちを大切にじっくり育てる絵本読み活動にしたい（☞ p.104）。

背景情報 3
絵本の読み聞かせからアウトプットへ

　小学校における絵本の読み聞かせは学年を問わず子どもたちが大変好む活動である。また，小学生に絵本の読み聞かせをする効用には，言語習得面だけでなく外国語とその文化やことばの学習活動への積極的な態度を育成するのに役立ち，中でも教師が行うストーリーテリングではクラス全体の笑い，悲しみ，興奮，予感を呼び起こすことが子どもの自信につながり，社会的，情緒的な発達にも寄与するといわれている（Ellis & Brewster, 2009）。したがって，絵本の読み聞かせは教師が一方的に読むのではなく，読み手聞き手が双方向でやり取りを行いながら意味を大切に気持ちが開いた状態で行いたいものである。

　では，一体どのように読み聞かせをすれば子どもたちの自発的な発話を引き出し，「言わされる」より「思わず言いたくなる」気持ちを引き起こすのか，その具体的な方法を考えてみよう。

読み聞かせの前に
　絵本を事前に手に取り十分中身と流れを理解しておく。読み聞かせる内容に対して子どもの理解はどの程度だと想定できるか，わからないと思われる単語があればそれをどう言い換えるか，または絵本の中の絵で示すことができるかなど。発話を促す場合，質問はどの場面でどんな風に行うかも考えておきたい。同時に，絵本そのものの扱いにも十分慣れておくことが大切である。ページめくりがスムーズにできるか，クラス全体に見えるようにするにはどのように本を持てばいいかなども鏡の前などでリハーサルするとよい。

表紙を見せて
　今から楽しい読みきかせが始まるのだという期待感を持たせつつまず表紙をみんなで見る時間を作る。タイトルを指で示しながら，それが子どもの読みの力である程度読めそうなら一緒に読んでみるのもよい。また，どんな物語であるか内容を予想させよう。

T: Guess, what I have today.（本を後ろに隠しながら）
Ss: Book! Book!
T: That's right. It's a book. I am going to read you a story today. What's this animal?

Ss: Bear.

T: That's right. It's a bear. Bear story. Can you read the title? One, two....（文字を示しながら，一緒に読むことを促す）**Bob Bear's Runny Nose.**（子どもと一緒に読む）Good!

T: So what is this Bob Bear going to do in the story? What is "Runny Nose"?（子どもが理解できるレベルの yes/no 質問をいくつか投げる）Let's read together.（ここでおもむろにページをめくる）

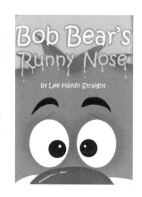

読み聞かせの中でのやりとり

(1) 語彙のインプットや既習事項の確認

すでに紹介した主人公の名前を聞いたり，読み聞かせたあとに絵を示しながらその新出の単語などを確認しながら読み進める。

T: **One day Bob Bear had a runny nose....**（本文のまま）

T: What's his name?

Ss: Bob

T: That's right. And what did he have?

Ss: A runny nose?

T: Yes. What is "Runny Nose"?

Ss: みずばな！（絵を指さす）

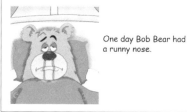

(2) 次の展開を予想させる

ページをめくる前にいったいどんな展開が次に予想されるかを子どもたちの自由な発想で考えさせる。その場合，子どもたちが絵本の世界に入り込めば入りこむほど母語での発話が増えることは考えられるが，それを生かしながら新たな英語のインプットの機会とする。

T: **Bob Bear still had a runny nose. What did he do?**（本文のまま）

T: What do you think? Any ideas?

（子どもたちに問いかける）
S1: お医者さんに行く！
T: Oh, a doctor? Go to see a doctor?
Ss: Yes! Yes!

(3) 単純な返答や繰り返し

子どもに意味が分かりそうな場面では単純な返答をさせたり，繰り返し部分をキューを与えて言わせてみる。

T: Did that work?（児童の顔を見渡し）Yes? No?（質問を投げる）
Ss: No! No!
T: No? Do you think so?（ページをめくりながら）Let's see.

T: **NO. That did not work! Bob bear still had a runny nose.**（本文のまま）
T:（文字を指さしながら，one, two, とキューを与え繰り返しのセンテンスを読むように促す）
Ss: What did he do?（教師と一緒に読む）

この物語は，このあと Bob Bear がみずばなを止めるために様々なことをするといった展開となるが，上記のような談話手法を使って発話を促進することができる（*Bob Bear's Runny Nose* by Lee Haydn Straight https://www.youtube.com/watch?v=k8W8HyHy4jI）。

> 読み聞かせの発展活動

絵本の世界に引き込む過程を大事にしながら英語の表現もさりげなく印象づける読み聞かせを行った後は，絵本の中で繰り返し使われた表現を使って，子どものオリジナルストーリーを考えさせる活動も可能である。ここで紹介した

ストーリーのように同じ表現と原因結果が繰り返される絵本は多い（Eric Carle 作の *Brown Bear, Brown Bear, What Do You See?*, *The Very Hungry Caterpillar* など）。自分自身のオリジナルストーリーを考え発表する活動もできる。その場合，教員が進んで発表することでそれがモデルとなり子どもの積極的な発話を促せることが多い。

例えば，*Brown Bear, Brown Bear, What Do You See?* などのように色と動物名が繰り返されるストーリーでは，一部を児童の好きな色と動物に置き換えて自由な発想で物語をつなげていくことができるだろう。

T: I made a new story!
　<u>Pink rabbit. Pink rabbit.</u> What do you see? I see a …. Who can tell me your story next?
S1: A gray elephant!
T: Oh, nice. Let's say it together, class. One, two,
All: <u>Pink rabbit. Pink rabbit.</u> What do you see? I see a gray elephant looking at me. <u>Gray elephant. Gray elephant.</u> What do you see? I see a….
T: Who's next?（下線部のみオリジナル）

絵本のドラマ化

絵本の読み聞かせを行った後，その話をもとに簡単な英語ドラマに仕立て，児童に役割を与えて演じさせるといった活動は小学校でもよく行われている。桃太郎のような日本の昔話を使うことで，子どもに馴染みの内容を意味理解した上でセリフにし英語で言うことができる。あるいは，絵本で読み聞かせをした後，全員に登場人物の猿になったつもりで飛んだり跳ねたり床に頭をぶつけたりする動作をさせるという体の動きと意味と音声を合わせた活動も以下のように行うことができる。

チャンツ "Five little monkeys jumped on the bed"

Five little monkeys jumped on the bed.
（5人の猿役の児童が前で何度もジャンプを繰り返す。お母さん役がそれを見ている）
One fell off and bumped his head
（猿役の1人が床に落ちて頭を打つまねをする）
Mama called the doctor and the doctor said
（お母さん役が電話をかけるまねをする）
"No more monkeys jumping on the bed!"

(医者役の児童が出てきて,右手の人差し指を右左にふりながらダメだというジェスチャー)
(4人の猿役の児童が前で何度もジャンプを繰り返す　お母さん役がそれを見ている)
＊以下,順に猿役の児童が3人2人1人と減る。

8 スキットを活用したスピーキング指導

　完全な即興で話すことに抵抗がある学習者も，準備や暗唱をした上で，さらにそこに即興のことばや非言語要素を足しながら話すタスクでは，高いレベルへ到達可能であり，そこで達成感を持つことで即興の発話への意欲が育つ。ここでは，簡単な日常会話からレポート活動，ジェスチャー使用まで，多様なスピーキング場面を実現するための様々な指導法を紹介する。

8.1　リズムに乗せた一斉練習
　会話とはピンポンのように相手と連関する運動なので，その身体感覚を育てる必要がある。会話する二人の動きが同じリズムで反復されることを，「インタラクション・ループ」という。多くの中高生が陥りがちな，頭の中で正確な表現を組み立ててから間をおいて発話するやり方では，そのような身体感覚は育たない。さらに，小学校では積極的に英語を話していた生徒も，中学生になると流暢さより正確さを重視するためか発話が激減する。それに対する対処法として行った，ある小中一貫校における実践を紹介する。

8.1.1　5つの表現に絞った「会話ピンポン」
　中学生への進級直前の6年生に対し行ったのは，曜日・時刻・天候・体調・日本語の意味を尋ねる（What is ～ in Japanese?）5つの表現に絞った指導である。5つの表現限定ではあるが，その範囲内では確実に球を打ち返す感覚を徹底して身体に覚えさせることで，「会話ピンポン」を成立させることを意図した（図1）。

図1 5つの表現限定の会話ピンポン

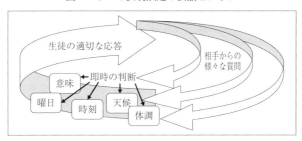

8.1.2 教材及び指導例

以下のような5つのQ&A形式のターゲットセンテンスを使用し，チャンツのリズムに乗せて相手とタイミングを合わせて対話する練習を行う。

(Q) *H*ow are *y*ou?	(A) *I*'m *fi*ne, *th*ank you.
(Q) *H*ow's the *we*ather?	(A) *I*t's *fi*ne t<u>o*day*</u>.
(Q) *Wha*t time *is* it now?	(A) *I*t's <u>*n*ine *thi*rty-five</u>.
(Q) *Wha*t day *is* it?	(A) *I*t's <u>*M*onday</u>.
(Q) *Wha*t is "*dog*" *in* Japan*e*se?	(A) *I*t's <u>"*inu*"</u> *in* Japan*e*se.

教材中，イタリック体の箇所は，リズムに乗せる時に強勢が置かれる箇所であり，強調される箇所という意味ではない。また下線部は実際の状況に応じて変わる。生徒が発話する際にも，常に教師がペンやメトロノームでリズムを取り，「相手とリズムがそろう」会話の感覚を，生徒が身体で感じ取ることができるようにする。

8.1.3 会話テスト

「会話ピンポン」の指導の効果は，会話テストで調べることができる。実際に，「会話ピンポン」指導を行ったクラスと，通常の指導を行ったクラスで会話テストをした結果を報告する。「会話ピンポン」指導のクラスでは，上記8.1.2の指導を，もう1つのクラスでは同じターゲットセンテンスを使った通常の指導（分析的説明・音読練習）を，それぞれ3時間の授業で連続して行った。その後，両クラスで4時間目に会話テストを実施した。会話テストは教師と1対1で行い，教師が順不同で出す5つの質問（ターゲットセンテンス）に生徒が答えるという形である。採点基準は以下の通りである。

× (レベル1)	教師の質問の意味が理解できない，あるいは理解できるが答えられない。
× (レベル2)	答えを考えるのに時間がかかり「会話」といえるほど即答できない，あるいは即答していても単語だけで，文章で答えることができない。
○ (レベル3)	教師が質問するとほぼ即答で，しかも正しい文章を使って正確に答えることができる。

　レベル1ばかりでなくレベル2を不正解としたのは，「会話ピンポン」指導の目的が，「相手とタイミングを合わせて即興で流暢に発話できるようにする」ことだからである。

　その結果，平均得点は，「会話ピンポン」指導をした（リズムを使用した）クラスが5点中3.06点，通常の指導をしたクラスが2.33点で有意差が確認された。5つの表現限定ではあるが，その範囲内ではかなりの確率で球を打ち返すことができたのだ。実際に，「会話ピンポン」指導をしたクラスでは，会話テストの後，「すごい！　僕，どうしてこんなにすらすら英語が話せたんだろう」と感激して叫んでいる生徒がいた。頭の中で考えるのではなく，あたかも口が勝手に話しているように，すなわち「ピンポンのように会話する」感覚を早期のうちに持たせることは，生徒のスピーキング能力向上のために大いに有効であろう。

8.2　即興の一言を引き出すペアワーク

　一般的に会話の授業というと，「買い物」「空港の入国審査」など場面を決めて教科書や教師が作成した会話文を使い，台本を練習する活動が思い浮かぶ。いくら生徒に「オリジナルの表現を入れましょう」と指示しても，その思いはなかなか伝わらず，台本そのままの会話，あるいは一部（商品名や値段）を変えての会話にとどまりがちである。ここでは，生徒が思わず話す内容を考えたくなるようなスピーキング指導を2種類紹介する。

8.2.1　「設定カード」

(1)　生徒をペアにし，今から自由英会話を行うと指示する。
(2)　各ペアに図書館の本を1冊ずつ渡す。
(3)　各ペアに以下のような「設定カード」を渡す（一番下の＊印は設定されたA（客）の感情だが，ペアによって違うところに○がしてある）。

> 【設定カード】
> 　A（客）とB（本屋の店員）の役を決め，次のせりふから始めること。
> A:（手に本を持って）Excuse me. I bought this book at this shop yesterday.
> B: I see. What's wrong?
> 　＊Aさんは，怒っている／笑っている／困っている／恥じらっている

(4) 3分間ほど考える時間をおいてから，全員起立させスタートの指示をする。
(5) 終わったペアは着席する。

　起立させる（身体の動きが制約されない）・小道具（本）を与える・感情を設定する，これだけで演技するモードへチェンジできる。普段のペアワークのように早く座ろうとせず，他のペアより少しでも工夫した会話を展開し長く続けようとする姿が見られる。盛り上がらず早く座ったペアも，「落丁があった」「小説が自分の期待した終わり方ではなかった」など様々なユーモアあふれる展開に盛り上がっている他のペアを喜んで見ている。他のペアを参考にするためか，次に同じような活動をした時には，前回すぐに座っていたペアがより長く続けようとしたり，より面白く「オチ」を工夫しようとしたりしている姿が見られ，大きく成長している。

8.2.2　教師のショートスピーチとペアワーク

(1) 教師がショートスピーチを行う（以下は中学2年生を対象とした一例）。

> 　I went to China when I was a university student. I met a Chinese boy in a park there. We enjoyed talking for one hour. Suddenly, he said that he missed his date there. We looked around and found a Chinese girl looking at us. He went to her and said, "I'm sorry," but she hit his face and went away. He came back to me and said "Never mind." I mind!!

　奇数列の生徒にAシートを，偶数列の生徒にBシートを配布する（隣の生徒とペアを組むと，互いに別のシートを持っていることになる）。

【Aシート】

1. Where did Ms. Yamamoto go when she was a university student?
2. How long did she talk with the boy?
3. Was the boy handsome?

【Bシート】

1. Who did she meet in a park there?
2. Why was the Chinese girl angry?
3. Why did the boy forget his date?

　教師の"Ready? Go!"の合図で，A1 → B1 → A2 → B2 → A3 → B3 の順で，質問をしていく（Aシートを持つ生徒とBシートを持つ生徒が交互に質問し，交互に答えることになる）。最後に，6つの質問の答えを，教師が全体に問いかけ，答えを確認する。

　ショートスピーチは実話であることが鉄則であり，生徒の興味を引くものであるほど，生徒の発話は活発になる。特に各シートの最後の質問（例によってオープンエンドである）では，生徒はこんなにも笑いはしゃぎながら英語を話すのかと驚くほどである。A3 の質問に対しては，"He must be handsome. Ms. Yamamoto talked for an hour, because she likes a handsome boy!" などと勝手なことが聞こえてくる。そうかと思えばB3 の質問に対しては「先生があまりにかわいかったから，彼はデートを忘れてしまった」という英語が聞こえてきたので，その生徒に"You're right!" と声をかけると，"I said you *were* pretty. Not you *are* pretty." と切り返された。

8.3　補足資料を使ったレポート活動「20世紀の偉人たち」

　日常会話を越えたレベルでのスピーキング活動をさせるためには，教科書とは別に資料を用意し，その内容を読みレポートするタスクが適している。レポートする時の定型表現や補足資料にある表現が足場かけ（scaffolding）となり，質・量ともに一定のレベルの発話をすることが可能となる。

8.3.1　補足資料

　New Horizon 3 の Unit 6 を参考に「20世紀の偉人たちをレポートしよう」というテーマで，4人一組でレポート活動をさせる。4人の人物についての補足資料を用意し，各生徒に別の人物を選択させる。マザーテレサ，手塚治

虫，ヘレン・ケラー，ジョン・レノンという異なる分野の人物を取り上げるが，そのうち手塚治虫の資料を以下に例示する。

Tezuka Osamu

He chose serious topics like the love of machines and humans in **"Astro Boy,"** importance of life in **"Black Jack,"** and the peace in **"Tell Adolf"** and **"The Phoenix."**

1928	born in Osaka
1945 (16 years old)	entered Osaka University to be a doctor for children
1952 (23 years old)	drew the first comic book "Takara-jima" and became popular
1963 (34 years old)	decided to be a comic artist to help children through comics, not through medication
1973 (44 years old)	moved by Disney animations, and made an animation "Astro Boy"
1989 (60 years old)	died of cancer

8.3.2 足場かけ（scaffolding）となる定型表現と相互評価シート

実際にレポートする際に必要となりそうな表現と，4人グループの中で相互評価するための評価シートを1枚のワークシートにし，最初に配布しておく。

Let's report '20th Century Greats'!

（関係代名詞 that をできるだけ使い，3分間でレポートしよう）
（例）
I am going to report（名前）.
　（名前）is a person that everyone knows.
　　　　　　　　　　　　　　　　○○は皆が知っている人です。
He/She was born in（場所）in（時期）.
He/She（どんなことをしたか）.
He/She died in（時期）.
I read a book that he/she wrote. I like it. その人が書いた本を読んだ。
I think he/she is great, because ….
　（自分の，その人物の人生に対する感想や意見を必ず最後に言う）
Thank you.

〈Check your friends' report!〉

	Name（　　）	Name（　　）	Name（　　）
紙を見ないで発表していたか	A　B　C	A　B　C	A　B　C
大きな声で言えていたか	A　B　C	A　B　C	A　B　C
的確な情報を伝えたか	A　B　C	A　B　C	A　B　C
その人物に対して，レポーターはどのような感想・意見を持っていましたか？			

　評価シートを先渡ししておくのは，レポートする時に評価基準を意識させるためである。他の生徒の発話を聞く際に内容に集中しない生徒がいるが，ABC評価だけなく内容を書き取る作業を入れておくと，少しでも聞き取れないと聞き返すなど集中力が上がり，さらに生徒間のインタラクションが生まれるという利点がある。

8.3.3 指導例

(1) 4人ずつ机をつけさせ，どの人物をレポートするか担当を決めさせる。
(2) 5分間準備時間を与える。メモは取ってもよいが，原稿は絶対に作らないように伝える。
(3) 「では，手塚治虫氏のレポートを始めてください」と，4人の順序を予告せずいきなり開始する。
(4) 3分間たったらストップさせ，レポーターとなっていた生徒以外の3名が評価をする時間を取る。
(5) 次の人物名を言ってレポートを開始させる。以下，4人目まで同様に行う。
(6) グループごとに，レポーター・オブ・ザ・チーム（最優秀レポーター）を選出させ，全員の前で再度レポートをしてもらう。

〈留意点〉
① 原稿を読み上げる活動ではなく，即興で話す活動であることを強調し，さらに即興には大変な抵抗感・不安が伴うので，励ましが必要である。
② いくら原稿を作らないようにと指示しても作る生徒がいる。それを防ぐ意図で，準備時間を5分間しか与えないことと，順序を予告しないこと，評価基準に「紙を見ないで発表していたか」という項目を入れるという3点を設定する。
③ 教師の合図で全グループが一斉に話し始め，話し終えるというルールを作ることで，消極的な生徒にもスピークアウトのきっかけを与える。

8.4 ジェスチャーとスピーキング

人間の運動にはリズムがあり，運動リズムとことばのリズムは強く相関する（☞ p.346）。生徒を見ていると，英語を話す時に身体が豊かに動く生徒とそうでない生徒がいる。ジェスチャーと発話をうまく組み合わせられる生徒は，スピーキング能力も高い。ここでは，身体の動きの活性化をスピーキング能力につなげるための指導例を紹介する。

8.4.1 ストーリー・リテリング

小学6年生を対象に，以下のような手順でストーリー・リテリング（ストーリー・テリングを聞いた生徒が，今度は自分のことばでお話を語る）の

指導を行った。
(1) 教師が絵本の読み聞かせを行う。その際，オーラル・インタープリテーションだけでなく，ジェスチャーを多用し，見ている生徒も同じ動きを真似るような状況を作ることを心がける。
(2) 3回の授業で同じ絵本を同様に読み聞かせる。
(3) 4回目の授業で，文字を消した同じ絵本を見せながらリテリングをさせる。

英語でお話を語るという難易度の高い活動であるが，教師のジェスチャーを再現しながら何とかして発話しようとする生徒が多かった。教師が使わなかったジェスチャーを使うケースも見られた。英語が思い出せないのでジェスチャーで表す代用の場合もあったと思われるが，down と言いながら顔を上下したり，love と言いながらにこにこしたりという動きは，意味と身体が結びついたために自然に出たものであると考えられる。

その後 ALT の先生に，発話を録音して文字に起こしたものを読んで評価してもらった。発話が少なく意味がわからないと評価された生徒もいたが，映像を見て評価してもらうと，ジェスチャーが含まれているため十分に理解できるとの評価に変わった。このことから，身体の動きとともに受けたインプットは，身体の動きとともにアウトプットに変換でき，より多くの意味を相手に伝えることができると考えられる。

8.4.2　ジェスチャーを自然に使うための指導

8.4.1 で紹介したストーリー・リテリングにおいて，特にジェスチャー使用が顕著だった生徒8名にインタビュー調査を行ったところ，「日本語でも，意味の区切りで手や顔を振るのと同じ」「もし手を押さえて動けないようにされたら，英語を話すことはできない」ということばが聞かれた。この8名の生徒は，リテリングした絵本の内容についても，登場人物の心情について他の生徒より深く理解し共感していた。この生徒たちは日本語の身体感覚（☞ p.347）にも優れているため，英語でもジェスチャーを使うことを自然に体得したと考えられる。しかし，すべての学習者が英語でのジェスチャー使用を自然に体得できるわけではない。自然にジェスチャーを意識させるための指導例（中学1年生）を一つ紹介する。

T: 今日は，初対面の人に名前を聞く会話を，チャンツのリズムで練習します。まずCDと一緒に練習しましょう。

> My name is Larry. What's your name?
> My name is Lisa. What's your name?
> My name is Judie. What's your name?
> My name is Takeshi. What's your name?
>
> I am Larry. You are Lisa.
> I am Lisa. You are Judie.
> I am Judie. You are Takeshi.
> I am Takeshi. You are Larry.
>
> 中本．2005．*Chants for Grammar*．（アプリコット）

T: では，4人グループを作り輪になってください。最初の人から，自分の右隣の人に向かって，下線部に自分の名前を入れて，同じリズムで言ってみましょう。上手になったら，どんどんスピードを速くしてみてくださいね。（生徒はグループごとに練習を始める）

T: （しばらく生徒の様子を観察してから）はい，ちょっとストップしてください。スムーズにしかもリズミカルに言えているグループがありますね。Aさんのグループは，どうしてそんなに上手なのですか？

A: 4人みんなで，手を叩きながらやることを提案したからです。

T: みんなで同じ動きをするのはいいアイデアですね。
そういえば，Bくんのグループも上手でしたよ。

B: 何もやってないけど…。そんなに上手でしたか。

T: 先生は気づきましたよ。Bくんのグループは，しゃべっている人が，右隣の人に向かって，「さあ次はあなたですよ」というように，両手でボールを投げるようなしぐさをしているのです。次の人にバトンを渡す気持ちがこもっているから，ことばに意味が乗って，心が一つになるのですね。（他の生徒から感嘆の声が上がる）

Bくんの反応からわかるように，ジェスチャーはほとんどの場合無意識のうちに起こる。グループ活動の場合，ジェスチャー使用は一人の生徒から始

まり，それが伝播してグループ全員に広がる。黙っていてもクラス全員に広がる時もあるが，このように少し教師が広げる手助けをするだけで，次からはどのグループでもジェスチャーを意識するようになる。教師自身がジェスチャーを意識して使うことも有効で，生徒の動きや発話も増えることにつながる。身体を動かす活動は，文字通り発話に向けて身体を温める「ウォーミング・アップ」としてもお勧めである。

背景情報 4

タイ中学生との国際交流

　国際交流の取り組みは、英語を話す実践の場として、また国際（異文化）理解の体験の場として有効であることは言うまでもない。外国の学校と提携してビデオレターやメールのやり取りをしたり、スカイプで海を越えて会話をしたりという取り組みをしている学校もあるだろう。海外への修学旅行や研修旅行を実施している学校も最近では増えてきた。「行先はできれば英語圏がいいのでしょうが、経済的・時間的制約で、どうしても近場のアジア圏になってしまいます」という声も聞く。しかし、むしろ英語圏ではないからこそ得られるメリットもある。ここでは特に、英語圏以外の国との交流に注目したい。

　筆者は、それぞれ別の中学校で、カナダに代表生徒10名を引率した体験、タイに代表生徒20名を引率した体験がある。どちらも、カナダの中学生の家庭、タイの中学生の家庭に一人ずつ1週間ホームステイをするプログラムであった。

　カナダで英語のネイティブスピーカーに囲まれ英語漬けになる体験は貴重であり、帰国の飛行機の中で生徒たちは、「英語が通じなくてくやしかった。もっと英語を勉強して、もっと上手になってもう一度カナダに行く、とファミリーと約束した」と語るなど、モチベーション向上にも効果があった。そんな経験があったため、新任校でタイ交流をしていると知った時、「どうせ国際交流をするなら英語圏の方がいいのに…」という思いを持ったのが正直なところである。しかしタイに到着した日から、その気持ちは変わった。

　タイは、英語教育熱の高さという意味では、アジア諸国の中でもお国柄かのんびりとしており、特に中学生の英語力は日本の中学生と変わらない。そのことに気づいた日本の中学生は、タイ到着前の緊張はどこへやら、「スシ，ユーライク？ミー，トゥー。オー，フレンド!!」などとものすごくブロークンな英語で、躊躇せず握手したりハグしたりと、交流し始めたのだ。お互いにベーシックな単語しか使わないので、ほぼ完

タイの中学校での国際交流行事風景

全に理解し合えるようで，たまにわからない語がある時は顔を寄せ合って辞書をのぞき込み，同時にその単語を叫んだりしている。翌朝，ホームステイ先からタイの中学校へ登校してきた生徒たちは，もうすっかりタイの生徒と大親友になっており，「ポムは日本の生徒の中では山田くんが好みなんだって。それにあの美人のトゥワック先生は，先週結婚し

タイの中学生がくれた寄せ書き

たばかりなんだって！」と，たくさんの情報を教えてくれた。カナダへ引率した折の2日目はというと，「ファミリーはいろいろ話しかけてくれたけど，ほとんど理解できず，私はYesとNoしか言えなくて…」とうなだれていた生徒たちを思い出す。

　ただ，コミュニケーションとしてはいいが，こんな調子で1週間を過ごせば，ブロークンな英語が定着してしまわないかと心配だった。しかしそれは杞憂だった。3日目くらいになると，「私たち，正しい英語で話せるように頑張ろうって，ポムと話していたんです」というようなことばが聞かれるようになった。そして，帰国時には，「お互いもっと英語を頑張って勉強し，次は正しい英語で，そしてもっと深い話が英語でできるようになろう」と約束したという。世界には，母語ではない英語を一生懸命勉強している生徒たちがたくさんいることを，そして英語を通してどこの国の人とでも友だちになれることを，実感できる取り組みとなった。

　10ヶ月後，逆にタイの生徒20名が日本に来てくれた。「地域の観光ガイドをしよう」ということで，生徒が京都観光を計画し，グループごとに案内して回った。タイでは遺跡や宮殿の英文パンフレットをタイ生徒が作ってくれていたことを聞き，タイへ行っていない日本人生徒も気合を入れて，手描きイラスト入りの英文パンフレットを作成していた。それを頼りに一生懸命自分たちの住む街を英語で紹介していた。京都の名所旧跡だけでなく，有名な抹茶ソフトの店での休憩やアイドルグッズのショップを盛り込むなど，中学生ならではの観光コースを考えたので，タイの中学生も大喜びだった。

　英語圏以外の学校と交流をすることは，どこの学校でもできることではないだろう。しかし，たとえば筆者が勤務していた公立中学校では，JICAに依頼して，外国からの研修員を数名ずつ単発的に派遣してもらう取り組みをしてい

た。原色の民族衣装に頭から身を包んで現れたアフリカからの研修員の方に，生徒は歓声を上げ，矢継ぎ早の質問に英語で答えてくれることにも驚いていた。また，現在筆者の勤務している大学には世界各国からの留学生がたくさんいる。大学近隣の公立学校から「総合的な学習の時間に2回ほど，すべて国籍が違う留学生3人を学生ボランティアとして呼びたい」という依頼があれば，勤務先の大学の国際交流課が応じたりもしている。その時出会った留学生と，今でも個人的交流を続けている先生もおられると聞く。

　このように，意外と身近なところに国際理解の機会は多い。英語圏以外の人と接し，英語が国際コミュニケーションツールとして世界で使われていることを生徒が肌で感じられる体験を持つことにも大きな意味がある。

9 スピーチ・レシテーションの指導

　中学生にとって,「英語を話す」ということはあこがれでもあるが上手に話せるかと不安も多い。生徒のスピーキング能力を高めさせるためには,普段からの音声指導に加え,計画的なスピーキング指導が必要となる。以下,教科書以外の音声コミュニケーション（スピーキング）の実践指導例を紹介する。

9.1　授業でのスピーキング指導を進める方法
(1)　スピーキングのモデルを日々の授業で示す
　毎日の授業の中で,生徒の目の前で教師が英語を使ってコミュニケーションの実際を示すことは生徒にとって最もわかりやすいモデルとなる。生徒は教師のモデルを通して,話すときの表情や声の使い方,間の取り方などを自然と受け取りながら,英語の音・リズム・イントネーション,音の連結など,また語彙や表現・構成の仕方,コミュニケーションの進め方などを学ぶことができる。授業開始の What's up? でその日のニュースについて簡単に意見交換をしてもよいし,「今日は何の日でしょう」の話題に触れるのもよい。聞き取れる音は自分でも発音できるようになり,表情をつけながら相手に正確に伝えるスピーキング力の育成と定着させやすい環境と成り得るだろう。

(2)　生徒同士で話す場面設定
　自分の思いや意見,また体験などを発表させるとき,自分の席での発表だけでなく,ペアやグループ活動時にはお互いに向き合ったり,輪になって話したり,さらに教室の前に出てクラス全体と対面して発表するなど,多様な発表スタイルの活動を取り入れる。そうすることによって,生徒は「聞き手」を意識した態度で,「聞き手」の表情を捉えながら,その場の状況に応じた声量や話すスピードを自分でコントロールしていく。「伝える英語」の話し手となっていく。「教師―生徒」という場面から,「生徒―生徒」という場面

をできる限り持たせたい。

9.2 スピーチ指導の実際（prepared speech）

学習指導要領における言語活動の指導事項には，「（聞くこと）まとまりのある英語を聞いて，概要や要点を適切に聞き取ること」や「（話すこと）与えられたテーマについて簡単なスピーチをすること」が示されている。前述のスピーキング指導に加え，前もって原稿を準備して取り組むスピーチ（prepared speech）指導を計画する。以下にスピーチ指導の進め方を紹介する。

(1) スピーチのテーマ

My Dream や My Story, My Treasure などの My...シリーズや学校・日常生活などに関する話題や出来事，行事など，生徒の身近で興味・関心に合ったテーマが取り組みやすい。特に中1の指導においては，あとのスピーチへのリンクを意識して「積み重ね」方式の指導をすると生徒の負担が抑えられ，最終的に内容あるスピーチが出来上がりやすい。以下，スピーキングとスピーチの年間指導計画の具体例を示す。

①スピーキングを中心とした自己表現活動実践計画例

中1	1. 自己紹介（Be 動詞と like を主に使う） 2. My Treasure（Show & Tell　既習の自己紹介を活用） 3. Speech T（9月実施。既習の自己紹介を活用。さらに他の一般動詞を使う） 4. 人物紹介（友だちや先生，有名人の紹介） 5. TV ショー（4人のうち1人は 有名人，1人は MC〔司会者〕，2人はゲストの大ファン，という設定の5分間 TV ショー。MC が進行し，ファンがゲストへインタビューする。発表後，聞き手の生徒もゲストへ即興で質問を行い，ゲストは即答する） 6. 実況中継（名アナウンサーになってビデオを実況中継） 7. 旅行代理店広告創作（Let's go to .... You can ....「日本や世界を旅しよう」） 8. 電話で話そう（スカイプを使って，別室にいる ALT に用件を伝える） 9. My Story（写真を見せながら楽しかった思い出を語る）
中2	1. My Plan（夏休みの予定，お薦めの旅行プラン，行ってみたい所） 2. My Dream（「将来について考えよう」） 3. My Holiday（夏休み，体験活動，体育大会，校外学習などのあとに） 4. Where do you want to go?（世界を知ろう！ power point を使ってプレゼン） 5. コマーシャル（2～3人での CM。新製品を売り込もう） 6. 我が町紹介（写真や産物を提示して説明。また昔の様子を知るために地域の方にインタビューしてグループで発表）

中3	1. お薦めの観光地（それぞれの条件に合うお薦め観光地と観光プラン） 2. 日本文化紹介（実物や絵，または実演してALTの先生に紹介） 3. ニュース（いつ，どこで，だれが，なぜ，何を，を正確に伝える） 4. Book Report（「お薦めの本は？」） 5. Peace Maker（自分の意見を伝えよう） 6. ディベート（データ等を利用して自分の立場の意見を論理的に伝える） 7. My Best Memory at School（思い出を自分のことばで楽しく語る）

（2）スピーチの内容

　テーマについてのキーワードを書き出し，構想を練らせる。そしてどの生徒にも参考になる語彙や文構造などを紹介する。例えば，"Hello, everyone. Today I'm going to tell you about my dream." など，スピーチの始まりの文を与えると取り組みやすくなる。さらに，内容に関する質問をクラス全体に与え，その答えを自分の考えや気持ちを表す文として英文にまとめ，スピーチの中に加えさせる。教師は個人個人の話したい内容を本人と確認しながら，スピーチ文の原稿指導を進めていく。最終的に，聞き手にも話の内容が正しく伝わるように，一つ一つの文の正確さばかりでなく，つなぎ言葉を効果的に使った話の展開や文の順序なども考え，スピーチ全体に話題の一貫性を持たせるように指導を深めていく。

（3）聞き手の理解を助ける工夫

　スピーチの内容に合わせて，絵や写真，実物，図表，音楽などの活用を考えさせるとよい。いつ，どのように提示しようかなどを考えながら，生徒自身が聞き手として，また話し手として，一層スピーチを楽しもうと意欲的になる。

（4）スピーチのモデル

　教師（JTEやALT）の実演や先輩生徒の発表ビデオなどを見せる。そうすることで，生徒はアウトプットの見通しを持つことができる。声量があり，聞き手とアイコンタクトを取りながら聞きやすい速さで話す良質のモデルを示すことにより，生徒は「目指すスピーチとはどういうものか」を具体的に考えることができる。また，それらを参考に自分の個性や創造性を発揮するだろう。なお，モデルを示す際，声量が乏しいなど聞き手にとってわかりにくい発表モデルも演じて見せると，生徒は発表時のポイントを摑みやす

くなる。

(5) 発表の練習
① まず，自分で何度も声に出して練習させる。その際，「自分の気持ちや内容を正しく伝えるための声」について考えさせると，「明瞭な話し方と適した声量」を意識するようになる。この段階で自分にとって難しい文や発音しにくい語彙があれば，他の言い方にかえるなどの工夫をさせるとよい。

② 「聞き手」を設定する。2人1組になり，お互いに「話し手」と「聞き手」になって練習する。その時，あとに示すアドバイスシートを活用する。互いの立場から発表に対するマナーや態度，さらにスピーチ内容などについてアドバイスをすることができる。例えば聞き手から「この内容が興味深かった」とか「もっと聞く人の方を向いて話したほうがよい」「ここではもう少し説明の文が必要では？」などの指摘により，話し手は「より正しく伝える」ための工夫をすることができる。パートナーを代えて練習を繰り返した後，4〜5人のグループになり，1人ずつ順番にグループメンバーの前で発表の練習をする。この活動によって，話し手は徐々に複数の聞き手の反応を見ながら楽しく話すことに慣れ，間の取り方を考えたり，ジェスチャーなどの表現に工夫を凝らしたりして，自分の目指す話し方を発見していく。このように練習を繰り返すうち，生徒は徐々に無理に暗記させなくても自然にスピーチ文を覚え始め，本番への準備が進んでいく。

(6) 発表本番で互いのスピーチについて評価し，学び合う

評価シートを持たせて，一人一人の発表についての自己評価と相互評価をさせる。各発表後，「聞き手」の生徒は感想を述べたり質問したりする。互いに認め合い支え合って練習に励み，本番ではみんなの前で発表できたという「成就感」が，スピーキングに対する自信になり，次の活動へのエネルギーとなって，個々の生徒とクラス全体を元気づける。

中学校での最初の授業から，1文でも2文でも人前で英語を話し，お互いの発表を尊重することの大切さを学ばせたい。そして中学校3年間を見通したスピーキング指導を系統的・計画的に進めることによって，一人ひとりのスピーキング能力をより効果的にのばしながら，「英語がしゃべれるように

〈実践編〉9 スピーチ・レシテーションの指導　127

なりたい！」という生徒の思いを実現させていきたい。

9.2.1　スピーチ"I"の取り組み（中1，9月の実践例）

　夏休み中に広告や雑誌・新聞・食品の箱などの写真や絵を使って自作のポスターを制作し，それを使って自己アピールする活動である。

(1) 活動に至るまでの取り組み

　中1の5月までは，be動詞を使用する英文に加え，have, like, play, wantなどを用いて13文程度の文章での自己紹介を指導する。その生徒の発表例を記す。

> Hi. My name is Minako. Please call me Mina. I'm 12 years old. I'm a student. I'm cheerful. I'm from Himeji. My birthday is December 12. I'm in the tennis club. I play tennis every day. I like tennis. It's interesting. I have a new racket. I like spaghetti. It's delicious. I like comic books. I want a new comic book. Nice to meet you.

　6月に取り組む「自分の持ち物」についてのスピーチ指導では，7文程度の文章がさらに言えるようになる。参考のために，「自分の持ち物」で扱った文章例を下記に示す。

> Hello, everyone. Look. This is my flute. I'm in the brass band club, so I practice the flute after school every day. I play pop music. Do you like music? What music do you like? Do you like Exile? Me, too. Thank you.

　7月には eat, read, listen to, practice, watch, walk, run, swim, talk, study, buy, make などの一般動詞も学習するため，このスピーチ"I"という活動では，最低25〜30文を使用することとした。

(2) 自作ポスターづくり

　模造紙を2等分して配布する。夏休みを利用して各自の「自己紹介ポスター」を制作する。どのような内容を自己紹介で言うかによってポスターの内容も違う。例えば I like dogs. という英文を言う場合も，全員が異なる写真を提示するので，ポスター自体も個性で溢れることとなる。また I like dogs. の場合，自分の犬の写真でもよいし，カレンダーやドッグフードの箱

に描かれた犬の絵でもよい。黒板に貼ってもみんなに見える程の大きさのものを貼るように指示しておく。

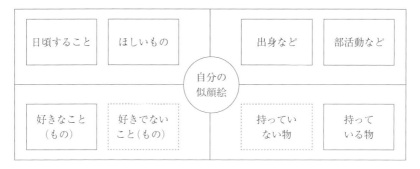

〈中1：自分を語ろう！Speech "I"〉

（生徒作品）

　Hi! My name is Ayaka. I'm from Himeji. I'm 13. I'm a student. I'm cheerful. My birthday is April 29. I'm in the tennis club. I play tennis every day. I'm a good player.

　I have a dog. The dog's name is Maron. It's brown. It's cute. I walk Maron every day. I don't have a cat. I don't like cats. So, I don't want a cat.

　I like curry. It's delicious. I don't like natto. It's not delicious, but sometimes I eat it. I like baseball. It's fun. I'm a Hanshin Tigers fan.

　I want a new bike. My bike is old. I listen to music every day. I like Arashi very much. So, I have some CDs of Arashi. I read a book in the reading time every morning. What book do you read? Me? I don't read love stories. I like detective stories. Thank you. 　　　　　　　　　　　　　　　（36文）

(3) 発表の練習と発表本番における留意点の確認

　練習を重ねると，発表時の自分の課題が見えてくる。声量，発音，話す速度，表情（単調にならず，変化のある話し方），発表時の姿勢や態度，聞き手への目配り（アイコンタクト）などについて，自分が十分留意しなければならない項目を確認させ，「相手に伝える」という目標達成へと向かわせる。そのとき，ペアやグループでお互いのスピーチを披露しあうとよい。聞き手は黙って聞くだけでなく，内容が乏しい場合には Tell me more. と言った

り，話し手が英文を忘れた場合には，ポスター写真を手がかりに Do you want a computer? などと質問をしたりして，話し手を援助するように努める。「発表経験を積む」練習と，聞き手となることによって，「聞き手も話し手も楽しめるスピーチの追求」について体験を通して考えることができる。目標として，10人の人からアドバイスをもらうが，家の人や担任の先生に聞いてもらってアドバイスをもらっても OK とする。最終的に，発表直前の授業で，アドバイスシートの下段にある《本番に向けての私の工夫》を記入させ，本番に臨ませる。

以下，練習時に聞き手から表情・声量・発音・アイコンタクト・内容の充実さ・間の取り方・ポスターの指し方，などについてアドバイスしてもらったことを自分でまとめるアドバイスシートを提示する。

Let's practice in pairs and groups!
Speech "I" のポスターを使って，自己最高記録にチャレンジ！

	Adviser 名	英文数	もらったアドバイス内容（自分で再確認してまとめる）
1回目			
2回目			
3回目			
4回目			
5回目			

︙

10回目			

《本番に向けての私の工夫》
・内容について
・声量について
・表情について
・話す速さについて
・発音について
・アイコンタクトについて
・その他について

9.2.2 Book Report （中3の実践例）

中3のスピーチの一つとして，お気に入りの本を紹介するBook Reportに取り組ませた。

手順として，まず教師自身が好きな本をクラスに見せながらスピーチをした。これは生徒にとって，発表のモデルになるので，声量，話すスピード，アイコンタクト，本のページの提示（表紙や本のページ，カットを見せる）なども的確に見せるように心がけた。以下，そのモデルで示した英文を提示する。

Have you ever read *Charlie and the Chocolate Factory*? It was written by Ronald Dahl. It's a wonderful children's book.
Charlie Buckett is the main character. He lives with his parents and four grandparents in a small house. They are a very poor family. They don't have much food, so they are hungry.

There is a chocolate factory in their town. This year, there is a special golden ticket in the chocolate. There are only five golden tickets. Willy Wonka runs the chocolate factory. He opens his factory to five lucky children who find the tickets.

Charlie gets chocolate on his birthday, only once a year. Charlie gets the ticket!!!

He visits the factory with his Grandpa. Four other children and their parents join them. The chocolate factory is big and exciting. Charlie and his Grandpa have a wonderful time.

I won't tell you the end. It's a very exciting and interesting book. I think this book is great because Charlie is a very kind character. I highly recommend that you read this book and see the movie too. It's wonderful! Why don't you read it today? (187語)

生徒の練習手順は上記の「9.2 スピーチ指導の実際（prepared speech）」の(5)に示した方法と同じである。最初は文の数も限られていたスピーチが練習を重ねる度に充実した内容のスピーチになってくるので生徒自身も喜びとなる。なお，各発表について自己評価とともに相互評価し，互いに学び合う機会とした。全員の発表は録画され，あとで本人に見せ，自分自身で発表の振りかえりをする機会とした。「英文を書いたり暗記するのは難しかっ

たけれど，やってみて楽しかった」「みんなが紹介してくれた本を読みたいと思った」という感想ばかりであった。

(生徒スピーチ作品)

> Have you ever read *Silver Spoon*? It was written by Hiromu Arakawa. There are twelve books in the series, but it still continues.
>
> There is an agricultural high school in Hokkaido. The name of the high school is Oezonogyo High School. Many boys and girls enter this school every year.
>
> *Silver Spoon* is about 16 years old, Yugo Hachiken. Many students say "I came here because I have a dream," but he doesn't have a dream. He comes here because he has lost his whereabouts in his life.
>
> Yugo's family don't make their living by farming, so he is surprised at the many things to do that he sees at school for the first time in forever. For example, caring for many cows, horses, pigs and chickens. Students take care of them, but they're just economy animals. They are killed and made into meat. And a pig that Yugo loves is made into meat, too. The pig's name is Butadon. Yugo is very sad, and learns the importance of life. And he can understand this with friends through agriculture.
>
> I think Yugo can change thanks to this school and his many friends. I think these books are great because Hachiken is a very good natured boy and very eagerly does things. Yugo tries many things that he has never done before. I can learn from it, because the animals and people of Oezono made me happy. This book is funny. So I like it very much. I will continue reading it. I highly recommend that you read this book. Why don't you read it today?　　　　　　　　　　　　　　　　(265 語)

なお，発表した Book Report は，最終的に writing 作品として，各自の Creative Writing Notebook にまとめさせた。上記のスピーチの作品を掲載する。

生徒の作品例

9.3 その他のスピーキング活動の具体例
(1) 即興会話とレポーティング

　日ごろの授業のはじめに，即興会話，スピーチやShow & Tellをはじめいろいろな形でのスピーキング活動を取り入れることも多いだろう。筆者は中1の2学期から毎時間身近なトピックを与え，即興会話とそのレポーティングに取り組ませている。このような活動は既習事項を使って話す能力を培っていくだけではなく，表現の自由度が高いので生徒にspeakingやlisteningにおいて大いに楽しませることができる。まず固定ペア（席が隣りや後ろの人）でその日のトピックについて自由に会話をする。次に固定ペアのパートナーではない2人の生徒がクラスの前に出て，同じトピックで協力しあって会話をする。このとき，即興力が必要になるが，一度固定ペアで取り組んでいるので，ある程度話はしやすい状況になっている。またクラスの前で話すので，発表生徒はクラスの生徒を「聞き手」として尊重し，声量や話すスピード，アイコンタクトの取り方などにも配慮する。「聞き手」であるクラスの生徒は2人の会話発表を聞き，その会話内容を固定ペアで確認する。その後，1人の生徒が「校内ニュース番組のアナウンサー」になってクラスの前

で報告する。必要に応じ，クラスが「アナウンサー」を援助していく。援助したり，援助されたりしながら，和やかなうちに全員がクラスの前での活動に挑戦していく。

さらにペアやクラスでレポートしたことを約3〜4分で各自のノートに英語でまとめて書かせ，毎日授業後にノートを提出させ英文をチェックし返却している。その日のうちに自分の書いた英文を教師の赤ペンチェックとともに振りかえらせることができ，家庭での自学勉強に加えることができる。「聞く」「読む」「書く」活動との統合を図りながら，系統的にスピーキング指導を進めることができる。

以下，中1，7月上旬のある日の即興会話とそのレポーティングの実際を記す。(A,Bは生徒を意味する)

Today's topic : What do you do on Sundays?

> A: Hi, B. What do you do on Sundays?
> B: I usually play basketball on Sundays. I belong to the basketball club, so we often have basketball games on Sundays. Do you play basketball?
> A: No. I like basketball, but I don't play it. I can't run fast.
> B: I see. You belong to the brass band club, right?
> A: Yes, I do. I practice the trumpet on Sundays.
> B: Great! The fanfare "*pan paka pann*" is cool.
> A: Thank you. The fanfare is difficult.
> B: Do you have a concert?
> A: Yes. In Kobe in August.
> B: In Kobe! Good luck!

Reporter: Hello, everyone. What do you do on Sundays? B belongs to the basketball club, so he practices basketball on Sundays. He often has basketball games on Sundays. A belongs to the brass band club and she practices the trumpet on Sundays. B likes the fanfare "*pan paka pann.*" Me, too. You, too? A has a concert in Kobe in August. Good luck, A!

Thank you.

(2) コミュニケーションカードの活用

　授業外に廊下などで，教師やALTと英語で自由に会話をする度にスタンプなどを押してもらうという「コミュニケーションカード」を活用するのもよい。よりリラックスした雰囲気で，授業で身につけた英語表現を実際に使う機会を与えることができるので有効である。コミュニケーションカードの内容や形式は，生徒の状況に応じて異なると思われるが，ALTとアイデアを出し合って決定すればよい。以下に中2用コミュニケーションカードの一例を記すが，8～10はトピックスも生徒自身に任せる。このカードは定期的に回収し，個人指導に生かす。

	Topics	from Teachers
1	Self-introduction	★
2	My Plan	★
3	My Holiday	
4	My Dream	
5	Where do you want to go?	
6	My Town	
7	My Favorite Things	
8		
9		
10		

(3) レシテーション

　身近な話題を題材とした英文のレシテーションをすることによって，実際の場面でのコミュニケーションについて学び，それを参考にして自己表現を広げやすくなる。

① キーワードを提示したレシテーション練習

　　レシテーションの練習を進めるとき，キーワードを頼りに内容を思い出しながら行うと取り組みやすい。教師は黒板に貼ったキーワードを参考に英文を再生する。そのとき，教師は発表のモデルになるように，キーワードを指しながら発表するが，目線は聞き手のほうに向けることを強調する。そのあと，教師は自分がモデルを示したときのようにキー

ワードを指しながら、英文の1文ずつを生徒全体にまず繰りかえして言わせ、そのあとに個人をすぐに指名して発表状況を確認・指導する。このあと、1分程度自分で練習させる。必要に応じて、再度、教師がキーワードを指し、生徒に1文ずつどんどん発表させていく。次に、ペアやグループになって黒板に示したキーワードを手がかりに各生徒は1段落、また全体の英文を発表していく。このとき、パートナーやグループメンバーは発表している生徒のサポートを行い、必要があれば発表者が英文を続けられるように援助する。

② ストーリーやスピーチのレシテーション

教科書本文や自作ストーリー以外に、有名なスピーチ・昔話・絵本・ショートストーリーなどもレシテーションに適している。レシテーション指導の一つとして、教師のcueによって英文を繰り返す練習も取り組みやすい。例えば、read and look upの練習により、各自で黙読した英文を教師のcueで顔を上げて繰り返し、音声化する。この練習を通して、無理なくレシテーションへと向かうことができる。最終発表時にはBGMを活用して行うのも楽しいだろう。

③ 表現や表情を意識したレシテーション

英文の練習とともに、もう一つ指導しておきたい点がある。それは、英文内容を発表者自身が理解しているということである。つまり、内容に対しての表現を発表者に考えさせることが大切であり、是非、その楽しさも体験させたい。説明文と物語では発表における表情も違うであろう。例えば台詞があれば、どのような気持ちでこの言葉を発したのだろうか、と考えて登場人物になりきって発表するなど、内容の理解や解釈により、各生徒は表現力を発揮しやすくなり、声の調子などにも工夫をすることだろう。

9.4 終わりに

音声コミュニケーション（スピーキング）活動は、人とのコミュニケーションを楽しんだり、自分が気づかなかったことや自分とは違った意見などを聞いて物事の認識を深めたりできるので、生徒の学習意欲を広げさせ、生徒の活動量を増やすこともできる。

音声コミュニケーション（スピーキング）の指導は、随時評価と一体化させ、各生徒にフィードバックしながら進めていくことは言うまでもない。そ

のため年間指導計画に基づいた系統的な指導と並行して，授業中の活動状況や発表，また面接テストなどによる系統的な評価を行って指導に生かす必要がある。

背景情報 5

チャンツからスピーキング活動へ

1. クラスみんなでチャンツを使ってリズムをつくろう

クラスみんなでリズミカルなチャンツを楽しむことによって、生徒の気持ちをほぐし、授業への全員参加とクラス全体のチームワークづくりの態勢を整えることができる。チャンツを指導する際、リズムメーカーや音楽を使って生徒に提供してもよいが、筆者は生徒の発音やリズム・イントネーションを自分で確かめてチェックしやすくするため、ペンで机をコツコツ叩いて、生徒の習得状況に合わせたスピード調整をしている。生徒が楽しくリズムに乗って言えるようになれば、それらを自己表現活動に発展させて取り組ませよう。

(1) チャンツの目的

チャンツとは、日常的な内容の英文をリズムに乗せて表現したもので、「メロディーのない歌」と言われ、どの生徒にも取り組みやすいものだ。英語の持つリズムを体得することは、英語を聞いたり話したりすることに有益である。チャンツは、楽しみながら語彙や文構造、さらに発音や英語のプロソディ(リズム、イントネーション)を習得するのが目的である。

(2) チャンツの効用

チャンツには下記に示すような数々の効用がある。
①楽しく、クラスの雰囲気を明るくすることができる。
②短時間で活動できる。
③英語特有のリズムやイントネーション、ストレスの置き方や音のリダクションを自然に学ぶことができ、母音や子音についての発音指導もできる。それらは英文を聞いたり、話したりするときに役立たせることができる。
④発声練習的に声を出すので、その後も声が出やすくなる。
⑤授業での言語活動やコミュニケーション活動で使用する語彙や文構造を使うことができ、教科書とは違った英文も提供することができる。
⑥自由会話や自己表現活動に発展させることができる。

(3) チャンツ指導の手順

チャンツ指導には教師がモデルを見せていくことが不可欠である。以下、効

果的な指導手順を紹介する。
　①教師のモデルによりチャンツ全体のリズムを紹介し，生徒を楽しませる。
　②リズムをつけず，教師のあとについて英文の発音を練習する。
　③内容を理解する。
　④教師はリズムをつけ，1文ずつ，ややゆっくりとした速さでチャンツを読み，生徒は教師のあとについて繰り返す。
　⑤ペン先を机にコツコツと強弱のリズムを強調しながら打ち，④を繰り返す。
　⑥生徒が慣れてきたら，徐々にペン先で作るリズムを速くし，会話で英文を使うときのノーマルスピードに仕上げていく。
　筆者の場合，チャンツは既習の英文構造を扱ったものを中心に，授業のウオーム・アップに活用している。チャンツのあとにスピーキング活動，さらにその日の指導過程（指導内容や活動）につないでいくように工夫している。

2. チャンツからスピーキング活動へ

　動詞の過去形を使ったチャンツを紹介する。（●は強いリズムの箇所）このチャンツの指導により Yes, I did. や No, I didn't. などの一問一答のやりとりではなく，数文から成る応答が徐々に身についていく。言い換えれば，リズムに乗って口ずさんでいるチャンツの文が自己表現のモデルとなって，自分が聞きたい質問や答え方をマスターしていくことになる。このように，チャンツを利用すると，英語でのコミュニケーションに対する態度や能力を育成するために必要である「クラスの雰囲気」が作りやすく，また自己表現へと発展できるモデル文を楽しく身につけていくことが容易となる。チャンツの内容は生徒にとって身近な話題がよいだろう。次のチャンツの中に使われた英文も，どの生徒も使える定番英文として活かされ，自己表現の場面で生徒に自信を与えている。

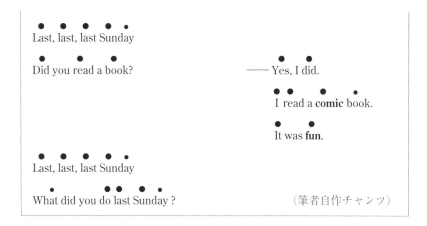

（筆者自作チャンツ）

　授業過程においては，上記のチャンツに引き続き，ペアで What did you do last night? というタイトルで会話を楽しませる。また「9　スピーチ・レシテーションの指導」（☞ p.123）で紹介しているように，即興会話とレポーティングの活動に取り組ませることもでき，人前で即興会話を披露する活動にまで発展することができる（具体的な生徒の会話，並びにレポーティング例を載せているので，参照されたい）。

　チャンツは覚えやすくリズミカルな英文が使われるので，廊下を歩きながら楽しくチャンツを口ずさんでいる生徒の姿をよく見かける。生徒からは，「面接テストでドキドキしたときも，チャンツで覚えた英文がスラスラと口から出てきて，たくさん話すことができた」「ぼくが高校入試で合格できたのはチャンツで英文と文法を覚えられたからだと思う」「私は日本語でも人と話すのが不安で苦手だったのに，チャンツで人との対話が面白いと思えるようになって，苦手意識がなくなった」「チャンツで英語の音に慣れてきたら，教科書の英文を読むのも楽しくなって，得意になった」「CD の英文が聞き取れるようになった」などの声が寄せられている。チャンツの活用は有意義と思われる。

10 インフォメーションギャップを活用したインタラクションの指導

10.1　はじめに

　生徒同士で情報を交換し合うインフォメーションギャップ活動が，以前よりも英語の教科書に数多く見られるようになった。スピーキング指導で，このようなインフォメーションギャップ活動を効果的に活用するためには，活動の目的と特徴を理解することが欠かせない。本項では，インフォメーションギャップ活動とはどのような活動なのか，授業の中でどのように活用すればよいのか，そして，どのような活動のタイプがあるのかを見ていくことにする。

10.2　インフォメーションギャップ活動とは
10.2.1　インフォメーションギャップ活動の具体例

　インフォメーションギャップ活動とは，学習者が異なる情報をもっていて，活動の目的を達成するためにその情報をやりとりすることが必ず求められる言語活動をさす。次の具体例を見てみよう。

[Example 1]　一般動詞の疑問文

　AとBに分かれ，4人の生活習慣について表の情報をもとにやりとりして，表を完成させなさい。

Student A

	Ken	Tomoko	John	Mary
1. get up early			○	
2. eat three meals	○	×		○
3. play sports	×		×	

Student B

	Ken	Tomoko	John	Mary
1. get up early	○	×		×
2. eat three meals			○	
3. play sports		○		×

　この活動は，生徒がAとBに分かれ，表に示された4人の人物について，毎日3食とっているかどうか，朝早く起きるかどうか，スポーツをするかどうかといった生活習慣に関する情報を尋ね合うものである。例えば，生徒Aは"Does Ken eat three meals?"と尋ね，生徒Bは"Yes, he does."のように答えることになり，一般動詞の三人称単数現在を使った疑問文と応答文で会話が行われる。この表を完成させるためには，生徒AとBはお互いにもっている情報を聞き出すことが必須であり，英語でのやりとりをせざるを得ない状況を作り出す典型的なインフォメーションギャップ活動である。

10.2.2　インフォメーションギャップ活動の利点

　インフォメーションギャップ活動には，その特徴から次のような利点がある。英語を使う必然性のない授業中であっても，生徒のもっている情報の差異を利用することで，英語を使わざるを得ない状況を作り出すことができる。学んだ英語を使って比較的短時間でコミュニケーションを疑似体験させることができる。生徒のやりとりやつまずきを予想して活動を準備できるため，どのような生徒でも参加できるように活動を調整することができる。活動で使う表現を十分に練習してから活動に取り組ませることにより，さまざまな文法や表現を活用させて生徒に達成感をもたせることができる，などである。インフォメーションギャップ活動を使う際には，このような利点を最大限に引き出したい。

10.3　インフォメーションギャップ活動の進め方
10.3.1　インフォメーションギャップ活動の位置づけ

　スピーキング指導を行う授業の中で，インフォメーションギャップ活動はどのような位置づけで活用されるべきであろうか。授業は大きく分けて，スキル獲得（skill-getting）と，スキル活用（skill-using）の2つのレベルに分けることができる。スキル獲得とは，スピーキングに必要となる文法や表現

に関する知識を身につける学習活動をさす。一方、スキル使用とは、学んだ知識を使ってコミュニケーションの中で応用する言語活動をさす。一般的に、授業はスキル獲得から始まり、スキル活用へと移行する。

表1　インフォメーションギャップ活動の授業での位置づけ

授業展開	具体例
スキル獲得（skill-getting）	新しい文法・表現の提示および説明，ドリル
スキル使用（skill-using）	インフォメーション活動
	より自由度の高い活動

インフォメーションギャップ活動は、表1のように、この2つの段階の橋渡しとしての役割を担う。スピーキング指導における、インフォメーションギャップ活動の重要な役割は、学んだ文法の疑問文や応答文を実際どのように使えるかを話し相手とのやりとりの中で練習し体験できることにある。また、初期段階の学習者にとっては、より自由度の高いスピーキング活動へのステップとしてうまく活用していきたい。

10.3.2　インフォメーションギャップ活動の進め方

インフォメーションギャップ活動は、次の順で行うとよい。1) 活動を説明する、2) モデルを示す、3) 活動で使う表現を練習する、4) 活動に取り組ませる、5) 発表させる、6) フィードバックを返す。先に示したExample 1の活動を例に手順を示す。

(1) 活動を説明する

インフォメーション活動を始めるにあたり、どのような内容の活動を今から行うのかを生徒に簡潔に説明する。

> T: Now. I'll give you this worksheet. This sheet gives you four people's lifestyles. For example, get up early, eat three meals, play sports. I'd like you to ask about their lifestyles based on the information of the sheet.
> T: Now, I'd like you to make pairs and do *janken* with your partner. The winner is A, and the loser is B. Are you ready?

〈実践編〉10 インフォメーションギャップを活用したインタラクションの指導　143

Ss:（ジャンケンをして，AとBに分かれる）

(2) モデルを示す

次にこれからどのような活動を行うのか，教師が活動のやり方をモデルとして示す。教師がモデルを示しても，英語の得意な生徒と教師がモデルを示してもよい。活動が少し複雑な場合には，活動のルールやステップを簡単に板書するとよいであろう。

T: I'll show you an example. Keiko, can you help me? Thank you, Keiko. Listen and watch us very carefully.
*****
T: Does Ken get up early?
S: Yes, he does.
T: OK.（表に○を書き込む）
S: Does Ken eat three meals?
T: Yes, he does.

(3) 活動で使う表現を練習する

活動のデモンストレーションが終わったら，活動の中で生徒が使う語彙や表現について練習をする。しっかりと語彙や表現に慣れさせておくことで，そのあとの活動に自信をもって取り組むことができるようになる。生徒の実態に応じて，練習の量を十分にとるようにする。

T: Now, let's practice the phrases, questions and answers. Repeat after me.
T: Ken gets up early. Repeat class.（ピクチャーカードを見せながら）
Ss: Ken gets up early.
T: Make a question. Does...?
Ss: Does Ken get up early?
T: Good.
T: Make the answer. Yes....
Ss: Yes, he does.

```
    T: No....
    Ss: No, he doesn't.
    T: Good!
    T: Ken eats three meals. Make a question.
    Ss: Does Ken eat three meals?
    T: Good.
    …
    …
```

(4) 活動に取り組ませる

　インフォメーション活動が始まったら，教師は次のようなポイントに気をつけながら，生徒のやりとりを見て回り，必要に応じて生徒を支援する。

- ペアのいない生徒の相手をする。
- やりとりにつまずいているペアがいれば支援する。
- 間違いが多い部分がないか観察する。
- 活動のルールを徹底するように促す。
- うまく活動できているペアを見つける。

(5) 発表させる

　活動が終わったら，いくつかのペアをクラスの前に出させ発表させる。生徒が活動に取り組んでいる最中に，生徒のやりとりを見取りながら，後でクラスの前に出させて発表させるペアを決めておく。

```
    T: Taro and Emiko, stand up please. Can you show us what you did?
       Show us about the questions and answers about Tomoko's lifestyle.
       Everyone, watch them carefully.
    Ss: (生徒がやりとりを見せる)
    T: Good job, Taro and Emiko. Give them a big hand, please.
```

(6) フィードバックを返す

　生徒の活動のやりとりを観察していて間違いが多かった部分があった場合には，活動後に，クラス全体にそのポイントを示し，その部分を練習する。

> T: Some students made mistakes about making the questions. Let's check the mistakes together. Look at Mary's information in the table. Some students were asking, "Do Mary get up early?" Do you know what is wrong?
> Ss: Does Mary get up early?
> T: That's right. Now let's practice. Repeat, class.
> T: Does Mary get up early?
> Ss: Does Mary get up early?
> T: eat three meals
> Ss: Does Mary eat three meals?
> T: play sports
> Ss: Does Mary play sports?
> T: Good job, everyone.

10.4 インフォメーションギャップ活動のバリエーション

インフォメーションギャップ活動にはどのようなバリエーションがあるのだろうか。ここでは，1）文レベルと，2）ディスコースレベル，でのやりとりを求める2つのレベルで活動を分け，それぞれの活動のバリエーションの特徴とその活用ポイントを提示する。

10.4.1 文レベルのインフォメーションギャップ活動

ここで見るインフォメーションギャップ活動は，授業で習った文法や表現を使って，文レベルでのやりとりを体験させるものである。このタイプは，次の2つに区分できる。1）与えられた情報をやりとりする，2）本物の情報をやりとりする，である。

(1) 与えられた情報をやりとりする活動

まず，与えられた情報をやりとりする活動から見てみることにする。このタイプの活動では，表や絵などで，すでに情報が与えられており，表現する内容を生徒が自分で考える必要がない。そのため，表の中の語句が生徒にとって既習のものであれば，すぐに取り組むことができる。次は，典型的な具体例である。

[Example 2]　現在完了の継続用法

表を見ながらパートナーと情報を尋ね合って，表の空欄を埋めましょう。

Student A

	Tom	Jane	David	Nancy
日本の滞在期間	2年		10か月	
日本語の勉強		1998年から		去年から

Student B

	Tom	Jane	David	Nancy
日本の滞在期間		10年		8か月
日本語の勉強	2012年から		6か月	

　この活動は，4人の人物の日本での滞在期間や日本語を勉強している期間について，"How long has Tom lived in Japan?" "He has lived in Japan for two years." のように，疑問文を使ってやりとりし，表を埋めるというものである。表の中には，すでに人物の情報が与えられているが，AとBの情報をお互いに聞き出さないと表が完成しない構造になっている点が特徴である。これも様々な文法や表現の練習に応用させることができる。では次に絵を使った活動例を見てみよう。

[Example 3]　現在分詞の後置修飾

　あなたは，近所の公園に遊びに来ています。AとBに分かれてそれぞれの絵を見ながら，名前が分からない人について例のように尋ね合ってみましょう。

例）　A: Who is the man talking with Tom?　B: He is David.

Student A					Student B

　この活動では，絵に示された人物に関する情報をもとに，その動作をしているのは誰かを"Who is the man reading newspaper?" "He is John." のように，現在分詞の後置修飾を使って絵の中の人物について尋ね合う活動である。絵を使うことにより，進行形や関係代名詞などのような状況を説明するために使われる文法項目を練習するのに適している。

(2) 本物の情報をやりとりする活動

　インフォメーションギャップ活動には，実際の情報を使ってやりとりする活動もある。表や絵によって与えられた情報ではなく，生徒自身に関する実際の情報を使ったやりとりであるため，パートナーから予想していない答えが返ってくる可能性があり，よりコミュニカティブな活動となる。本物の情報のやりとりを求める活動には，次の2つのタイプがある。1) 事実情報をもとにしたやりとり，2) 生徒の意見や考えをもとにしたやりとり，である。

　まず，事実情報をもとにした活動を見てみよう。事実情報をもとにしたやりとりは，生徒に関連する事実情報を尋ね合うというものである。例えば，生徒の生年月日，部活，家族，趣味など生徒に関する様々な情報を活用することができる。

　では，具体例を見てみよう。

[Example 4]　**How many ～ do you have?**

　友達が持っているものの数を調べましょう。わかったことは表に書きましょう。

名前	CDs	comic books	watches	

　この活動では，友達のもっている物の数を尋ねるために，"How many CDs do you have?" "I have twenty CDs." のように "How many ～ do you have?" を使って尋ね合う。空欄になっている部分は，自分が尋ねてみたい物を自由に考え，尋ねてみることができるようになっている。予想以上に多くの CD や漫画をもっている友達がクラスにいたりして，英語を通してお互いのことを知ることができる。

　次に，生徒の意見や考えをもとにした活動を見てみよう。生徒自身の意見や考えを活用すると，友達がどのような意見や考えをもっているか知りたくなり，生徒同士のやりとりを活性化することができる。では，具体例を見てみよう。

[Example 5]　**比較級の最上級**

　自分にとって一番大切なものは何か考えて，1つに○をしましょう。友達は何を大切にしているか尋ねてみましょう。

	money	family	love	friends	study
Ken					

　この活動は，"What is the most important for you?" "I think family is the most important for me." のように，最上級の文を使ってやりとりをし，友達が何を一番大切にしているかを尋ねるという活動である。一人ひとりの答えが異なる可能性があるため，友達がどのように答えるか知りたくなり，よりメッセージのやりとりが重視されることになる。

　ここまでは，文のレベルでやりとりするインフォメーションギャップ活動を中心に見てきた。次に，複数の文を使って行うディスコースレベルの活動を見てみることにする。

10.4.2 ディスコースレベルのインフォメーションギャップ活動

インフォメーションギャップ活動には，文レベルでのやりとりだけではなく，複数の文を使ってやりとりをするタイプのものがある。このタイプには，大きく分けて次の3つがある。1) トピックを中心としたやりとり，2) 場面を中心としたやりとり，3) 機能を中心としたやりとり，である。

(1) トピックを中心としたやりとりをする活動

トピックを中心としたやりとりとは，身近な話題を取り上げ，その話題でよく使われる表現を使ってやりとりを練習することである。では，その具体例を見てみよう。

[Example 6] 好きなテレビ番組に関する会話

友達に好きなテレビ番組について尋ね，聞き取ったことをメモしましょう。

	例	1	2	3
友達の名前	*Taro*			
テレビを見るのが好きか？	*Yes*			
好きなテレビ番組は？	*M station*			
好きな有名人は？	*Pamyu*			

この活動は，友達の好きなテレビ番組について，"Do you like watching TV?" "What is your favorite TV program?" "Who is your favorite actor?" などと尋ね，相手の好みを尋ねていく活動である。一つの話題について複数の事柄を尋ねていく点に特徴がある。さらにこの話題を発展させて自分で問いを考えさせることもできる。この他，話題としては，pastime, favorite movie, favorite sports, club activities, favorite music などについても同じような活動が応用できる。このような練習を積むことで，初めて会った人とのちょっとした会話（small talk）を教室の中で練習することができる。

(2) 場面を中心としたやりとりをする活動

場面を中心としたインフォメーションギャップ活動は，日常的な場面でよくあるやりとりやよく使われる表現を練習するために行うものである。では，具体例を見てみよう。

［Example 7］　レストランでの注文の場面

　友達とペアになり，レストランのスタッフと客になりきって，注文する場面での会話をしましょう。
- 客役の人は，やりとりをする前に，注文するものを決めて表に書きます。
- スタッフ役の人は，客の注文を聞いて，表に書きます。

	例	1	2	3
Name	Keiko			
Main dish	spaghetti			
Drink	coffee			
Dessert	ice cream			

　これは，レストランでよく行われる英語でのやりとりを，生徒が店の人と客になりきって行うインフォメーションギャップ活動である。客役の生徒は，自由に注文するものを決めるため，スタッフ役の生徒は，注意して聞き取る必要がある。この活動では，次のようなやりとりが行われる。

　A: May I have your order?
　B: Yes. I'll have _____.
　A: Would you like something to drink?
　B: I'd like _____.
　A: Anything else?
　B: I'll have _____ for dessert.

　この他にも身近なコミュニケーション場面として，道案内，買い物，電話での会話，病院での診察，ホテルでの受付，なども同じようにインフォメーションギャップ活動を考えることができる。特定の場面でよく行われる会話を想定して，その場面で使われる定型表現をロールプレイの形で練習するのに役立つ。

(3) 機能を中心としたやりとりをする活動

　機能を中心としたインフォメーションギャップ活動とは，ある目的を達成するためによく使われる表現を練習するために行う活動である。この機能とは，ことばの働きをさし，例えば，「礼を言う」「苦情を言う」「褒める」「謝る」「約束する」「断る」「依頼する」「招待する」などがある。このような目的を達成するために，どのような英語表現をどのように使えばよいか疑似的

に体験させることができる。では、「誘う」と「約束する」という機能を練習する具体例を見てみることにしよう。

[Example 8]　友達を映画に誘う
　友達とペアを組み、都合のよい放課後に友達を映画に誘い、会う約束をしましょう。
・活動する前に、予定表に放課後の予定を自由に2日分書き込みます。
・お互いに放課後の予定が重なっていない日を探します。
・空いている日に待ち合わせする場所と時間を決めます。

曜日	放課後の予定	＿＿＿＿をする約束	
		時間	場所
月			
火	部活動		
水			
木	ピアノレッスン		
金			

　この活動では、放課後のスケジュールを確認し合った上で、映画に誘って待ち合わせの時間と場所を約束することが目的となっている。この活動では、次のようなやりとりが行われる。

　A: Let's ＿＿＿＿ together.
　B: Sounds nice.
　A: Are you free ＿＿＿＿?
　B: Sorry, I'm busy.
　A: How about ＿＿＿＿?
　B: OK. I'm free.
　A: Why don't we meet at ＿＿＿＿ at ＿＿＿＿ o'clock?
　B: OK.

　使用場面や会話者の役が決まったロールプレイの形で、生徒自身が情報を選択したり作り出したりして情報交換させながら、あるコミュニケーションの目的を達成させるというこのパターンは、他のさまざまな機能にも応用させることが可能であり、コミュニケーションの擬似体験として汎用性が高い。

10.5　インフォメーションギャップ活動における留意点

　インフォメーションギャップ活動を行う際のよくある問題について考えてみる。第一に、活動中の生徒の発話が非文法的なものになったり、単語だけでやりとりが行われたりすることがある。その原因の一つには、活動前の準備が十分でないことが考えられる。例えば、活動での重要な表現や語句が十分に練習されていなければ、生徒は自信をもって活動を行うことは難しい。いきなり、活動を始めるのではなく、教師がどのようにやりとりすればよいかモデルを示したり、活動で生徒が使う表現や語句をしっかりと練習したりするなど、ステップを踏んで活動に取り組ませたい。

　第二に、生徒がインフォメーションギャップ活動に慣れてくると、英語によるやりとりではなく、表や絵を見せ合ったりジェスチャーや日本語でやりとりをしたりしてしまうことも考えられる。なぜその活動を行うのか、生徒に活動の目的を説明し、お互いに持っている表や絵を決して見せ合わないこと、活動中は必ず英語で行い日本語は使わないことを徹底する必要がある。教師は活動の目的とルールを丁寧に説明する必要がある。

　第三の問題として、活動内容が固定化され自由度が少ないため、発展性がなくなり、活動が単調になってしまうことがあげられる。活動を行ったもののやりっぱなしで終わることがないよう、活動後には生徒にクラスの前で発表させたり、教師からフィードバックを返したりして、達成感をもたせ次の活動につながるよう評価することも大切である。また、口頭でやりとりしたことの一部をノートに書かせたり、ワークブックなどで文法項目や表現を復習してみたりすることで文法や表現の定着を図ることもできる。

　最後に、インフォメーションギャップ活動に生徒が積極的に取り組めないクラスがあることも考えられる。友達とペアを組みたがらないクラスでは、英語の時間限定のペアを作るなど、ペアの組ませ方の工夫も必要である。また、日頃からの授業中の教師と生徒とのやりとりそのものもインフォメーションギャップ活動の応用として捉えることも大切である。教師は生徒に対し、答えがすでにわかっているような展示発問（display questions：例 "How is the weather today?"）のみを繰り返しているのでは、生徒同士でやりとりしようとする積極性は育ちにくい。生徒が何を答えるか予想できない参照発問（referential questions：例 "Where did you go yesterday?"）をうまく活用し、豊かな英語でのやりとりが教室で多くなるようにまず教師が心がければ、生徒同士の意識は変わってくるはずである。

背景情報 6

タスクに基づくスピーキング指導

1. タスクとは
　タスクは，コミュニケーション能力を育成するという目的のもと，自然な言語使用の機会を生徒に与えるために行われる言語活動であり，スピーキング指導のあり方を考える重要なキーワードの一つである。ここでは，タスクの定義と具体例，スピーキング指導の中でタスクの特徴と役割を見てみることにする。

2. タスクの定義
　Ellis（2003）は，次のようにタスクの条件を示している。
（1）意味に焦点がある
（2）やりとりする情報にギャップがある
（3）課題を終えるために学習者がもつ知識を活用する
（4）言語使用以外の明確な成果が求められる

　タスクでは，やりとりする内容に情報の差があり，その差を埋めるために言語のやりとりが求められる。そのため生徒の意識は，文法などの言語形式ではなく，やりとりする意味内容に向けられる。また，複数の選択肢の中から最善の方法を1つだけ選ぶといったタスクの成果が必ず求められ，成果を達成するために学習者は自分の知識をフルに活用するという特徴がある。では，タスクの具体例（Ellis, 2012）を見てみよう。

〈タスクの具体例〉
　生徒AとBに分かれ，Aは買い物リストをもってBのお店で買い物をします。買い物リストに載っているもののうち，どの品物が店にあるかないかをやりとりして見つけましょう。
Student A
〈買い物リスト〉1. oranges, 2. eggs, 3. flour, 4. biscuits, 5. jam
Student B
〈お店にある品物〉1. bread, 2. salt, 3. apples, 4. coca cola, 5. flour, 6.sugar, 7. curry powder, 8. biscuits, 9. powdered milk, 10. dried beans
　この活動では，特定の文法を使うようにという指示はなく，店に品物がある

かないかを尋ねることに焦点が当てられ、言語形式よりも意味のやりとりに生徒の意識が向けられている。AとBの生徒は異なる情報をもっており、やりとりする情報にはギャップが存在している。また、買い物リストに書かれたもののうち、何が店にあって何が店にないかを見つけるという明確な成果が求められ、生徒がもっている知識をフルに活用して課題を達成する必要がある。

もしこのタスクを始める前に、"A: Good morning. Do you have any ＿＿＿＿＿＿?" "B: Yes, we do. / No, we don't." のような例が生徒に示されていたら、一般動詞の疑問文とその応答文を使うことに生徒の意識は向けられ、同じ内容の活動であってもタスクとは言えなくなる。

3. タスクのタイプ

スピーキングを促すタスクには、さまざまなタイプがある。まず、どのような認知的な作業に生徒を取り組ませるかによってタスクを分類できる（Willis & Willis, 2007）。認知的な作業には、例えば理想の友達の条件をできるだけ挙げさせる「リストアップ」、好きなスポーツ選手ベスト5を考えさせる「順序づけ」、クラスで人気のある芸能人ベスト3を予想させた後に実際のアンケート結果を聞かせる「照合」、朝食はパンとごはんのどちらがよいかを考えさせる「比較」がある。また、もっとも優れたストレス解消法を考えさせる「問題解決」、もっともラッキーだった最近の出来事をグループで話させる「個人的な経験の共有」、3枚の写真を見せてストーリーを作らせる「プロジェクトや創造的課題」、がある。

タスクの内在的な特性によってもタスクを分類することができる（Robinson, 2001）。例えば、話し相手と情報のやりとりを必ず行う双方向型（two-way）と、相手の説明を一方的に聞いて作業を行う一方向型（one-way）がある。また、課題に対する答えが決まっているクローズ型（closed）と、複数の答えを出すことができるオープン型（open）がある。そして、一つの結論に収斂させる必要のある収斂型（convergent）と、一つの結論に至る必要のない拡散型（divergent）のタスクにも分けることができる。

これらのタスク特性を理解した上で、スピーキングを効果的に促すためには、タスクをペアで行うのかグループで行うのか、タスクの制限時間をどれぐらい設けるのか、などを考え、もっとも効果的なタスクを考えることになる。

4. スピーキング指導におけるタスクの位置づけ

外国語を指導するアプローチには、大きく分けて、「学んでから使う」アプ

ローチと「使いながら学ぶ」アプローチの2つがある（Long & Crookes, 1992）。前者は，指導すべき項目が先に決められ，それらを一つずつ生徒に提示し，練習・表出させる指導スタイルであり，PPP（Presentation-Practice-Production）とも呼ばれる。PPP などの指導は，語彙や文法を学んでから使うスタイルであり，活動で用いる文法や表現をあらかじめ練習して活動させる。後者の「使いながら学ぶ」アプローチでは，実際のコミュニケーション体験をさせることで，学習者独自のペースで言語を習得させようと試みるものであり，タスクに基づく言語指導（task-based language teaching）がその具体例の一つとして注目される。タスクに基づく言語指導は，コミュニケーションの中で言語を使いながら語彙や文法を学ぶスタイルをとり，文法など言語形式にはとらわれずに，実際のコミュニケーションの中で行う課題ができるようになることが重視される。したがって，スピーキング指導においてタスクを活用する指導は，スキル獲得（skill-getting）のための指導ではなく，スキル使用（skill-using）のための指導であると言うこともできる。

5. スピーキング指導におけるタスクの役割

では，スピーキング指導の中でタスクはどのような役割があるのだろうか。第一に，授業でタスクを使うことにより，自然な言語使用の機会を作り出すことができる。前もって発話内容を計画して行うスピーチ（planned speech）やロールプレイ（role-playing）では体験させることのできない，即興的な言語使用（unplanned speech）を生徒に提供することができる。生徒がこれまでに学んで身につけてきた知識が自動化されていないと活動をうまく遂行することはできない。

第二に，タスクを活用することで，英語によるコミュニケーションを生徒がなんとかやり遂げる力を試すことができる。その場で与えられた即興的な課題を学習者がもつ知識だけで達成するためには，知識をフル活用して課題をやり遂げるコミュニケーションストラテジーが試される。教師からのモデルも事前練習もない状態で課題が与えられ，生徒は自分たちの力で会話しなければならない。語彙や文法がとっさに思い浮かばなくても，他の語彙や表現で言い換えてコミュニケーションを途切れさせないよう瞬時の判断が求められる。

第三に，スピーキング指導においてタスクを活用すれば，実際のコミュニケーションを行う上で，どのような言語知識が欠如しているかを生徒に気づかせる機会を作りだせる。タスクを行う中で，生徒は自分が言えることと言えないことのギャップに気づき，語彙や文法など今何が知識や能力として足りない

のかを意識することができる。生徒の内発的な学習意欲を高め，スピーキング力のさらなる向上を期待することができる。

　先のセクションで見たようなインフォメーションギャップ活動では，応答が予測できる制限されたやりとりが中心になる。しかし，実社会のコミュニケーションにおいては，必ずしも予測できないやりとりが求められる。タスクにもとづくスピーキング活動で育成を目指す力とは，生徒が今もっている言語知識を総動員しながらコミュニケーションの目的をなんとか達成させる力である。

11 ディベートの指導

11.1 ディベートの種類

まず，ディベートとはどんなことをするかについて見ていきたい。ディベートとは松本[1]によると，「1つの論題に対し，2チームの話し手が肯定する立場と否定する立場とに分かれ，自分たちの議論の優位性を聞き手に理解してもらうことを意図したうえで，客観的な証拠資料に基づいて議論をするコミュニケーション形態」と定義している。競技で行われるディベートは大きく2つに分けられる。1つはポリシーディベート（policy debate）であり，もう1つはパーラメンタリーディベート（parliamentary debate）である。以下にポリシーディベートの例として全国高校生英語ディベート大会の進行形式を示す。

	スピーチ	時間
①肯定	立論 Affirmative Constructive Speech	4分
	準備時間 Preparation Time	1分
②否定	質疑 Questions from the Negative	2分
③否定	立論 Negative Constructive Speech	4分
	準備時間 Preparation Time	1分
④肯定	質疑 Questions from the Affirmative	2分
	準備時間 Preparation time	2分
⑤否定	アタック Negative Attack	3分
⑥肯定	質疑 Questions from the Affirmative	2分
⑦肯定	アタック Affirmative Attack	3分
⑧否定	質疑 Questions from the Negative	2分
	準備時間 Preparation Time	2分
⑨肯定	ディフェンス Affirmative Defense	3分

⑩否定	ディフェンス Negative Defense	3分
	準備時間 Preparation Time	2分
⑪肯定	総括 Affirmative Summary	3分
⑫否定	総括 Negative Summary	3分
	計	42分

＊全国高校英語ディベート連盟ホームページより

ポリシーディベートの特徴は，"should"を含んだ論題に対して事前に十分な調査をして，論証の証拠となるデータを数多く集め，集めたデータを一つ一つ吟味しながら主張を論理立てたうえで競技に臨むことである。

一方，パーラメンタリーディベートとは，日本英語交流連盟によるとイギリスの国会形式を模したディベートである。与党側（Proposition）と野党側（Opposition）に分かれ，それぞれ2人のディベーターで構成され，与党側の2人はそれぞれ Prime Minister（PM）と Member of the Government（MG），野党側は Leader of the Opposition（LO），Member of the Opposition（MO）と呼ばれている。論題（ポリシーディベートでは proposition，パーラメンタリーディベートでは motion と呼ばれる）はディベート開始20分前に発表され以下の流れで行われる。以下に，一般的な具体的な進行形式を示す。

	スピーチ	時間
①肯定	PMが論題を定義し，与党側の議論を述べる。	7分
②否定	LOが反論し，野党側の議論を述べる。	7分
③肯定	MGが反論し，与党側の議論を追加する。	7分
④否定	MOが反論し，野党側の議論を追加する。	7分
⑤否定	LOが今までの議論をまとめる。	4分
⑥肯定	PMが今までの議論をまとめる。	4分

特徴的なのは①〜④の間に POI（Point of Information）と呼ばれる質問が各スピーチの最初と最後の1分間を除き随時できることである。小林[2]によると "On that point" や "Point, sir" などの表現でスピーカーから質問の許可を得る。スピーカーはその質問を "No, thank you" などと言って断ることもできるが，基本的には即興でその質問に対応することが期待されている。

論題（motion）の発表が開始20分前なので十分な資料を準備する時間は

ない。これは専門家でなくても一般の人にもわかりやすく説明できることが要求されているためである。日頃から政治経済等に関する社会問題に関心を持って資料を集めておく必要がある。

また議論の論理性だけでなく，発表のスタイルやユーモアも判定の要素になるのでスピーキングの即興性が問われることになる。

11.2　ディベートで育成される資質・能力

ディベートは4技能を統合的に活用することが要求されるが，その根底にあるのは松本[3]も指摘するように，「考える力」である。スピーキング能力の育成の観点からも話す前に「考える」，話しながら「考える」，そして話した後で「考える」ことが大切である

ディベートを取り入れた授業をする場合，この「考える力」を中心にスピーキング能力の育成に努めたい。「考える力」には論理的思考力，批判的思考力，多面的思考力，問題解決能力，創造・想像力，メタ認知能力等が含まれていると言われているが，これらの能力を育成するためには"独りよがり"の発想から"客観性"があり，人と"共有できる"考え方，話し方の習得を目指す必要がある。「修学旅行はどこに行きたいの？」の質問に対して「沖縄」。「なぜ？」とその理由を尋ねると「何となく」という非論理的な発想を変えていきたい。

話す力と考える力の観点から上記のディベート大会に必要とされることは以下のような資質・能力だと思われる。

> 1. 自分の意見を理由・根拠をもって話すことができる。(論理的思考力)
> 2. 論題について様々な角度から検討することができる。(批判的・多面的思考力)
> 3. 論題への具体的解決策を提示することができる。(問題解決力，創造・想像力)
> 4. 人をどのように説得するかの戦略を立てることができる。(メタ認知能力)

11.3　暗誦によるディベートの流れのイメージ化

生徒にディベートをいきなりさせても，英語力の不足に加え論証にかかわるアイデアが出てこないためにうまくいかない場合が多い。そこで，生徒と

ともにアイデアを出し合いながら英文を作り，その英文を暗誦してディベートのイメージを持たせることから始める。話題は生徒にとって身近な日常生活である学校に関係するものがよい。

身近な話題：Our School
手順
(1) 自分の学校のよい点またはよくない点について生徒に質問する
 T: What are the good points about our school?
  ＊よい点かよくない点のどちらか意見がたくさん出てきそうな方を選ぶ。
  ＊できる限り英語で答えさせるが，日本語でもよいことにする。

(2) 教師は生徒から出てきた意見を1語から数語のキーワードで板書する

 【板書例】

	My school
1 clean	
2 friendly	
3 traditional	
4 subjects – interesting	
5 school uniform – cute	
6 freedom	
7 good teachers	

 ＊生徒が日本語で答えた場合も教師が英語でキーワードを書く。
 ＊生徒にとって難しい単語もすべて英語で板書する。

(3) 板書されたキーワードを再度，英文にする。生徒を指名して英文を言わせる。できない場合は教師が英文を言う
 T: Explain the good points of our school in English sentences, using the words, "clean" "friendly"...?
 S1: Our school is clean.
 S2: The students of our school are friendly.

S3: 伝統がある。
　　T: Yes. Our school is traditional.
　　　＊英文が間違っていた場合は教師が何気なく修正する（recast）。

(4)　板書されたキーワードを指しながら上記の英文をリピートさせる
　　T: Our school is clean. Repeat.
　　Ss: Our school is clean.

(5)　上記の英文をノートに書く
　　T: Please write the good points of our school in the sentence form.
　　　＊英文を思い出せない生徒がいる場合は，教師が再度口頭で英文を言う。
　　　＊教師が作成した英文を配布してもよい。

(6)　書き取った英文を read and look up させる
　　T: Now, say the sentences one by one without looking at your notebook.
　　　＊宿題として our school のよい点についてノートを見ないですらすら言えるように練習してくる。

(7)　起立させ，**My school is good.** に続いて5つ（できる限り多く）のよい点を素早く言わせ，できたら座る
　　T: Stand up, and tell the 5 good points of our school and sit down.
　　　＊制限時間を設ける方がいい。制限時間がきたら，できていない生徒がいる場合も打ち切る。

(8)　ペアになり，交互に上記の英文を言う
　　T: Now, stand up again. Get in pairs, and take turns telling all the good points and sit down.
　　　＊上記と同様に制限時間を設ける方がよい。

(9)　今まで出てきたキーワードの具体例を考えノートに書く
　　T: You tell the good points of our school.　Now, show the example of each good point, and write it in your note book.　For example, you tell our

school is clean. How clean is our school? Which place in our school is clean?
＊すぐに思いつかない場合は，教師が例を示す。
＊英語で書けない場合は日本語でもよい。

（10）　上記の内容を項目ごとに以下のように発表する
　T: Tell the example of each good point after you mention the good point.
　S1: Our school is clean. For example, our homerooms are clean.
　S2: The students of our school are friendly. For example, they smile and greet each other every morning.
　S3: Our school is 伝統がある。For example, 創立100周年…
　T: Right. Our school is traditional. For example, it was founded 100 years ago.
　　＊生徒が日本語で答えた場合は，教師が英語でどのように言えばいいか示す。

（11）　上記の内容をチャンクごとにリピートさせる
　T: The students of our school are friendly.
　Ss: The students of our school are friendly.
　T: For example, they smile...
　Ss: For example, they smile...
　T: and greet each other...
　Ss: and greet each other...
　T: every morning
　Ss: every morning.
　T: For example, they smile and greet each other every morning.
　Ss: For example, they smile and greet each other every morning.
　　＊例えば，未習の単語が出てきた場合は単語の発音練習を織り交ぜながら行う。
　T: Our school is traditional. "traditional" "伝統的な" "traditional" Repeat. "traditional."　Our school is traditional. For example, it was founded 100 years ago.

(12) 宿題を課す

　教師が作成した理由とその具体例が書かれた英文を配布し，すらすら言えるまで練習してくる。

　　＊生徒の作品が教師の作成した英文と異なる場合は英文に誤りがないかを確認したうえで，生徒の作成した英文を練習してくることを伝える。

(13)　First, Second... を入れて，5つの理由とその具体例を言う

　T: Tell the 5 reasons why our school is good, and the example of each good point of our school. You have 2 minutes to tell. Ready? Start!

　S: Our school is good. First, our school is clean. For example, our homerooms are clean. Second, the students of our school are friendly. For example, they smile and greet each other every morning...

　　＊制限時間を設けるとよい。

(14)　ペアになり，交互に上記の英文を言う

　T: Now, stand up again. Get in pairs, and take turns telling all the reasons why our school is good and the example of each good point, and sit down.

　　＊上記と同様に制限時間を設ける方がよい。

(15)　反論を考える。この時，以下のフレーズを紹介した後で，2の板書を使いながらその具体例を考える。

> ① That's true, but
> ② That's not true, because
> ③ That's not always true, because
> ④ That's not relevant, because
> ⑤ That's not important, because

　上記のフレーズを口頭練習した後，板書された項目（左側）が本当なのかを「事実と異なる（全否定）」「一部事実と異なる（部分否定）」「事実だが重要度や関連性が低い（異なる観点）」などのポイントから考えてノートに書いていく。

T: You said that our school is clean. That's true, but the playground in our school is small. We cannot play soccer and baseball at the same time. Don't you think so?
　　S1: No... We cannot play soccer during the intermission.
　　　＊個人で考えさせるかペア・グループで考えさせるかはクラスの雰囲気をもとに判断する。
　　　＊できる限り英語で書かせるが，一部日本語でもよいことにする。

(16) 反論を発表する

　生徒が日本語で答えた場合は，教師が英語にして，上記の①～⑤のフレーズと内容のキーワードのみを板書する。
　　T: Our school is clean. What do you think about this opinion?
　　S1: That's true, but the playground in our school is very small.
　　T: The students of our school are friendly. What do you think about this opinion?
　　S2: That's not always true, because some students don't greet every day.

【板書例】

My school	
Good points	Bad points
1 clean	① playground - small
2 friendly	③ some students – not greet
3 traditional	⑤ old
4 subjects - interesting	③ some - boring
5 school uniform - cute	④ not for boys
6 freedom	② a lot of rules
7 good teachers	③ some – not kind

　　　　　　　　　　　　＊①～⑤の番号は（15）で示した例。

(17) 宿題を課す

　教師が作成した反対理由とその具体例が書かれた英文を配布し，すらすら言えるまで練習してくる。

＊生徒の作品が教師の作成した英文と異なる場合は英文に誤りがないかを確認したうえで，生徒の作成した英文を練習してくることを伝える。

(18) 上記のうち5つの項目について，**You said that ～**に続いて言わせる。
起立させ，言い終わったら座る

  T: Oppose each of 5 opinions with one reason in each. I'll show you one example. You said that our school is clean. That's true, but the playground is small.

  Ss: You said that the students of our school are friendly. That's not always true, because some students don't greet every day. You said that our school is traditional. That's not important. Our school is very old. You said that the subjects are interesting. That's not always true. Some subjects are boring....

    ＊初めに全員でまとめて練習した後，起立→個人活動→着席にするとスムーズにできる。

(19) ペアになり，交互に上記の英文を言う

  T: Now, stand up again. Get in pairs, and take turns opposing each opinion with one reason in each and sit down.

(20) ペア対抗戦をする

肯定派と否定派に分かれて，「制限時間以内にどれだけスムーズにいえるか」のみを判定基準にする。今まで練習してきたことがすぐに音声化できるかを判断する。また，新しい意見は大歓迎する。ディベートの基本フォームとして以下のパターンを確認する。

［肯定側］
Our school is good. We have two reasons.
First,
For example,
Second,
For example,
Therefore

［否定側］
You said that
That's true, but
You said that
That's not true, because
Therefore

【発言順】

①肯定　ペアA　生徒A1
②肯定　ペアA　生徒A2
③否定　ペアB　生徒B1
④否定　ペアB　生徒B2
　　　　（交代）
⑤肯定　ペアB　生徒B1
⑥肯定　ペアB　生徒B2
⑦否定　ペアA　生徒A1
⑧否定　ペアA　生徒A2

S1: Our school is good. We have two reasons. First, our school uniform is cute. For example, the color of the skirt is charming.
S2: Second, there are many good teachers in our school. For example, Ms. Yamamoto is very kind to us. Therefore our school is good.
S3: You said that the color of the skirt is charming. That's not relevant. Boys don't wear skirts!
S4: You said that there are many good teachers. That's not always true. Some teachers are not kind to us. Therefore you cannot say our school is good.

・・・・・以下省略・・・・・

＊以上が一連の流れであるが，上記の例を様々な形でアレンジできる。例えば，ペア対抗で肯定意見→反対意見→肯定意見→反対意見と交互

に言う方法や，役割を交代せずに肯定側・否定側のみから発言することも考えられる。
＊実際にペア対抗を行う前に作戦タイムを設け，既習のものだけでなく新しい内容を考えさせることも大切である。
＊発展として否定側の意見に肯定側が再反論を試みることも当然可能である。ただし，正確な英文がある程度産出される段階以前では，日本語による再反論を行ってもよいこととする。

11.4　帯単元で行うミニ・ディベート
(1)　宿題を課す
　授業中にディベートの手法を使ってスピーキング能力を育成するためには授業の初めの10分間を使った練習が有効である。以下のような身近な話題を中心に行う。

[価値判断例]（好きか嫌いかなどの個人的価値を議論するもの）
- Dogs are better than cats as pets.
- City life is better than country life.
- School lunch（給食）is better than boxed lunch.
- Osaka is a better place to live than Tokyo.
- Okinawa is better than Hokkaido for our school trip.
- Group work is better than individual work in class.

[政策論題例]（「〜すべきである」を議論する論題）
- To have a boyfriend or a girlfriend should be encouraged in high school.
- Teachers should not give any homework to their students.
- English is more important than math in our future.
- Students should be allowed to bring their mobile phones to school.
- Our school should abolish the school uniform.
- Foreign teachers should teach all English classes.
- High school should have two-month summer vacation.
- High school students should have a part-time job.

　帯単元で行う場合，前もってgood pointsとbad pointsの例を示しておくと生徒は家庭で練習しやすいし，他のアイデアも出やすい。

例）City life is better than country life.
【配布資料】

good points	key words	bad points	key words
交通	convenient public transportation move easily	事故 時間に追われる 混雑 公害	accident too busy crowded pollution air-dirty
文化的	cultural theater, museum, art	混雑 値段が高い	crowded DVD at home relaxed
ものが豊富	convenience store restaurant department store	不健康 消費のみ 混雑	unhealthy a waste of money crowded
人との出会い	famous people new friends	不審者 孤独	suspicious persons feel lonely

＊上記の表を参考に宿題として英文を作成してくる。
＊肯定側と否定側の両方を考えさせるか，一方側だけ考えさせるかは生徒の実情に合わせて決める。
＊11.3の（20）で学習したフォーマットにしたがって書いてくる。
＊否定側は11.3の（15）で学習したフレーズと合わせて書いてくることを指示する。
＊未習の単語を使う場合は，例えば"congested or 混雑している in Japanese"というふうに書いてくることを指示する。ただし，発音の仕方は授業開始前に教師に確認してもらうことを指示する。

(2) 帯単元

　帯単元は短時間で同じ活動をある程度繰り返すことによって言語の自動化を目指すものである。ディベートの手法を使った帯単元は，スムーズに立論（理由とその具体例）ができることと，素早く反論（quick response）できることが目標である。
形態：4人グループ
役割：A肯定　B否定　C審査　D審査に分け，A→B→C→D→A→B……の順に役割を交代していく。合計4回のミニ・ディベートを行うことになり，生徒それぞれが肯定，否定，審査2回を経験する。

時間：肯定側　30 秒　　否定側　30 秒　　合計 4 分
発言：肯定側→否定側→肯定側→否定側
審査：以下のフォーマットを使って審査する。

	第 1 理由	審査	第 2 理由	審査
肯定側	理由 具体例	A B C	理由 具体例	A B C
否定側	反論のポイント 具体例	A B C	反論のポイント 具体例	A B C

［反論のポイント］

① That's true, but

② That's not true, because

③ That's not always true, because

④ That's not relevant, because

⑤ That's not important, because

ルール　1. 肯定側から始め，最初の 30 秒で第 1 理由とその具体例を示す。制限時間以内なら第 2 理由とその具体例を述べてもよい。

　　　　2. 否定側は肯定側の意見に対する反論を 30 秒以内で行う。肯定側の意見と異なる観点での発言は許されない。ただし，肯定側が理由もその具体例も示さない場合は，否定側の立論をしてもよいことにする。

　　　　3. 肯定側は否定側の反論が終了後，再度，30 秒以内で第 2 理由（または第 3，第 4 理由）を述べる。

　　　　4. 否定側は同様に肯定側の第 2 理由（または第 3，第 4 理由）に的を絞った反論を行う。

　　　　5. 制限時間がきたら，途中でもやめる。

審査　　1. 肯定側の審査は，理由とその具体例が述べられていたら A 判定とする。どちらかが不足していたら B 判定，何も述べられていなければ C 判定とする。

　　　　2. 否定側の審査は，肯定側の理由またはその具体例に反論のポイ

ントおよびその具体例が論理的に述べられたらA判定，一部，内容があいまいであったり，具体例の説明が不十分であったりしたらB判定，何も言わないか，肯定側の意見と無関係な情報が述べられていたらC判定とする。
3. A=B×2とし，AまたはBの合計で総合判定を行う。
4. 引き分けの場合は否定側の勝ちとする。これは否定側が肯定側の意見を理解することと同時に反論することを要求され，より高度な技能を必要とされているからである。

留意点 1. できる限り，準備してきた英文を読まないようにする。
2. 制限時間は生徒の実情に合わせて設定するが，帯単元がだれないように，時間が足りないと感じるぐらいの設定がよい。

【具体例】　Topic: City life is better than country life.

	第1理由	審査	第2理由	審査
肯定側	理由 City life is convenient. 具体例 For example, you can buy anything you like such as food, clothes, and toys.	A B C	理由 You can meet famous people in a city. 具体例 For example, I met Arashi two weeks ago. I was very excited.	A B C
否定側	反論のポイント You said that city life is convenient. That's true, but you have to spend a lot of money. 具体例 For example, you buy a lot of foods at a convenience store every day. It's a waste of money.	A B C	反論のポイント You said that you met Arashi. That's not relevant. 具体例 For example, not everyone likes Arashi. In fact, I hate them.	A B C

すべてA判定で引き分け。よってルールより否定側の勝ち。

発展　1. 否定側立論から始めてもよい。その場合"City life is not better than country life.""Country life is better than city life."などの論題で始める。
　　　2. 第1理由で肯定側は否定側の第1反論に対する再反論を行ってもよい。上記の例では，肯定側が，"You said that you buy a lot of foods at a convenience store every day. That's why city life is convenient. We are very busy every day. It is impossible for us to prepare for everything we want by ourselves."などと述べる。

　ディベートは知的ゲームであり，コミュニケーション能力に加え思考力の養成にとって有効な手段である。正式なディベート大会のルールをアレンジすることによって授業内で多くの生徒が参加できるようになる。コミュニケーションで重要な2人以上の話し手／聞き手の間での意味のやりとりをピンポンのように連続的に行う経験をすることは生徒にとって自信にもつながる。

・注・
1)　松本．2009.『英語ディベート　理論と実践』東京：玉川大学出版部
2)　小林．2011. AN INTRODUCTION TO DEBATING IN ENGLISH
3)　注1) に同じ。

12 ディスカッションの指導

　英語授業で，基礎・基本を一斉授業形式でインプットしたことを，ペアやグループで実際に使わせるアウトプットの機会を与えることは，基礎・基本の定着という意味においても極めて重要であるが，多くの英語授業では，そのようなアウトプットの時間が十分に確保されているとは言えないのではなかろうか。そもそも，一人で行う家庭学習や，大学入試対策に特化した塾や予備校の授業で，アウトプットの機会を設けることは困難であり，学校の授業でこそ実現できると言える。ましてや，グローバル時代と言われる現代においては，外国の人々と英語でディスカッションできる力がこれまで以上に求められているように思われる。

12.1　ディスカッションの準備活動
12.1.1　グループ内英語発話練習（Intragroup Utterance Practice）
　最初から本格的なディスカッションを英語で行わせるのは多くの学校では困難であろう。そこで，帯学習として，グループ内での「英語発話練習」（Intragroup Utterance Practice）に取り組むことにより，ディスカッションの準備活動を始めたい。以下の例は，すべてグループ（4人が基本単位）で行うことを想定している。

A)「テーマトーク」（Theme Talk in English）
　あるテーマについて英語でのおしゃべりタイム（「テーマトーク」）を，授業の約5分間をとって行う。例えば，梅雨どきなら，'Rainy Season'，高校野球の地方大会が始まる時期なら，'High School Baseball'，冬休み前なら，'Plans for the Winter Vacation'，……というように，その時々のテーマを与えて，自由に英語で話させる。特に何もないときは，'Is honesty the best policy?'，'Your Favorite Proverb'……などでもよい。始める前に，司会と記録係を最低決めておき，終わったら記録用紙を集めるようにする。

B) 2枚の絵の違い探し（Spot the Differences）

2枚のよく似た絵（違いが5カ所程度ある絵，自作でよい）を用意して，どこが違うかを自由に言わせる活動である。発言せずに聞き役になってしまう生徒を作らないように，グループ全員が発言できるように，例えば，時計回りに順番に発言するというようなルールを決めておいてもよいだろう。

C)「もし無人島に行ったら」（If you had to stay on a desert island for a month, what one thing would you take with you?）

このようなテーマで自由に意見交換させる。自分の考えを述べる際は，必ず理由を含めるようにさせる。

D)「もしタイムトラベルができたら」（If I could travel through time, I would ....）

これも，上のテーマで自由に意見を交流させる活動である。実際には次のようなやり取りになる。A, B, C, D はグループ内の生徒を示している。

> A: If you could travel through time, when and where would you visit?
> B: I would *visit Tokyo Station in 1964*.
> C: Why?
> B: Because *I want to see and get on the very first Shinkansen train that left the station on October first that year.* How about you?
> A: I would *be in the 1960s or 1979s*.
> D: Why?
> A: Because *I want to see some cool bands playing like the Beatles and the Rolling Stones*.（以下略）

実際に上のような活動を行っても，口をつぐんでしまう生徒がいるかもしれないし，良い雰囲気で取り組まないグループができるかもしれない。そのようなときは，評価を可視化する方法を取り入れるのはどうだろうか。例えば，"Discussion Participation Score Sheet"[1] に，発言した文の数を記録して提出させ，その点数を平常点として評価に入れる方法である。こうすることで生徒はそれまでよりも積極的に英語を話そうとするようになることが多い。

12.1.2 ディスカッション練習としての「ディクトグロス」(Dictogloss)

さまざまなアウトプット活動の中から,特に協同学習としてディスカッションの練習を行うやり方について考えてみよう。急に英語でディスカッションをやらせようとしてもうまくいかないことが多いが,段階を踏みながら協同学習としてディスカッションに取り組ませると比較的スムーズに行うことができる。

(1) 英語での協同学習の困難性

英語は協同学習が最も困難な科目であると言われる。確かに国語や理科,数学などと比べると,英語授業では,特に高校段階では,生徒の習熟度に大きな差があり,全員の生徒に適した,いわゆる「背伸びとジャンプ」[2]の課題を設定することは非常にむずかしい。しかし,ディスカッションなどの音声でのアウトプットの活動においては,リーディングやライティング,文法などと比べて,学力差がそれほど目立たないとも言えるので,協同学習を取り入れて「背伸びとジャンプ」の課題に挑戦させることは十分可能である。また,アウトプットの活動を一人でやらせるより,協同学習を取り入れることにより,情意フィルターを下げ,取り組ませやすくすることができる。

(2) 協同学習を成立させる条件

協同学習を効果的に進めるためには,次の5つの基本的構成要素を組み込む必要がある。互恵的な協力関係 (positive interdependence),個人の責任 (individual accountability),グループの改善手続き (group processing),社会的スキル (social skills),対面しての相互作用 (face-to-face interaction) の5つである。つまり,旧来の学習グループを協同的な学習グループに成熟させるためには,ア) メンバーが互恵的な協力関係にあることを理解しており,イ) 互いに自分の役割分担に対する責任を抱き,ウ) 互いの学びと成功を援助し合い,エ) 協同的な取り組みに必要な対人関係技能やスモール・グループの技能を適切に使って,オ) メンバーがいかに効果的に協力し合えるかについてグループとして常に改善を図る,という5つの要素が不可欠である。

(3) ディクトグロス (dictogloss) を用いた協同学習とディスカッション

協同学習を英語授業で比較的容易に取り入れるのに使える活動にディクトグロスがある。ディクトグロスは Wajnryb (1990) によって初めて紹介され

た協同学習を含む活動である。おおよその手順を示すと次のようになる。
ディクトグロスの手順：
　1)テキストのトピックの短い導入。
　2)新出語や綴りのむずかしい単語の導入。
　3)教師によるテキストの音読（ナチュラルスピード），生徒は聴くだけ。
　4)教師による音読（ナチュラルスピード），生徒は内容語のみメモをとる。
　5)メモを基に英文を再構築する。（個人学習）
　6)メモを基に英文を再構築する。（協同学習）
　7)音読した英文を配布し，確認する。
　次の時間に，
　8)各グループの再構築した英文を配布し，クラス全体で英文を分析する。
　なお，以上の活動は，協同学習の座席（できれば男女各2名）で行い，生徒は全員必ず役割を持たせる。また，テキストは，4～5文からなるものを用いるのがよい。具体例を紹介してみよう。先ずは，読み上げるテキストの例である。なおテキストはWajnryb（1990）によるものである。

Dictogloss Activity Earthquake Original Text

1 In 1989 there was an earthquake in San Francisco.
2 Many hundreds of people died in the disaster.
3 People searched the city for missing relatives and friends.
4 Rescuers worked without rest for many days.
5 There was a great deal of suffering and enormous destruction.

　次に，上のテキストのためのワークシートの例を示そう。

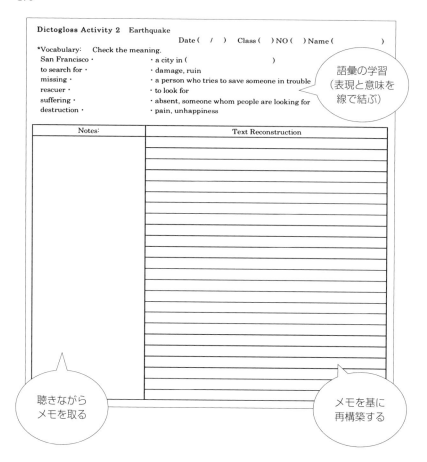

　上のディクトグロスの手順の6)を協同学習として行うが,お互いが再構築した英文を材料に,英語で意見交換(ディスカッション)しながら,元の英文の内容に最も近い英文をグループとして完成させる。その際,文法的に正しければ元の英文と異なる文構造や語句を用いても構わない。この活動は,リスニング,ライティング,リーディング,スピーキングの4技能,さらに文法・語法,語彙の学習が含まれる総合的な活動である。グループで再構築した英文の提出用紙の例を示そう。

```
Group Worksheet for Dictogloss Activity (　)      Date(　/　) Class(　)
    *Members: (                                    )
            ◎ = Scribe
_____
_____
_____
_____
_____
_____
_____
```

上のテキスト（p.175）で，生徒が実際にグループで再構築した英文の例を原文のまま紹介しよう。

Group F：In 1989, there were earthquake in San Francisco. Many hundreds of people were died in disaster. They searched for relatives and friends. The rescuer worked without rest. There were great deal of suffering and enormous destruction.

Group G：In 1989, there was an earthquake in San Francisco. Many hundreds of people were died in the disaster. People surched for missing their friends for many years. Rescuers worked without rest for many times. There were great deal of suffering an enormous distruction.

　元の英文と比べると，リスニングや文法力の面での弱点，語彙力の不足している点などが手に取るようにわかる。この活動自体繰り返し行う価値のあるものだが，協同学習に不可欠な5つの要素を生徒に理解させながら協同学習を何度か体験させることにより，成熟した協同学習グループを成立させるのに活用することができる。換言すると，ディクトグロスを何回か繰り返すことを通して，本格的なディスカッションの準備をさせることができるわけである。
　では，実際にディクトグロスを行いながら協同学習としてグループで話し

合っている場面を上のテキストの場合について，録音をもとに再現してみよう。なお，AとDは男子生徒，BとCは女子生徒を示している。

> B: I couldn't catch after 'rescue.'
> C: I heard 'search' or something. I couldn't catch.
> D: 'missing relatives and...'
> A: So, strong people 'searched'?
> 　　　（中略）
> A: Didn't you hear 'without rest' or something?
> C: 'Without rest,' I heard it. I heard it.
> A: Well, rescued without rest.
> C: That's right.
> A: So-and-so rescued without rest?
> C: 'Rescuers.' 'Rescuers' something. 'Rescuers' and I heard something and 'without rest.' There is no connection among these, so I have no idea.
> （以下略）

12.2　ディスカッション指導の一連の流れ（テーマの決定からまとめまで）

　グループ内英語発話練習を積み上げ，さらに，ディクトグロスを通して，協同学習グループが成立するようになったら，いよいよ本格的なディスカッションを行わせる段階に入る。次のようなステップを踏みながらディスカッションを行う。なお，ここでは，ディスカッションの取り組み全体に6回の授業（50分×6）を当てる場合を想定している。

(1) ディスカッションとは何かについての導入 (25分)

　「ディスカッションとは何か」や，ディスカッションの手順やルールなどを説明し理解させる。まず，ディスカッションとは，「議論，協議」の意味で，その議論に参加する人がお互いに意見や情報を述べて，話題に関する理解を深めたり，問題解決の方法を見出したりする活動であることを確認する。また，ディスカッションの目的には，「情報を交換し，事実をより深く知る」，「物事についての価値観・価値判断を考える」，「行動の方針・問題の解決策などを決める」の3種類に分けることができる。ディスカッションのルールについては，次のような点について説明しておく。

① 自分の意見をきちんと伝え，人の発言をしっかり聞く。
② 全員が対等な立場で議論に参加する。
③ いろいろな意見を出して，活発に議論する。
④ 議論の流れをコントロールして，合意した結論へと導く。

(2) ディスカッションで用いる表現の導入（25分）

ディスカッションで用いる表現の導入を行う。表現の例を示そう。

A) Starting Opinions

　　In my opinion, ... / Personally, I think....

B) Evaluating

　　...is better than.... / ...is the best way to....

C) Agreeing

　　I agree with.... / I'm of the same opinion as....

D) Disagreeing

　　I see her point, but.... / That's true, but.... / I don't agree with.... ［I disagree with....］

E) Clarifying

　　What do you mean by.... / Excuse me, but what does that mean?

F) Asking

　　I'd like to ask you some questions about .... / Could you explain what you said in more detail?

G) Confirming

　　I'd like to confirm that.... / Let me make sure that.... /
　　To sum up,....　Am I right?

H) Suggesting

　　I'd like to suggest that.... / Let me explain .... / I think it is a good idea to....

I) Explaining

　　I'm going to report on.... / I'd like to point out that....

また，司会・進行役のための表現として次のようなものを指導しておく。

Now, let's talk about.... / Do you agree with...? / What is your opinion? / How about you? / Let's get back to .... / We can take a five-minute break at this point. / That's all for today. Thank you very much for your opinions.

このような Useful Expressions の意味を確認し，発音練習させたり，実際

のディスカッションの実況中継のスクリプトを配布し，役割音読をさせたりする。また，YouTube や iTune-U などで公開されている英語でのディスカッションを，モデルとして視聴させるのも参考になるだろう。

(3) テーマの決定（50分）

　ディスカッションのテーマを何にするかは，その成功に大いに影響する。基本的に生徒が話したいテーマを選ばせることが大切であるので，とりあえず全員にディスカッションしたいテーマを英語で出させ，それをすべて板書する。その中から，生徒と一緒に考えながら，ディスカッションに適したテーマを絞り込んでいく。

　具体的には，
① アイデアを出し合う。
　　「最近ニュースで聞いた」「以前から気になっていた」ことなどを英語にして思いつくままに挙げさせ，板書していく（ブレイン・ストーミング）。
② テーマを絞り込む。
　　利害関係が対立するような複数の立場の人々が関係するテーマ，賛否が分かれ，社会的に合意された結論が出ていないようなテーマ，みんなが興味を持って話し合える，面白そうなテーマ，英語で話し合うのにむずかしすぎないテーマを残し，そうでないものは消していく。
③ テーマを選択させる。
　　①，②の手順を踏みながら全員による絞り込みで残ったテーマの中から各自がディスカッションで話し合いたいテーマを選ばせる。

(4) グループの決定（役割の決定）（20分）

　最も望ましいのは，4人ずつ（男女2人ずつ）のグループだが，テーマごとにグループ分けすると，必ずしもそのようにならないことが生じる。男女は別にしても，極力4人ずつのグループを作るようにするが，うまく分かれない場合は，3人や5人のグループも認めるようにする（2人や，6人以上のグループは協同学習が成立しにくいので避ける）。グループが決定したら，グループ内で役割分担をさせる。役割とは，司会・進行役（Leader），記録係（Recorder / Scribe），準備係（Preparer），盛り上げ係（Encourager）である。3人のグループは盛り上げ係を設けず，5人のグループは盛り上げ

係を2人にするようにする。

(5) サブテーマの決定，リサーチ（資料収集，読書）（30分）

　実際にディスカッション始める前に，どのような流れでディスカッションを行うのかの道筋を立てることが重要である。もし，3回の授業で行う場合なら，それぞれの回で何について話し合うのか，サブテーマを決めさせる。その際大切な点は，「具体的な問いにしてみる」ことである。漠然としたテーマのままでは議論が発散するので，具体的な問いを出し合い，話し合う焦点を明確にする。たとえば，「臓器移植について」(About Organ Transplant)のテーマなら，「脳死判定における家族の同意にかかわる問題点は何か」(What problems lie in the process of the family's agreement on declaration of brain death?) のようなサブテーマをいくつか設定させる。

　サブテーマが決まったら，取り上げるサブテーマの順番を決めるとともに，それぞれのサブテーマへの時間配分を決めさせる。また，ディスカッションを深めさせるためには，テーマについての資料収集や議論に必要な表現や語彙のインプットが不可欠である。授業中にそのような時間が取れる場合は，PC教室や図書室でリサーチや準備をさせる。それができない場合は，宿題として授業外に各自またはグループでリサーチや準備を行わせる。これが不十分であると，ディスカッションをスムーズに行わせることが困難になるのは言うまでもない。

(6) ディスカッション （50分×3）

　(1)～(5) は必ずしも英語でなく，日本語で行わせてもよいが，ここからは，英語で行わせるディスカッションに入る。毎回記録用紙を配布し，どのようなディスカッションを行ったのか記録させ，次の時間に提出させる。

　記録用紙の例を示そう。

```
┌─────────────────────────────────────────────────────────┐
│           The Record of Discussion No.(    )            │
├──────────────────┬──────────────────┬───────────────────┤
│ Group(      )    │ Leader (      )  │ Recorder (      ) │
├──────────────────┴─┬────────────────┴───────────────────┤
│ Preparer (       ) │ Encourager (             )         │
├────────────────────┴────────────────────────────────────┤
│ The Theme of the Whole Discussion                       │
├─────────────────────────────────────────────────────────┤
│ Today's Theme                                           │
│     "                                              "    │
│  【What was discussed today】                           │
│                                                         │
│                                                         │
│                                                         │
│                                                         │
│                                                         │
│                                                         │
│                                                         │
└─────────────────────────────────────────────────────────┘
```

　記録係の生徒には，その時間に話し合った内容や経過をメモさせ，授業の最後にそのメモを見ながら1グループ30秒程度で，各テーマでどのような話し合いがなされたかを英語で報告させる。

(7) まとめ（グループごとの発表）（15分）

　最終回の授業では，最後の約15分を使って，グループごとにそれまでのディスカッションの結果を英語で発表させてクラス全員で共有する。1グループ1分程度でその内容を報告させ，Q&Aの時間も設ける。Q&Aがなければ，この取り組みについての意見や感想を言わせる。

(8) 評価とレポート集の作成

　ディスカッションを実際に評価するのはむずかしいが，次のような評価方法を試みるのはどうであろうか。
　まず，グループ評価の前にペアで議論させ，それを評価するのは比較的容

易である。つまり，何分間議論を続けることができたか，不自然なポーズがなかったか，発言の筋が通っていたかなどの項目をチェックする。

　グループ評価については，毎時間や最後の時間の発表も含めたディスカッションのすべての過程の観察に基づいてパフォーマンス評価を行う。活発にディスカッションができていたグループに，"Model Discussion" としてクラスみんなの前で，ディスカッションを再度行わせて，全員に評価用紙を配布してどこがよかったのかを評価させると，次回からのディスカッションのレベルアップが期待できる。

　さらに，ディスカッションの経過と結果のまとめとともに，ディスカッションの前と後で自分の意見がどのように変わったのか（または変わらなかったのか）についてのレポートを書かせてそれを評価する。クラス全員が各テーマのディスカッションの内容を共有できるように，提出させたレポートは印刷し冊子にして全員に配布するとよい。

12.3　効果的なディスカッションにするための工夫

　英語でのディスカッションを日本人だけで行うと，しばらくすると沈滞してくることがある。そのようなとき効果的なのが ALT や英語を話す留学生の参加である。生徒の英語を話そうとする意欲が一挙に高まることは言うまでもない。また，IC レコーダーなどを用いて，ディスカッションを録音するようにすると，それだけでも発言しようとする意欲が高まることが多い。

　さらに，評価を意識させることも大切である。12.1.1 で示した "Discussion Participation Score Sheet" を用いて，発言した文の数を記録させて提出させることや，毎時間書かせたディスカッションの記録メモ，調べ学習の記録などもファイルに綴じさせ，ポートフォリオとして提出させ，それを評価することや，最後に提出させるレポートを冊子にして配布することをディスカッションの取り組みの最初に言っておくと，それを目標として積極的に取り組もうとする生徒が増えるだろう。

・注・
1) Discussion Participation Score Sheet については，靜哲人．1999．『英語授業の大技・小技』（研究社）pp.70-73 を参照。
2) 「背伸びとジャンプ」については，本書・実践編「4　本文の内容理解を進める：高等学校」(p.52) 参照。

背景情報 7

SSH におけるスピーキング指導

　文部科学省よりスーパサイエンスハイスクール（SSH）の研究指定を受けている学校は，平成26年度は全国で204校ある。SSHでは，国際的に通用する科学者を育成するために「国際性」が研究開発課題の一つの柱になっている。したがって，SSH校では国際性を身につけさせるために，英語教育に関わる様々な取り組みがなされてきた。ここでは，SSH校において行われているスピーキングに関わる活動を，かつて筆者が勤務していたSSH校での取り組みを中心に紹介してみよう。

1. 英語で，科学に関するプレゼンテーション（口頭発表・ポスターセッション）とそれに関する質疑応答を行う。
2. 英語で，科学に関するテーマや，国境を越えて高校生が問題意識を共有しているグローバルな問題についてディスカッションを行う。
3. 英国と日本で毎年交互に開催するサイエンスワークショップにおいて，英語で共同研究（実験実習，結果の考察，発表など）を行う。
4. 科学英語の語彙や表現と発音を学ぶ。
5. 英国や米国の大学，研究所を訪ね，現地の学生や研究者と英語で科学に関して交流する。
6. スカイプや遠隔事業システムなどを用いて米国やタイと結んで，英語で科学についての発表・交流を行う。
7. 外国の科学者や研究者，留学生などによる科学に関する講演を英語で聞き，質疑応答を行う。
8. 理科の教員と英語教員がコラボレーションで，地質学・天文学・化学について英国の中学・高校の教科書や，英語で出題された入試問題を用いて学ぶ。
9. 理科の教員，ALT と英語教員のトリプルティーチングにより，英国の高校の物理の教科書を輪読する。

　上の1~9について，具体的に見てみよう。
1. 英語での科学に関するプレゼンテーション
　SSH校では，研究した内容を英語で発表したり，質疑応答をしたりする機会が数多くある。毎年8月に実施されている「SSH生徒研究発表会」では，

すべての SSH 校から代表が集まり，ポスター発表を行い，優秀な発表はスライドを用いた口頭発表の機会を得る。外国から高校生の参加もあり，発表や質疑応答を英語で行えることが期待される。

また，多くの SSH 校では，海外の高校，大学，研究所などと連携しながら，英語で科学の内容を口頭発表する機会をもっている。専門性の高い科学についての発表であり，非常に高度でむずかしい内容

日英サイエンスワークショップ最終日の公開発表会

である場合が多いが，事前に原稿やスライド，ポスターなどを用意し，練習を積めば，高校生でもかなり高いレベルの発表が英語でできるようになる。科学英語のプレゼンテーションに関する書物が多数出版されているので，それらを教材に英語の授業（学校設定科目の「科学英語」など）で指導したり，課外活動の中で学んだりしている場合が多い。さらに，ALT や英語の母語話者に指導してもらう場合もある。

多くの学校の課題は，発表の後にもたれる質疑応答であろう。リスニング力が弱点であり，質問内容が聞き取れず，答えに窮する場合が多いようである。スピーキング力と同時にリスニング力を鍛えることが極めて重要である。

2. 科学またはグローバルなテーマに関する英語でのディスカッション

多くの SSH 校では海外の高校生と科学を通して交流する機会が用意されている。また，科学に関してだけではなく，高校生が共通に関心を持っているグローバルなテーマについて意見交換する場も用意されている場合がある。このような場に参加する高校生は，英語で自らの意見を述べたり，相手の意見に耳を傾けたりすることに対する意欲が極めて高いようである。普段の英語授業では英語で話すことに

日英高校生のディスカッション

必ずしも積極的でない生徒が，意見交換をすること自体を楽しんでいる姿に接することもまれではない。スピーキング指導を効果的に行う上で，適切な機会や場を与えることの大切さに気づかされる。

3. 英語での共同研究（実験・実習，結果の考察，発表など）

海外または日本の大学などで開催されるサイエンスワークショップでは，海外と日本の高校生が混成でチームを作り，大学の教員や研究者の指導のもと，

グループプレゼンテーション

英国ケンブリッジ大学でのディナーパーティー

共同研究を行うような活動が行われる場合がある。実験・実習，結果の考察，発表に至る一連の活動が英語で行われるので，まさにリスニング力とスピーキング力が試されるわけである。日本語でも理解するのが困難な最先端の科学の内容を英語で理解しながら，共同研究することは高校生にとって，スピーキング力を含めて広い意味での高度なコミュニケーション能力や異文化理解力の必要性を実感させ，英語学習に対するモチベーションを飛躍的に高めることができる。実際，このような活動に参加した高校生は，人間的にも大きく成長する。さらに，ワークショップ後も，寝食を共にしての共同研究を通して作り上げた人間関係やネットワークが，継続発展して行き，大学生や大学院生になってからも交流を続けてお互い刺激を受けあっている例も多い。

4. 科学英語の語彙と発音

科学英語の学習においては語彙の占める比重が非常に高く，テクニカルタームを学ぶことは科学英語のスピーキングにも不可欠である。特に，英語の専門用語の発音が日本語のカタカナ語とは大きく異なる場合が多いので，発音に注意させることが大切である。その意味で，ネイティブスピーカーとのティームティーチングで指導すると効果的である。

5. 海外の高校や大学，研究所，博物館などの訪問及び英語での交流

事前学習や事前準備を入念に行うことが必要な活動である。実際には，たとえ十分な事前学習や事前準備をしていたとしても，現地の人の説明や発言を聞き取り，その場で的確に答えたり，質問したりすることはハードルが高い。しかし，成功体験を得た生徒は自信をつけ，非成功体験を得た生徒の場合も自己の英語の学習方法を振り返り，一層学習意欲を高めて取り組むようになる場合が多いようである。

6. スカイプなどを用いた海外との英語での発表・交流

ICTの進歩により，音声を聞けるだけではなく，映像を見ながら海外とリアルタイムで交流できる時代になった。遠隔授業システムやスカイプなどを利用して，海外の大学，研究所などと結んで，英語で科学の発表を送信し，海外の研究者に直接コメントやアドバイスをもらったり，質疑応答をしたりすることができるようになったので，高校生の発表準備にも熱が入り，結果的に質の高い発表や交流ができるようになってきた。

7. 外国の科学者や研究者，留学生などの英語での講演

例えば，JSPS（日本学術振興会）のプログラムを利用すれば，希望するテーマに関して，希望する国の，日本で研究している若手研究者を派遣してもらうことが可能である。これを利用して，英語での講演や実験の実演などの機会を設けているSSHも少なくない。その際，高校生がスムーズに理解できるように事前に研究者と緊密な連絡をとって打ち合わせをしておくことが大切である。

8. 理科の教員と英語教員のコラボレーション授業

筆者の勤務していた高校で実施していた「ハワイ島研修」では，ハワイ火山国立公園でのフィールドワークやマウナケア山の山頂でのすばる望遠鏡の見学や星空観測を行っていたが，その事前学習を兼ねて，英語科と理科（地学）の教員が協同して，英国の理科の教科書（中学から高校レベル）の中から地質学（火山学）と天文学に関する章（合計16ページ）を抜き出して，4回に分けて学習した。まず，英語での内容理解を英語教員がリードしながら行い，その後，内容面での補足説明を理科教員が行う形式で実施した。専門用語に関しては，毎回語彙シートを作成して，発音に注意させながらクイック・リスポンスで練習した。

化学の教員とのコラボレーションでは，高校1年生の希望者を対象に，英語で出題された化学の入試問題を教材として，未習の内容を英語で学ぶ課外活動を行った。コラボレーション授業は，生徒にとって新鮮であり，英語教員や理科教員がそれぞれ一人で行うより，はるかに内容面でも興味深い充実したものになる場合が多いと思われ

マウナケア山頂にあるすばる望遠鏡

る。

9. 理科の教員，ALT，英語教員のトリプルティーチング

理科（物理）と英語の教員に加えて，ALTにも参加してもらい，*Advancing Physics*（Edited by Jon Ogborn and Mary Whitehouse, Institute of Physics Publishing）の中のChapter 2 Sensing を授業（学校設定科目「科学英語」）で輪読した。まず，予め生徒の担当を決めておき，その時間の担当の生徒が，自分の担当部分を音読し，ALTが発音を指導する。次に，担当生徒は，音読した部分の内容を日本語で説明する。英語面での補足説明を英語教員とALTが行い，内容面での補足説明を理科教員が行い，最後に全員でALTと音読練習をするというものであった。

以上述べたことは，多くのSSH校でこれまで取り組まれてきたことのほんの一例にすぎない。とりわけ，英語のスピーキング指導についての実践やその成果を，普段の英語授業に積極的に取り入れていきたいものである。

13 公立・私立小学校における指導事例

　私立小学校の中には創立以来50年以上の長い間外国語を指導してきた実績があり，評価を伴う教科として外国語を扱っている小学校もある。また，ここ10年次々開校された新設の私立小学校においても公立小学校での指導と大きく異なるのがその指導時数の多さならびに指導開始年齢の低さであろう。ただ，その学校総数をみると日本の私立小学校は200余校でこれは全小学校数のわずか1％程度に過ぎない。しかし，今後公立小学校においても教科化を見据え学習開始年齢の早期化，時数の増加が想定される中，私立小学校の実践事例は学ぶべきものが多いと思われる。

　ここでは，主に英語科教員が早期英語として週2回以上の頻度で指導する私立小学校における事例と，公立小学校において高学年を対象に週1回担任を中心に行われる指導の事例をあげる。異なる学習環境の中で小学生対象のスピーキング指導がどのように行われているかを見てみよう。

13.1　私立小学校での指導事例
(1) 授業と連携したモジュール音声ドリル

　朝の授業始業前などの15分を利用し帯時間で毎回音声のインプット・アウトプットを行う。週2回ないし3回，時には毎日行うことで新出のフレーズや会話文などを定着することを目的とする。これを行うことで，平常授業は本当の情報をインフォメーションギャップなどを用いてやり取りするといった活動が中心となる。モジュールで繰り返し音声練習することが本活動での自信につながり，小学校英語活動で現在多く見られるゲームと称したアクティビティは減る。ただし，モジュールで扱う言語材料は授業内で十分にその意味を理解させる時間を取るようにする場合が多い。

単元名「日曜日は何時に起きる？」2時間　対象：小学校3年生

①授業内での導入（第1時）

2人の教員のやり取りや児童を対象にしたやり取りでトピックを導入。

> T1: What time do you usually get up?
> T2: I usually get up at 6:30. How about you?
> T1: Oh, I get up at 6. Who gets up at 6?（児童に向かって質問し，同じ時間に起きる児童に挙手させる）
> T2: （手をあげなかった児童を指名して）S1, what time do you get up?（ピクチャーカードに絵とフレーズが書かれたものを見せながら）
> S1: 7.
>
>
>
> T: I see. You get up at 7.
> （同じような流れで，カード〔またはパワーポイントのスライド〕とともに一日の生活の言い方を導入する）get up/ eat breakfast/ go to school/ study/ eat lunch/ play soccer/ go home/ eat dinner/ take a bath/ go to bed

②モジュールタイムドリル（第1時と第2時の間）

（第1回目）

> T1: （ピクチャーカードを見せながら）What's this?
> Ss: get up.
> T2: OK! What's this?（次のカードを見せながら）
> Ss: eat breakfast.（リズムよく次々と児童に言わせることで授業内で学んだ新出の言語材料を復習および音声ドリル）

（第2回目）

>
>
> T1: What time do you get up?
> Ss: I get up at 7.（絵カードに示された時間を言う）
> T1: What time do you go to school?
> Ss: I go to school at 8.
> 　　（PPTファイルには前モジュールで使用した

> 画像に新たに時間を挿入。教師と児童のやり取りを10枚リズムよく行う）

（第3回目）

> T: What time do you get up?
> Ss: I get up at ＿＿＿＿．（それぞれに答える）
> T1: What time do you go to school?
> Ss: I go to school at ＿＿＿＿．
> 　（応答の答えは各児童によって異なるため少しゆっくり目のやりとりとする）

get up

③授業内での活動（第2時）
「日曜日の過ごし方」―What time do you usually get up on Sunday?―

1. 世界の子どもたちの日曜日
　同世代の世界の子どもたちがどんな日曜日を過ごすかということをPPTで紹介。日曜日には家族で教会へ行く，大型ショッピングモールへ買い物に行く，スポーツ観戦，サッカーの練習など（聞き取り活動）。

2. インタビュー　（ペアインタビューから3人インタビューへ）

> T: I usually get up at 6 on Sunday. I like Sunday mornings. I drink coffee and read a newspaper. I go for a walk. I sometimes go to a bakery restaurant and eat breakfast there. How about you? What time do you usually get up on Sunday?
> S1: 10.
> T: Oh, you usually get up at 10 on Sunday? That's late.
> S2: I usually get up at 7.
> T: That's early for Sunday. What do you do after you get up?
> S2: Watch TV.
> T: I see. You watch TV. Are there any good TV programs on Sunday morning?
> Ss: ○○○（子供向けのアニメの番組タイトルをあげる）

> T: Who watches ○○○ on Sunday?（挙手させる）I see. Let's ask your friends what time they get up. What time do you get up on Sunday?
> Ss: What time do you get up on Sunday?
> T: Now ask your friend.
> 　（隣同士ペアで質問する）
> T: Let's ask more friends. Please walk around and ask 3 friends and sit down.（クラスの友だち3人にインタビュー）

3. 予想と結果調べ

> T: Survey time! First, what time do you think most friends get up on Sunday?
> S1: 9.
> T: OK. But I am not asking for your answer. I mean the majority of this class. What's the time when MOST friends get up?（ジェスチャーなど交えて，クラスの大勢が日曜日に起きると思われる時間だということをわからせ自分の予想を言わせる）
> S1: 7?
> T: You think it's 7. Any other ideas?（黒板に挙げられた時間を書きだしていく）
> T: Let's find it out. What time do you usually get up on Sunday?
> 　（最後に全員に挙手させてクラス調査とする。）

　自分に身近な話題を取り上げやり取りを行う場合，小学生は本当の情報にとてもこだわる。ここでは usually という表現をあらかじめ教師が使うことで毎回でなくてもいいということを理解させ，さらには，日曜日の朝という平日よりは様々な答えが期待できる質問でお互いの情報を知るといったインタビューの必然性を高めている。15分間のモジュールを三回はさむことで十分言語材料に馴染ませ，質問や答えの言い方が分かっているのことから，スムーズに情報交換のやりとりができる。

(2) Q&Aパターンから自己表現活動へ

　低学年から英語学習をスタートしている私立小学校では，一定の会話パ

〈実践編〉13 公立・私立小学校における指導事例 193

ターンを作成しそこから自己表現活動につなげている。

> Q. What's your name?
> A. My name is ＿＿＿＿.
> Q. How old are you?
> A. I am ＿＿＿＿ years old.
> Q. What (color/animal/food/subject/sport) do you like?
> A. I like ＿＿＿＿.
> Q. Where are you from?
> A. I am from ＿＿＿＿.
> Q. Where do you live?
> A. I live in ＿＿＿＿.
> Q. What can you do?
> A. I can ＿＿＿＿.
> Q. What are you good at?
> A. I am good at ＿＿＿＿.

以下が低学年を対象としたその導入用パワーポイントファイル（または絵カード）の例ならびに発表活動に至る指導手順である。

単元名「好きなことを紹介しよう」4時間　対象：小学校2年生

① 絵カードあるいはPPTファイルによる導入

質問事項がわかりやすいアイコンを作成し音声で表現を何度も繰り返す。

> T: Hello. My name is Mayumi.（教師の名前）What's your name?
> Ss: My name is ＿＿＿＿.
> T: I am 38 years old. How old are you?
> Ss: I am ＿＿ years old.
> T: What (color/animal/food/subject/sport) do you like?
> Ss: I like ＿＿＿＿.

> T: Nice to meet you.
> Ss: Nice to meet you.

② 友だちインタビュー

> T: Now I ask you 5 questions. Please write your answers on the sheet. You can write them in Japanese. Question No.1. What color do you like?
> 　（順に5つの質問を教師が投げかけ児童はシートに自分の答えを書く）
>
> インタビューしよう！
>
> | Name | 色 | どうぶつ | 食べもの | 教科 | スポーツ |
> |---|---|---|---|---|---|
> | me (自分) | | | | | |
> | 友だち | | | | | |
>
> Class＿＿＿Name＿＿＿＿＿＿
>
> T: Now. Let's make a pair. Start asking the questions.

　児童の実態に合わせて，着席のまま隣同士で質問する，歩き回ってひとつずつ違う質問を別の相手にして名前と答えをワークシートに記入する，自分と同じ答えの友達を見つける，など色々なインタビュー活動ができる。また，活動する際，シートを手に持たずに質問させ着席してから答えを記入するようにすることでより自然な発話ややり取りを促せる。

③ 発表活動準備

> T: I am going to ask you 5 questions. So, please write your answers.

〈実践編〉13 公立・私立小学校における指導事例　195

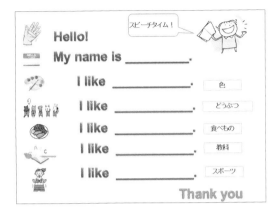

T: Let's practice your speech. You choose 2 things you want to tell your friends. You may choose more if you wish.

（紙を見ないで発表するということを伝え，各自が練習するように5分程度の練習時間を与える。アイコンを頼りに read and look up を各自でしたり，黒板に絵カードを貼って全体練習もできる）

T: Are you ready? Make a pair and take turns. Please practice with your partner.

④　発表の心得説明と発表活動

T: Today, we are going to have a speech time. I have 3 advices to make your speech presentation look great. No.1 **Big voice**. It means you speak clear so that everyone can hear you. No.2 **Good English**. It means you  speak smoothly. Memorizing your speech is important. No.3 **Nice posture**. It means you stand firmly with good posture. Don't move your head, keep your face up and look at your friends.

（先生がよいモデルや悪いモデルを見せながら Is this OK? と確認をとる）

スピーチタイム

T: Are you ready?（発表する児童に向かって）
Ss:（全員が発表者に向かって声を合わせて）Light.（スポットライトをあてるジェスチャー）Camera.（カメラを準備するジェスチャー）Action!（手を叩く）
S1: Hello, my name is Wataru.
Ss: Hello. Wataru.（聞き手の児童全員が発表者に向かって）
S1: I like soccer. I like PE. Thank you.
Ss: 拍手

⑤　発表のふりかえり

T: Please write your feedback sheet.
Ss:（最初に挙げられた3つの観点にそって発表を振り返る）

＊毎時7〜8名の発表後，全員で発表者の良かった点や発表内容への感想を話し合うことで振り返りを行う。

　小学校でのスピーキング指導は楽しくやり取りをする活動，あるいはモデルのあとについて繰り返すドリル的な活動に限定される場合が多い。しかし，丁寧に段階を追って授業を構築し，フォーマットを与えることでその発達レベルに合った発表活動が可能になる。その場合，各自が発表することだけをゴールとするのではなく，聞き手も巻き込んだ活動としたい。すべての子どもたちを積極的に関わらせるために，発表時のルーティン（聞き手が発話のキューを与える・発表者のあいさつに答える）を決め，発表の評価（ピアアセスメント）をすることでどのように人前で発表をするべきかというイメージを持たせることができるだろう。評価項目は小学校の他教科でも使われているものを英語に合わせて改定したものである。発表活動は自分の本当の情報を英語で伝えられたという達成感が学習意欲の向上につながる。

13.2　公立小学校での指導事例

　公立小学校では高学年を対象に文部科学省から各学校に配布された共通教

材や視聴覚教材を使って指導される場合が多い。電子黒板の使用や担任と「外国語指導助手（ALT）」あるいは英語の堪能な日本人の先生との指導も増えてきている。その共通教材を使って担任が指導する場合の事例をここではスピーキングの指導を中心に紹介する（*Hi, friends 2* 文部科学省指導書参照）。

単元名　What do you want to be?「夢宣言をしよう」　4時間
対象：6年生（*Hi, friends 2* Lesson 8 より）

第1時　様々な職業の言い方を知る
① 職業名の導入　絵カードとジェスチャーを用い16の職業名を導入
② キーワードゲーム（職業名を教師の後について言う。予め決められたキーワードが出た時だけは繰り返さず2人の児童の間に置いた消しゴムを取る）
③ ビンゴゲーム（各自が16枚持っている職業の絵カードを使用）
④ ポインティングゲーム（ペアで職業名を聞きシートの絵を指さす）

第2時　様々な職業の言い方に慣れ親しみ，職業を表す語について英語と日本語の共通点に気づく。
① カード取りゲーム（職業の絵カードを使ったカルタ取り）
② ラッキーカードゲーム

　5〜6人の班を作り職業の絵カードを前に並べる。一人ずつ隣の児童に質問し，質問された児童は答えのカードを取りながら質問に答える。

S1:（S2に向かって）What do you want to be?
S2:（カードを取って）I want to be a teacher.
S2:（S3に向かって）What do you want to be?
S3:（カードを取って）I want to be a doctor.
　　（時間内に質問と答えを順番に回す）
T: OK. Please stop the game now and ask me a question.
Ss:（全員で）What do you want to be?
T: I want to be a teacher.（手元にそのカードを持っている者がラッキーだと伝える）Who has the lucky card?

この活動のゴールは，What do you want to be? と I want to be ＿＿＿. という英語での表現に慣れ親しむことにある。さらに先生と同じカードを手元に持っていれば勝ちという偶然性を加えることで楽しい活動にしている。

第3時　就きたい職業について，尋ねたり答えたりする表現に慣れ親しむ。
① ステレオゲーム（☞ p.95）
② チェーンゲーム
　5～6人の班を作り隣の児童に質問をする。答える児童は自分の答えとともにその前に出た職業名を加えて答える。

> S1: What do you want to be?
> S2:（カードを取って）I want to be a teacher. What do you want to be?
> S3:（カードを取り，そのカードの職業のあとに S2 の職業を加える）
> 　 I want to be a doctor and a teacher. What do you want to be?
> 　（以下，職業を順に重ねて言う）
> S4: I want to be a soccer player, a doctor and a teacher. What do you want to be?
> S5: I want to be a vet, a soccer player, a doctor and a teacher.

　児童がたくさんの職業になりたいと答えることは実際にあまりないため不自然な会話であるが，ほかの児童が挙げた職業名を覚えておかなければならないという負荷を与えることで児童が集中して取り組む。ある程度いい慣れてきたら，カードなしでなりたい職業を聞いてみる。聞かれた児童が答えを言う前にみんなでこの友達はいったい何になりたいのだろう，と予想を立てる。そのあと全員で質問する，といった本当の情報にこだわった班活動へと発展させたい。
③ 友だちにインタビュー（友達のなりたい職業をインタビューする）
　クラスの友だちになりたい職業をインタビューして回る。その時にはしっかりとあいさつをして質問をするよう指導する。

第4時 世界には様々な夢を持つ同世代の子どもがいることに気付き,相手意識をもって自分の夢を紹介しようとする。

① チャンツ

> T: Let's do the chant together.(音源教材を使う)
> **What, what, what do you want to be? A singer, a singer. I want to be a singer. I want to be a singer. Good luck!**
>
> (*Hi, friends 2* Lesson 8 CD より)

② 発表活動

班ごとに分かれ,児童が各自予め作成したポスターをもとにクイズ形式で「なりたい夢」の紹介を行う。

> S1: I like sports. I like soccer.
> S2: Soccer player?
> S1: That's right. I want to be a soccer player.
> Ss: Why?(日本語で尋ねてもよい)
> S1: サッカー選手になって,世界の選手と友達になりサッカーで平和な世界にしたいからです。
> Ss: Nice dream. Good luck. You can do it.
> S1: Thank you.

Hi, friends 2 Lesson 8

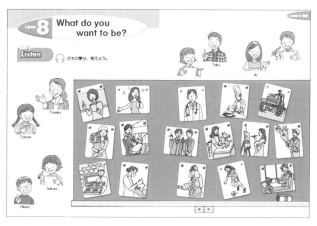

13.3　まとめ

　定型文を何度も繰り返し発話するといった活動をゲームにすることで楽しく取り組めるのは小学生の大きな特性である。公立小学校私立小学校を問わずそれを生かした活動がスピーキング指導としてたくさん見られる。そのような模倣や反復練習によって築かれた基礎がやがて「自分の思いや気持ちを伝えるためのツール」として英語を使おうとする姿勢を育てることに通じていくのだろう。

　しかし，十分な練習を経て初めて何かを話させるのではなく，指導当初から，日々の授業の中で，思わず「聞きたい」「話したい」と思わせる場面をたくさん作ることが小学校を対象にしたスピーキング指導の中で一番大切である。そこで生まれる意味をやり取りするインタラクション（先生と児童，あるいは児童同士）がスピーキング力につながるからである。そういった機会をふんだんに与えるために簡単に取り入れることができる3つの方法を提案したい。

(1) スモールトークで始める授業

　児童が共通して知っていると思われるトピックを担任が取り上げ，「今日のトピック」として英語で話をする。それに対して常に質問を児童に投げながらインタラクションを行う。その内容は，前日にあった学校行事（遠足，運動会，卒業式），あるいは学級での話題（朝顔の観察，給食やそうじなどの当番活動），または最近話題になっていること（スポーツで活躍している選手，地域のお祭り），世界の子どもたちの話題，さらに教師自身の趣味の話など児童の興味を覚えそうな内容を取り上げる。できれば，画像を準備するとさらに興味を深めることができる。

> T: Let's start our English class with "Topic of the day"
> T: Look at this.（前日にあったスケートの国際大会の新聞記事を見せながら）Who is this? Do you know his name?

(2) TTでインタラクションする授業

　小学校の英語の授業では，T1となる担任（あるいは日本人専科教員）に加えて，ネイティブ教員（または英語の堪能な日本人教師）がT2で入ってティームティーチング（TT）を行う場面が多くみられる。その場合，出来るだけその二人のやり取りを生徒に聞かせて，さらにはその会話に児童を巻

き込むような形でインタラクションを行う。教師から児童への2方向からTTと児童を交える三角形のやり取りにすることでインタラクションに広がりと深みが増す。また，児童の発話が単語レベルや日本語であってもどちらかの教師がさりげなく正しい言い方に変えることでインプットの貴重な機会も確保できる。

T1: What Japanese food do you like?（T2のネイティブ教員に向かって）
T2: I like all kinds of Japanese food.
T1: Really? Do you like tempura?
T2: Yes, I do.
T1: Do you like sushi?
T2: Of course.
T1: Do you want to ask him any questions?（児童に向かって質問を促す）
S1: Do you like sukiyaki?
T2: Yes, I do.
S2: Do you like 漬物？
T2:（T1に向かって）What's 漬物？
T1: Japanese pickles. Let's ask him the question. "Do you like Japanese pickles?"
Ss: Do you like Japanese pickles?
T2: Yes, I do.（S2に向かって）How about you? Do you like Japanese pickles?
S2: Yes, I do.

---

(3) 絵本の読み聞かせを取り入れた授業

　英語絵本の読み聞かせは小学校で多くみられる。絵本の読み聞かせを通して，児童は英語の繰り返しを楽しみながら日本語とは異なる音声に慣れ親しんだり，文化的な違いや音と文字の結びつきに自然に気付くことができる。さらに，教師が読み聞かせの談話手法を工夫することで児童のアウトプットを促す貴重なスピーキング教材となる。それは，ストーリーの中で与えられる場面設定や絵からの豊かな情報が，教師と児童がインタラクションできる場面を豊富に提供してくれるからである。

　文学作品としても高く評価されているような完成度の高い絵本は，出来る

だけ最初は原作に忠実に途中で止めずに読み聞かせをしたほうが作者の意図に合う場合もある。しかし，英語指導で絵本を用いる場合は児童がその絵本の内容への興味を妨げない程度にインタラクションを交えながら自然な発話を促したい。

T: What's this?（絵を指しながら児童の答えを求める）

T: Red bird, red bird what do you see. I see a ...（文を途中で止め，次を児童に言わせる）

T: What will happen next?（次の展開を予想させる）

T: Who thinks he is going to go home. Raise your hands.（展開予想の選択を与える）

T: Is this OK?（児童に主人公の行動に同意できるかどうかを確認する）

具体的な読み聞かせ方法は「背景情報3　絵本の読み聞かせからアウトプットへ」（☞ p.104）参照。

背景情報 8
音韻ループを鍛える学習法

1. リピーティング

　理解した英語テキスト（インプット）を内在化（intake）し，スピーキングなどのアウトプットにつなぐには，十分なプラクティスが必要である。PCPP（Presentation-Comprehension-Practice-Production）指導手順モデルにおける2つめのPにあたる部分である。このプラクティスにおいて，シャドーイング・音読とともによく活用されるのが，リピーティング（Repeating）である。リピーティングは，一定の音声英語（通常は2秒以内が目安）を聞いてもらい，その後十分なポーズをあけ，その間に学習者に聴取した音声の復唱を求める学習タスクである。英語の音声知覚を伸ばすだけでなく，音声の一時的な保持能力を高める学習法である。このリピーティングは，シャドーイングなどとはやや異なる効果が期待できる（効果の違いについて詳しくは，門田, 2012 および阿・林, 2014 を参照されたい）。

2. Read, Memorize, and Say と Read, Memorize, and Write

　リピーティングを，文字英語を素材にして行うのが，リード・アンド・ルックアップ（read and look up）である。もともと，音読から再生，暗誦への橋渡しになる活動で，West（1968）が，大教室かつ大人数など困難な状況の中にあっても効果がある方法として提唱したタスクである。句や節のチャンク単位で区切られた英文を，チャンク単位で黙読して，一時的に記憶し，その後記憶した英文を声に出して言う練習である。
リード・アンド・ルックアップのプロセス：
　　　黙読　→　短期記憶（音韻ループ）　→　ルックアップ　→　発音
　ここで音韻ループに記憶して発音するというプロセスをはっきりさせるには，**Read, Memorize, and Say** と呼ぶのが相応しい。この学習法の最大のねらいは，一旦短期的に保持して，その後発音することで，長期記憶への転送をはかる「リハーサル」効果にある。

　この Read, Memorize, and Say では，アウトプットは英語の音声である。しかしこれを文字言語でアウトプットさせると，一般には**転写（copying or transcription）**と呼ばれるタスクに近づく。転写は，これまで英作文に至る学習法として捉えられてきた。しかし，元の英文を見ながら書き写すのではな

く，紙を裏返す，あるいはページをめくるなどが必要な状況をつくり，学習者が一旦一時的に記憶しなければならないようにすることで，短期記憶（音韻ループ）を鍛える学習法になる。

記憶を伴う転写のプロセス：
　　黙読 → 短期記憶（音韻ループ）→ ターンバック（フリップ）→ 筆記

これは，上記と同様，Read, Memorize, and Write と呼べるのではないだろうか。

3. Read, Memorize, and Say の指導上の留意点

次の点が考えられる。

(1) チャンクの拡大

できるだけ一時的に記憶するチャンクのサイズを拡大させる工夫が必要である。一気に短期的に記憶できる容量は，通常，時間にして2秒がリミットである。例えば，以下の英文は，三宅（2009）で使用した英文であるが，句境界（/）よりさらに大きな節境界（//）で区切られたチャンクを目標にするとよい。ただし，2秒を大幅に超えないものにするよう留意したい。また，英文は教師の側で，予め句単位のチャンクに区切っておくと，それが生徒の目安になるので，チャンク境界をめぐって混乱が生じない。なお，（　）内の数字は，教科書付属のモデルCD音声における直前の句の発話時間（単位：ミリ秒）である。

英文例：After eleven months（1276）/ clean water appeared（1299）/ in the well（660）// The well was an amazing（1477）/ forty nine point three meters deep（1895）// When the people saw the well（1568）/ made with their own hands（1550）// they said（522）/ "This present（931）/ is more wonderful（1144）/ than money"（577）//

――三宅（2009: 57）より転載（なお，上記英文は *New Horizon English Course* より抜粋されたもの）

(2) 正答率の測定

どれだけのサイズのチャンクを，どれだけ正確に発音できたかを測定する。教師対生徒（学生）だけでなく，ペアを組んで実施することで，学習者自身で設定したチャンクのサイズと，正答率の両方を指標にしたスコア（各チャンクの語数の平均値×正しく発音できたチャンクの割合など）を算出する。例えば，上記英文の例では，（/）で区切られた11個のチャンクを学習者が設定して，そのうち8チャンクが正答した場合，全体の語数が40語であるので，チャ

ンクあたりの平均語数（40/11）に正答率を掛け合わせると 2.64 となる。これに対し，（//）で区切られた 4 個のチャンクを設定して，2 チャンクが正答した場合，チャンクあたりの平均語数（40/4）×正答率（2/4）は，5.00 になる。このような正答率データは，次のようなペア（A 君・B さん）でグラフにして互いに競うようにすることもできる。

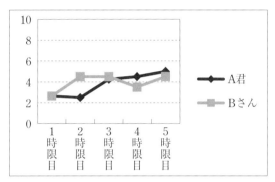

図 1　Read, Memorize, and Say の正答率：サンプルグラフ

4. Read, Memorize, and Write の指導上の留意点

　これは，できるだけたくさん記憶して書かせることがポイントである。

(1) 転写スパンの拡大

　Read, Memorize, and Say におけるチャンクのサイズとも関連するが，一時的に記憶して書き写すスパンをできるだけ多くとって転写するよう指導する。サイズが拡大すると，記憶・転写のスピードが格段に向上する。

(2) 時間の測定

　この (1) のトレーニングとして，英文パッセージ全体を正しく転写するのに要した時間を測定し，その時間を競うようなゲーム（コンテスト）を行う。ただし，転写の誤りは，1 つにつき，0.5 秒（500 ミリ秒）ずつ転写時間を増加させる形で入れるなど，正確に転写することにも同時に意識を向けさせるように指導する。

(3) 転写タスク終了後，どれだけ英文パッセージが自然に覚えているか，うまく再生できるかを，キュー再生（cued recall）〈上記英文例では最初の文につ

いて，After eleven months（　）のみを示しその後を再生させる方法〉や，再認テスト〈clean water appeared in the pond. などを示し同一の文が出ていたかどうかを答えさせる〉を与えて，同じ英文を，シャドーイング，音読，リピーティング，さらには Read, Memorize, and Say をしたときと，比べてもよい。これは，クラスルームリサーチ（classroom research）のテーマとしても面白い。

14 プレゼンテーションの指導

14.1 プレゼンテーション（プレゼン）の利点

グローバル時代では，様々な場所でのできごとがインターネットを通じて身近に見られるのは勿論，自らが英語を通して意見表明ができ，プレゼンを通じて自己実現のチャンスにもつながる。さらに，異なる考えや意見の人とのやりとりにおいて説得力のあるプレゼン力があれば，様々な人との協調的な仕事も進められる。実際，プレゼンを行う生徒の姿には，その成長があらわれ，教員が生徒の個性に気付く機会ともなり，準備等に注ぐ労力が報われる。実践例として，フォトストーリーとアウトリーチプロジェクトを紹介する。いずれも，モデルを見せ，原稿作成のフォーマットを与え，帯学習で共通の音読練習を行い，簡便な相互評価を行ったプレゼン活動である。

14.2 フォトストーリー

14.2.1 概要

1. 対象学年：第1学年，40名を2展開した20名，発表時は40名。週3コマ（日本人教員単独2，ALTとの協同授業1）
2. 単元：Lesson 7 *Not So Long Ago*　戦時に撮影された写真が戦争の悲惨さを後世に伝えているという内容
3. 教科書：*Crown English Series I*（三省堂）
4. 単元目標
   - 自分で選んだ写真にメッセージを付けクラスで発表する。
   - リード・アンド・ルックアップとシャドーイングでレベルを上げる。

14.2.2 時間配分

教科書の内容を受けて，生徒はメッセージ性の強い写真をインターネット検索等で選択し，それについて自分の思いを英語で発表することとした。JTE（日本人英語指導者）単独授業でのテキストの理解とALTとのチーム

ティーチング (TT) でのフォトストーリー原稿作成を連携させ,次の時間配分で進めた。

時	学習内容
第1時 Solo	フォトストーリー目標の説明　Section 1 の理解
第2時 TT	個別音リード・アンド・ルックアップ　シャドーイング 原稿 書き始め
第3時 Solo	Section 1 Q&A Section 2 の理解
第4時 Solo	Section 2 Q&A Section 3 の理解
第5時 TT	個別音リード・アンド・ルックアップ　シャドーイング 原稿 修正
第6時 Solo	Section 3 Q&A Section 4 の理解
第7時 Solo	Section 4 Q&A Section 5 の理解
第8時 TT	個別音リード・アンド・ルックアップ　シャドーイング 原稿 完成
第9時 Solo	Section 5 Q&A　フォトストーリー Practice
第10時 TT	フォトストーリーの発表1 (40名クラスで)
第11時 TT	フォトストーリーの発表2 (40名クラスで)

14.2.3　プレゼンの構成

　フォトストーリーには,共通部分の Introduction と各生徒で異なる① Information ② Opinion ③ Conclusion (第2時使用教材1と2参照) のフォーマットを用意した。まず,Introduction としてテキストからの抜粋を文字を見ないシャドーイングで発表する。①では写真についての情報を盛り込む。②では,メッセージを述べ,③ではテキストからの一文で締める。

14.2.4　Introduction と Conclusion は共通素材で音読練習

　意味理解後,教科書から Introduction と Conclusion になる部分を5分程度の帯学習で取り上げて,リピーティング,リード・アンド・ルックアップを経て,パラレル・リーディングからシャドーイングまでを行う[1]。

> 【Introduction】Ladies and gentlemen, welcome to our exhibition "Looking Back at the Twentieth Century." We have collected about three hundred photographs here. They will show you something of the history of the past century.
>
> 【Conclusion】This is the message I would like this photograph to bring to you today.

特にリード・アンド・ルックアップについては，形式的に黙読し目を上げて言うのではなく，目を上げた際には誰かに話しかけているように行わせる[2]。この質の高いリード・アンド・ルックアップを普段の授業に取り込むと定着に効果的である。短期記憶を自然に使うことに慣れてくるので，発表活動での効果は高い。「原稿に目が釘付け」状態がなくなり，アイコンタクトを保ち，自信を持って発表できる生徒が劇的に増える。

14.2.5　Information and Opinion はフォーマットで援助しグループ練習

プレゼン成功の鍵はよいモデルを提供することである。ALT は Kevin Carter の『ハゲワシと少女』（ピューリッツァー賞受賞）をスクリーンに投影し，次の原稿に基づくモデル発表を行った。ALT の視線，ジェスチャー，ポーズに注目させて，内容を理解するように生徒に指示する。

> Please look at this picture I brought. I found it on the Internet.
>
> **Information**（情報）：This picture was taken by Kevin Carter. It was taken in 1994. The picture shows a very hungry child, trying to find food. There is a bird looking at her.
>
> **Opinion**（意見）：This picture made me very sad. Some people in the world have no food. It's very bad for them. We are lucky because we have lots of food. We must help people with no food.

> **Conclusion**（むすび）: This is the message I would like this photograph to bring to you today.

資料1 〈第2時の使用教材1〉ALT によるモデル

その後，次のシートで理解確認を行い，確認後はこのシートが生徒原稿のフォーマットとなる。

> Please look at this picture I brought. I found it（on the Internet / in a book）.
>
> **Information**（情報）: please pick three sentences（3つを選ぶ）:
> 1. Who took the picture?
> 2. When was the picture taken?
> 3. Where was the picture taken?
> 4. What is in the picture?
> 5. What was the impact of this picture?
>
> **Opinion**（意見）:
> 1. How it moved you.
> 2. Your opinion / message.
>
> **Conclusion**（むすび）:
> This is the message I would like this photograph to bring to you today.

資料2 〈第2時の使用教材2〉原稿フォーマット

JTE 単独の授業の5分程度で，発表原稿の出来具合を確認し，質問にも対応するとよい。TT では，個別の音素［f］，［th］の発音練習と教科書から抜粋の部分の発表練習を帯活動で数分行い，原稿修正を行った。原稿を完成させ，第9時には，個人練習→ペアで→4人で，と練習形態を小グループまで変化させて，本番に臨ませた。

14.2.6　発表と評価

　各自2分程度の発表は40名を聴衆として行い，英語らしさ，メッセージ，発表態度の3項目3段階で相互に点数を付けた。生徒たちの選んだ写真とメッセージは実に多彩であった。特に印象深いものとしては，アウシュビッツ解放直後のユダヤ人（目がうつろなのは解放の喜びより収容時があまりにひどかったため），初代新幹線（素晴らしい日本の技術を誇りに思い継承したい），韓国人ピアニスト（二本しか指がないが，あきらめない），数え切れない作品に囲まれた手塚治虫（努力すれば偉大なことができる），東日本大震災（犠牲者にできることを考えよう），キング牧師（差別はやめよう）が挙げられる。ある生徒のプレゼンを紹介する。

　Please look at this picture I brought. I found it on the internet. This picture was taken by Mitsui Masashi. It was taken in Nepal in 2005. They are children who are studying at school. Look! They look excited!

　When I saw this, I felt impressed. We Japanese students don't like studying very much. But the students in Nepal study very hard with their eyes shining. Around the world there are a lot of people who can't go to school even if they want to. When I think of this, I feel how lucky I am. So, I want to study very hard for my future.

(http://www.tabisora.com/gallery/
nepal1/content/ne05-0965_large.html
© Masashi　Mitsui）

14.3　アウトリーチプロジェクト

14.3.1　概要

1. 対象学年：第1学年，40名を2展開した20名，発表時は40名。週3コマ

（日本人教員単独 2，ALT との協同授業 1）
2. 単元：Chapter 5 *Mother Teresa*
3. 教科書：*Mainstream English Communication I*（増進堂）
4. 単元目標
- 教科書 Chapter 5 Mother Teresa の主題「博愛精神」を発展させる。
- 原稿作成と発表において協同学習の形態に慣れる。
- 身近な問題について自らその解決策を考える。
- インターネットを利用し，問題について情報や画像を収集する。
- 英語での発表活動を体験し，他のグループ発表を評価する。

14.3.2　時間配分

教科書で学んでいるマザーテレサの博愛精神に則り，身近な問題を取り上げ，高校生として何ができるかを 4 名のグループで相談し，その解決策を写真とともに発表する。ALT とのチームティーチングで次の時間配分で進めた。

時	学習内容
第 1 時	4 名でテレサの 12 の名言の中心概念を理解し順位を付ける
第 2 時	アウトリーチプロジェクトの最終目標とそれに至るまでの段階を説明
第 3 時	テーマ探索：グループで話し合い，テーマを決定する
第 4 時	原稿作成：分担をし，協力し原稿を完成させる
第 5 時	発表練習：音声面の質，発表態度をグループで確認する
第 6 時	発表：積極的に発表し，聞き手として共感して聴く

14.3.3　テレサの名言のランク付け

発表の最後に，名言の一つを引用する。そのため，12 のテレサの名言をリストで示し，1～3 語の凝縮したキーワードにマッチングさせ，中心概念を理解させる（次ページ資料 3）。その後，世界が平和や愛に満ちたようにするには，どの順番で大事かを，まず自分で決め，話し合わせ，グループで順番を付ける。原稿作成時の協同学習グループのウォームアップ活動とする。第 2 時から第 5 時の 4 コマに渡り「帯活動」として Mother Teresa の名言を 4 つ程度取り上げ，個々の単語の発音やイントネーションに留意して音読練習を行う。

〈実践編〉14 プレゼンテーションの指導 213

Read the quotations from Mother Teresa.
What does each of these words refer to?

Quotations	Keywords	Rank
1 "When you don't have anything, then you have everything."	possession	
2 "One of the greatest diseases is to be nobody to anybody."		
3 "Kind words can be short and easy to speak, but their echoes are truly endless."		
（4-10省略）		
11 "What can you do to promote world peace? Go home and love your family."		
12 "Peace begins with a smile."		

action　being loved　cooperation　kindness
love and family　peace　possesion　small steps

資料3　マザーテレサ名言ランク付けシート

14.3.4　プレゼンの構成

　パワーポイントで原稿構成フォーマット（資料4）を示し，発表の骨組みとなるキーワードを解説する。このキーワードは，発表の際に小見出しとして節目となるので，自信を持って発話できるように音読練習を徹底する。

アウトリーチプロジェクト

Outreach: 奉仕活動　　　　　　Activist: 参加者
Problem: 問題　　　　　　　　Background: 背景
Equipment: 備品　　　　　　　Time frame: 期間
Budget and Funding: 予算，財源　Solution: 解決策
Expected problems: 予想される問題
Expected outcomes: 予想される結果

資料4　原稿フォーマット

フォーマットに則ったモデル発表をALTが画像（資料5）を提示しながら行う。既習の沖縄の珊瑚保護の例である。1回目は発表をよく見る。その際、ALTの身振り、視線、間の置き方に注意させる。

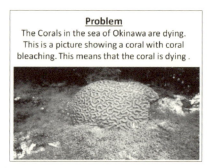

資料5　ALTのモデルでのパワーポイントスライド

2回目は、ALTはスクリプトを読み上げ、生徒はモデル理解シート（資料6）の穴埋めを完成させ要点を理解する。

Project Name	(Save) the Corals in Okinawa
Outreach to	The (Dying) Corals in the Okinawa sea
Activist	(Kinjo)
Problem	The corals are (dying) . (Global) (warming) is causing the problem.
Background	The coral reef is (home) (to) a lot of fish. Many (tourists) go to Okinawa to see the corals
Equipment	Scuba (diving) gear, digging tools, transplanting (tools)
Timeframe	(2-4) years
Solution	(Restore) the dying corals by transplanting new corals.

資料6　モデル理解シート

14.3.5　グループでの原稿作成

発表の構成要素を再確認し、この枠組みで発表原稿作成を進める。Useful expressions（次ページ資料7）を提供する。渡すだけでなく、表現の意味理

解の後に様々な音読活動で音声化の練習を行うと，生徒の原稿作成を援助する作業が捗る。

Useful Expressions for the presentation

1. Project name
The name of our project is ....
We created a project called ....

2. Outreach to
This outreach project is for ....

3. Activist(s)
We are group ....
My name is ....

8. Budget
We estimate that the project cost ....
The project will cost no money.

Funding
We will get the funding by doing a donation drive at school.

9. Solution
We plan to do the following activities.

資料7　Useful Expressions

大きなテーマが決定したら原稿作成のパートと写真収集係を分担させる。画像は4枚程度を使用する。適切に書くパートの分担ができているか確認する。その際，単なる仕事の分担でなく，PIESの原則[3]を意識して活動を進める。PIESとは，

Positive interdependence（互恵的相互依存）
Individual accountability（個人の責任）
Equal participation（平等な参加）
Simultaneous interaction（活動の同時性）

のことで，「互恵的相互依存」とは，「それぞれの学習者が互いに相手の学習の促進に関わる」，「個人の責任」とは，「一人ひとりの学習者がペア，グループワークにおいて自分は何をすればよいのかが，本人にも他の学習者にも明確である」，「平等な参加」とは，「それぞれの学習者がもれなく均等にその活動に取り組む」，「活動の同時性」とは，「ある活動が進行している時，それに参加している学習者の割合が高い」ということである。具体的には，グ

ループとして，論旨の流れに齟齬がないかに注意して，助け合いながら原稿を完成させるようにする。要請があれば語彙の援助や考え方のヒントを与えながら，豊かなアイディアが出るようにALTと分担し助言する。最終原稿は，ALTによる添削を行う。プレゼンに使用する画像は写真収集係がネット検索で数枚を収集する。係には検索方法及び画像保存方法を指導する。伝えたい内容が伝わるものであるか，適宜グループに見せて，確認させるようにする。

14.3.6 プレゼンの練習と発表

完成原稿は音声化をさせて，できない箇所については挙手で援助を得させる。個々の音に加え，イントネーションにも注意させる。どのタイミングで写真を変えるか，写真のどこに注目させるかなどに留意しリハーサルを行う。聴衆を見ながら写真を指さすと効果的であることを指導する。

発表では，環境問題（清掃ボランティア，資源のリサイクル），高齢化社会（老人ホーム訪問），教育（小学校へ英語を教えに行く，孤児院訪問，公園整備）などが取り上げられた。発表は40名を聴衆とし行い，英語らしさ，メッセージ，発表態度，チームワークの4項目3段階で相互に点数を付けた。

Outreach Project Evaluation Sheet

Group	English	Message	Attitude	Teamwork	Total	Members
1	1 2 3	1 2 3	1 2 3	1 2 3		
2	1 2 3	1 2 3	1 2 3	1 2 3		
3	1 2 3	1 2 3	1 2 3	1 2 3		
（途中省略）						
9	1 2 3	1 2 3	1 2 3	1 2 3		
10	1 2 3	1 2 3	1 2 3	1 2 3		

class（　　） no（　　） name（　　　　　）

ホームレスを取り上げたグループのプレゼンを紹介する。

Student A

After learning about one of the kindest human beings that lived ——Mother Teresa in our reading text, we were given a group task to create our own volunteer activity to help someone or to solve a problem that is close to us. This is our outreach project.

Project name: The name of our project is "Helping the homeless people around Tennoji Station."

Activists: We are Group 5. My name is N. My name is N. My name is H. My name is M.

Student B

Problem: This project is for the homeless people around Tennoji station. They need many things. Now it's very cold so they need warm winter clothes. We want to try to supply at least one of their needs.

Background: Homeless people increased in 1996 in Osaka city. There are 1909 homeless people as of 2013. They live in the parks, in the streets and in the train station buildings. I'm sure you've seen them.

Materials: To carry out this project we would need: used winter clothes that are still in good condition, posters, transportation and man power.

Student C

Timeframe: This project should take about 4 months.

Budget: We would only need money to make the posters which should cost about ¥1000.

Funding: We will come up with the money.

Solution: We plan to do the following activities:

1. First, we will get permission to carry out the project.
2. Second, make posters to tell people about our project and to collect used but clean winter clothes.
3. Get in touch with the homeless people through the city centre.
4. We give out the winter clothes to the homeless people who need them the most.

Student D

Expected Problems: We expect the following difficulties:

1. We might not be able to collect enough winter clothes

2. Man power might not be enough to carry out the project.

Expected Outcomes: If we can carry out this project, some of the homeless people will have one less problem to worry about.

We will end our presentation with a quote from Mother Teresa. "Love begins by taking care of the ones closest to you."

14.4　プレゼンの成果と課題

　平成24年1月に開催された「使える英語プロジェクト」成果発表会 Osaka English Forum で，代表の生徒8名が，フォトストーリーを，また，平成26年2月には，2グループの8名がアウトリーチプロジェクトの発表を行った。いずれも大ホールで200名程度の聴衆を前に，高校1年生が普段の学習の成果として英語でプレゼンを堂々と行った。この実践が誇れる点は，一部の選出生徒だけでなく，320名の生徒が，クラス内ではあるが，ほぼ同じ内容の発表をしたことである。計画を周到にし，モデルを与え，飽きの来ない練習を繰り返し，ペアや小グループ形態を取り入れることで，準備型のプレゼンは可能である。生徒には成就感があり，この生徒がこんなことを考えていると教員が学ぶことも多い。今後は，プレゼン後に英語でやりとりをする即興性，テーマが与えられ即座に意見をまとめ英語で表明する力や，ディベート力をどう養うかが，課題となる。

図1　2014年「使える英語プロジェクト」成果発表会表彰式　大阪府府咲洲庁舎

・注・
1) 鈴木寿一・門田修平（編著）．2012.『英語音読指導ハンドブック』東京：大修館書店
2) 野呂忠司．2012.「基礎知識（1）リード・アンド・ルックアップによる表現の記憶」『英語音読指導ハンドブック』鈴木寿一・門田修平（編著）東京：大修館書店
3) Kagan, S. 1994. *Cooperative Learning*. San Clemente, CA: Kagan Cooperative Learning.

背景情報 9

ズーミングプレゼンソフト Prezi の活用

1. マッピング感覚で作成，提示する

　Prezi にはスライドという概念がない。マインドマップと似た発想で，膨大なホワイトボードに，バラバラに文字や画像を配置する。サイズも傾きもそろっていなくてかまわない。伝えたい要素を置いてから，表示順を決めていくので，自由な発想ができる。順番通りにズームしながら移動し，映像作品のような見せ方ができる。Prezi の最大の魅力は，提示の際に，全体から細部，また細部から全体という視点を前提につくることである。PowerPoint や Keynote はスライドがあり，その枠に要素を書いていき，スライドを追加していくため，枠に思考が限定される。また，最後のスライドまで来ると，最初のスライドとの関係がぼやけてしまいがちある。

図 1　全体から細部へ，細部から全体へダイナミックに移動する Prezi

2. アカウントを作成し使う

図 2　アカウント作成

　Prezi.com にメールアドレスとパスワードを登録しアカウントを作成する。登録したアカウントでログインすると，デスクトップが編集画面になる。ソフトのインストールは不要で，どの PC からでも使用することができる。Prezi.com には英語での動画チュートリアルがあり，使用法が手に取るよう

にわかる。英語で学ぶ体験にもなる。ぜひ，挑戦してみてほしい。

図3　動画チュートリアル

3. 無料の料金システムで作品公開が前提

「ウェブでアイデアをシェアしよう」という理念があり，Preziで作ったものは公開され，全世界で1億以上の作品が公開されている。そのため，Prezi.comの検索ボックスで，例えばMartin Luther Kingを入力すると，沢山の作品が出てくる。作りかけの作品もある。他人の作品をコピーして，修正し，使用することもできる。いくつかの作品をコピーし，自分で修正を加えてみると，どのように組み立てられているかよくわかる。編集したデータは常に同期され，デバイスを選ばず最新版のデータでプレゼンが可能である。公開したくなければ，料金プランを選択するシステムである。

4. 普通教室を簡易AVルームに

専用アプリのPrezi viewerをダウンロードすれば，iPad, iPhoneでも表示ができる。iPad，もしくはiPhone，VGAコネクター，プロジェクター，マグネット式のスクリーン，ブルートゥーススピーカーを用意し持っていくと，普通教室を簡易のAVルームにできる。二本の指でつまむような動作で画像を拡大・縮小するピンチインとピンチアウトができ，全体から細部，細部から全体という見せ方で，生徒の集中を高めることができる。特に，実践編「2　導入活動：高等学校」（☞p.36）で紹介した，オーラルインタラクションでは，素晴らしい効果が期待できる。次に何がズームされるのか，生徒がワクワクする展開でス

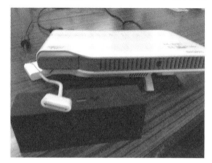

図4　ブルートゥーススピーカー　VGAコネクターをRGBコネクター経由でA4サイズのプロジェクターに

トーリーを語ることが可能である。通常聞き手は説明を受けると，要素の関係を頭の中で構成し，その上で各要素にフォーカスして理解を深める。Prezi ではこの思考プロセスをスクリーンに表示できる。そして，オーラルインタラクションで英語を直接理解させようとする際，キーワードやイラスト写真を Prezi で提示すると，この思考プロセスに合っているので，生徒の理解を効果的に援助できる。TED のスピーカーの多くが，Prezi を利用しているのはこの理由である。

15 プロジェクトの指導

15.1 プロジェクト学習とは

プロジェクト学習（Project-based Learning: PBL）について，西村は第2言語習得との関係を含め以下のように定義している。[1]

1. 学習者が主体性・自律性を発揮する取り組みを中心としている。
2. 明確な目的を持つプロジェクトを完成させる。
3. プロジェクトへの取り組みの過程で，問題解決能力・批判的思考力・学習へのメタ認知能力が要請される。
4. 課題のテーマについての知識を深めること，並びに目標言語の習得を促進することを究極の目的とする。
5. 入念に組み立てられた一連のタスクがあり，学生は多面的な言語技能を用いる諸活動を行う。
6. そのタスクに取り組む間，学生は情報の収集・処理・報告を活発に行う。

上記の定義は，タスク中心の指導法（Task-based Language Teaching: TBLT）とも密接に関係しており，特定の文法習得のためのPPP（Presentation-Practice-Performance）という従来から行われている教師のモデルをもとに行われる指導法ではなく，生徒の直接的な経験を通して行われる帰納法的な指導法であるといえる。

また，プロジェクト学習は文部科学省（2013）が掲げる「21世紀型能力」としての実践力・思考力・基礎力を育成することにもなる。教科横断的な汎用能力や地球規模の諸問題に対して対応できる実践力の育成に向けても重要な取り組みである。

15.2 実践例（中学 3 年生〜高校 2 年生）
15.2.1 単元全体構想

1. テーマ

    バリアフリー社会【福祉・人権領域】

2. 目標

    - 日本におけるバリアフリー社会についての現状を理解し，解決案を提示できる。
    - 写真，イラストを使ってパワーポイントで 6 分程度のプレゼンテーションができる。

3. 単元の流れ【全 17 時間】

単元の流れ	主な活動内容	スピーキング活動と評価項目	21 世紀型能力
導入【2 時間】	○本質的な問いについて考える ・日本は"good country"かについて考える。 ○写真・イラストの提示 ・聞く活動および読む活動 1 で使用する英文の概要を表す内容を写真やイラストで示す。 ○写真・イラストの描写 ・自分の言葉で写真・イラストを描写する。 ○障碍者の問題に関する情報収集を指示 ・日本語，または英語で書かれた情報を集め，スクラップブックに張り付ける。	・意見交換 ・状況描写	・言語スキル ・発見力
聞く活動【1 時間】	○読む活動 1 の英文を聞く ・新出単語の練習をする。 ・英文を見ずに概要を確認する。 ・詳細情報を理解する。		・言語スキル
読む活動 1【2 時間】	○内容を自分の言葉でまとめる ・内容を確認する。 ・音読する。 ・キーワードを取り出す。 ・自分の言葉で口頭サマリーする。	・Q&A ・状況描写	・言語スキル

〈実践編〉15 プロジェクトの指導　225

【読む活動2】[6時間]	○新出単語の練習 • 英語と日本語が記載されたワードリストで練習する。 ○写真・イラストの提示 • 内容の概要を写真・イラストで提示する。 ○内容を理解する • 新出単語を繰り返し練習する。 • 概要→詳細情報の順序で内容を確認する。 • 教科書に書かれた内容確認だけでなく，生徒の意見を尋ねる質問も行う。 • 新出文法は意味と形式を簡単に説明する。 ○音読する • 様々な手法で音読する。 ○口頭サマリーする • キーワードを取り出す。 • サマリーを書く。 • 口頭サマリーする。 ○対話する •「乙武洋匡」を形容詞で描写する。 • 描写した理由について意見交換する。	●状況描写 • Q&A ●状況描写 • 意見表明 ●人物描写 • 意見交換	• 言語スキル • 論理的，批判的思考力
【リサーチ】[2時間]	○国内外の情報を収集・整理する • スクラップブックを使って集めた情報をタイトルをつけるなどして整理する。 • 更なる情報をインターネットを使って検索する。	• インタビュー	• 言語スキル • 発見力 • 自律的活動力
【書く活動】[2時間]	○まとめる • 教科書で学習した内容とリサーチで集めた情報を融合させる。 • パワーポイント資料を作成する。		• 言語スキル • 問題解決，創造力 • 論理的，批判的思考力
【発表する】[2時間]	○パワーポイントで提言型の発表をする • 一人一人が発表する。 • 発表後，質疑応答を行う。	●プレゼン • 質疑応答	• 言語スキル • 持続可能な未来への責任

• 評価対象外　●評価対象

15.2.2 導入 聞く活動 読む活動1

(1) 本質的な問いについて考える

導入で最も大切なことは，"本質的な問い"[2]である。本質的な問いとはある単元または複数の単元を通して考え続ける対象である。プロジェクト学習における最終ゴールを示す意味で，この本質的な問いへの答えが最後のプレゼンテーションで言及されることになる。本単元では，"Is Japan a 'good' country?"に対する意見を冒頭から尋ねる。

まず，この本質的な問いに対する自分の考えをノートに英語または日本語のキーワードのみで書かせる。次に英語のセンテンスでどのように言えばいいか頭の中だけで考えさせる。最後にペアで1分程度，意見交換する。

ペアによる意見交換が終わると，生徒数名を指名し意見を言わせる。この時，明確に自分の意見が言えなくてもよい。目的は初期段階でテーマに対する視点を与えることである。

[Example]
T: Do you think Japan is a good country?
S: Yes, I do.
T: Why do you think so?
S: Because Japan is clean, and Japanese people are kind.
T: Are you sure that Japanese people are kind?
S: ???

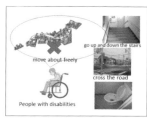

(2) 写真・イラストの提示と描写

本質的な問いを提示した後は，教材の英文を見せずにパワーポイントで概要を解説する。この時，いくつかの新出単語とその意味（日本語）を含めて描写する。

その後，新出単語の発音練習や解説した英文の一部をリピートさせる。そして生徒が自分の言葉で写真・イラストを説明できるように練習させた後，教師の前で写真・イラストのみを見て口頭で説明させる。これは，あえて英文全体を見せずに英文を自分で組み立てることができるようにすることを目的として

いる。意味が通じない global error を含む英文が出てきた場合は助言し再チャレンジさせる。

(3) 障碍者の問題に関する情報収集を指示

単元の最後のプレゼンテーションへ向け導入段階から日本語、または英語で書かれた情報を集め、スクラップブックに張り付けることを指示し、常に能動的なテーマ学習を生徒に意識させる。

(4) 聞く活動および読む活動 1

導入で示した写真・イラストは聞く活動及び読む活動 1 で使用する教材から抜粋または言い換えたものである。そのため、それらが足場（scaffolding）となって聞く活動や読む活動 1 が slow learner でも比較的理解しやすくなる。この 2 つの活動の教材は全く同じもので聞くこと→読むことの順序で行う。これは「話せる（対話できる）ためには聞けること」という考えを前提としているためである。

```
the disabled
physical barrier
not move
```
メモの例

読む活動 1 が終われば、導入で行った絵・写真の描写にこの 2 つの活動から得た新たな情報を加え口頭サマリーさせる。この時、絵・写真などは見せずにキーワードが書かれたメモのみを見て行う。

15.2.3 読む活動 2
(1) 新出単語の練習

ワードリストを使って、制限時間以内に日本語→英語、または英語→日本語で素早く言えるようにペアで練習する。新出単語練習はしばらく毎授業の冒頭に何度も行う。

(2) 写真・イラストの提示

読む活動 1（聞く活動）では、比較的単純で短い英文を使用するが、読む活動 2 では、長文教材を使用する。導入の時と同様に写真・イラストで概要を説明する。ここで行われる概要説明を参考に生徒は読む活動 2 の最後に口頭サマリーすることになる。概要説明では教師の一方的な説明に終わらない

ように Q&A を交えて行う。

[Example]
　T: What do you see in the picture?
　S: There is a bicycle.
　T: Do you think the bicycle is a barrier for disabled people?
　S: Yes.
　T: Mr. Ototake thinks that there are a lot of barriers in the Japanese society.

(3) 内容を理解する

　内容理解は原則，鈴木寿一氏（京都外国語大学）が提唱する視点を変えながら繰り返し英文を読んでいく"ラウンド制"を用いて，全体の概要に関する質問→詳細情報に関する質問→英文に書かれていないが推測可能な質問→自分とのかかわりに関する質問→テーマ全体に関する自分の意見，の順序で行う。例えば以下のような質問を行う（生徒の実情に合わせて英語の使用量を加減する）。

[Example]
1. What is mainly written in the passage?（全体概要）
2. What does Mr. Ototake complain about in the Japanese society?（詳細情報）
3. Does Mr. Ototake think that Japan is a good country?（推測）
4. If you come across a disabled person who is in trouble at a station, what will you do?（自己関連）
5. Do you think Japanese society is kind to disabled people?（意見）

　文法については文脈の中で意味を中心に理解させ，音読活動の中で意味の塊（チャンク）として覚えさせる程度にとどめ，詳しい解説は，単元が終了した段階で別途扱う。

(4) 音読する

　内容がおおよそ理解できた段階で，音読活動を生徒の実情に合わせて以下のような手法から選択する。

• バックワード・イチゴ読み
　教師が英文を後ろから前へ，1語ずつ増やしながら発音し生徒が繰り返す。
• バックワード・ビルドアップ

教師が英文の最小単位（チャンク）ごとに，後ろから前へ積み上げながら音読し，生徒は繰り返す。
- リッスン・アンド・リピート
  教師が句や節や文ごとに発音し，生徒は英文を見ながら繰り返す。
- リード・アラウド・リッスン・アンド・リピート
  教師が句や節や文ごとに日本語を言い，それに該当する英語を生徒が音読する。
- パラレル・リーディング
  教師（または CD）の朗読を聴くと同時に，英文を見ながら音読する。
- リード・アンド・ルックアップ
  生徒が英文（1 文から数文）を黙読した後，顔を上げて英文を見ないで発音する。

＊『英語音読指導ハンドブック』（大修館書店, 2012）より

(5) 口頭サマリー

スピーキング能力の育成の土台となる活動である。内容理解および音読活動を通して獲得した情報や英語の表現を自分なりに加工して表現する段階である。slow learner にとってはもとの英文をつなぎ合わせるだけの活動になりがちであるが，できる限りパラフレーズして自分自身の英語（my English）へ向けた活動と位置付けたい。教師の前で何も見ずに（場合によってはキーワードのみ）内容の要約をさせる。

global error 以外の文法的正確さを強調しすぎないことが発話量の増加につながる。ただし，スピーキング力のある生徒については正確さを積極的に要求する。生徒の実情に合わせ以下のようなものから選択して行う。

- パラグラフごとのサマリー
  この場合，パラグラフごとにトピック・センテンス→具体例または根拠の形式を意識させて行う。slow leaner は全文をノートに書いて暗誦する傾向にあるが，できる限りキーワードを見て頭の中で英文を組み立てるように助言する。ある生徒のサマリーを聞いた後，他の表現方法はないかを検討することも大切である。
- 序数を使ったサマリー
  時間の経過ごとや主張の根拠を列挙するときなどに first, second, third などの discourse marker を使いながら一つずつサマリーを行う。一つ一つ

の情報量が少ない時はまとめて行ってもよい。たとえば，ストーリーで登場人物のとった行動を時系列で説明するときなどが考えられる。

- 特定の項目のみのサマリー
  本単元を例にとると，「日本の障碍者に対する現状」「乙武洋匡さんの人物描写」「日本人の障碍者に対する態度」等の話題に絞ってサマリーを行う。パッセージの情報を整理・統合させていくかなり難易度の高い活動である。

- ペアまたはグループよるサマリー
  複数の生徒を起立させ，順番にサマリーを行うが，教師が適当なところでストップをかけ，次の生徒が最初の生徒が説明していない情報について説明する。同様に3番目，4番目の生徒は今までの生徒が説明していない情報のみを話す。他のメンバーの説明内容をよく聞いていないとできないサマリーであり，情報をかなり自由に取り出せる段階で行う。サマリーとしてまとめた英文を丸暗記しただけではできない難易度の高い活動である。

- 全体サマリー
  パッセージ全体について言及させる。ただし，制限時間を設け重要だと思われる情報を中心に説明させる。このサマリーが最終的に行うプレゼンテーションの中核的な情報で，slow learner を含めてだれもが理解可能で共有できる情報となる。

- 意見を含めたサマリー
  パラグラフサマリーや全体サマリーの最後に1〜5文程度の簡単な感想や印象等について言及させる。

［Example］（パラグラフのサマリー例）

元の英文

Where does that understanding come from? I think it's worth looking at the question of familiarity. Japanese people may have had the experience of seeing a disabled person in difficulties at a station but not knowing how to offer help. It's total unfamiliarity that makes people hesitate like that. So they walk on by. But I don't think they should blame themselves. Even now, you don't come across many disabled people in the streets or on trains in Japan. It's not easy to know how to approach people with whom you've had so little contact. (96 words)

【生徒のサマリー例】（パラグラフサマリー）
1. Many people don't know how to help disabled people as they have little chances to meet them outside.
2. Many people don't understand disabled people. This is because they are not familiar with disabled people. But Mr. Ototake believes that people have little chances to know more about disabled people, because many disabled people don't go out.
3. Many people don't know about disabled people, because they don't come across disabled people very often. Mr. Ototake thinks it's difficult for us to approach people we are not familiar with.

(6) 対話する

　教科書に記載されているダイアログをモデルとしてペアで対話させる活動は中学校でよく行われているが，モデルなしで対話を自由に続けていくことはかなり難しい。そのため話す視点を設定して，ある程度，話題を絞り込む。本単元では以下の3点について自分の意見を考え，その後ペアで意見交換する。

1) 登場人物（乙武洋匡さん）を形容詞1語で描写し，その理由を本文中の記述から裏付ける。形容詞は教師が選択肢を用意し，そこから選ばせるほうがいい。

（brave / selfish / cheerful / courageous / intelligent / positive / negative など）

2) "If I were 登場人物, I would ...." の内容を考える。

3) What I can do to help (solve, improve) is .... を考える。

　対話があまり続かない場合，英語で対話を始める前に日本語で一定時間行うことも効果的である。日本語で行った対話の中で盛り上がったポイントをペアで共有し，その点を中心に英語でどのように表現したらいいかを考える。この活動においても先述のサマリー活動が重要な役割を果たす。少し角度を変えて話すだけであるが，対話が続いてくると生徒は話すことに自信を持ち始める。

[Example]
　S1: I think he is kind, because he said, "I don't think people should blame themselves." Though people don't help disabled people in trouble at a

station, he doesn't criticize them. What do you think?
S2: I don't know if he is kind, because he was very angry when he saw <u>the notice "Person in wheelchairs, please use only when accompanied"</u>
S1: I see. But he talked about bad things in the Japanese society on behalf of all disabled people. I don't think many of disabled people can tell their real feelings about their daily lives. So he is kind.
S2: That's true. But I don't think he likes Japan and Japanese people. He said, "<u>In Japan, sameness is the common rule, and people are afraid of stepping outside its boundaries. In such a society, it may not be easy for people with disabilities to be accepted.</u>"

・・・以下省略・・・

＊下線部は教科書に記載されている英文のままか部分的にパラフレーズした箇所

15.2.4 リサーチおよび書く活動
(1) 国内外の情報を収集・整理する

　リサーチの目的は，本質的な問い（ここでは Is Japan a "good" country?）または単元に特化した問い（ここでは Do you think the Japanese society is kind to disabled people?）への答えを導き出すための事実関係の資料を探すことにある。教科書だけではその資料として不足しているので生徒自らがインターネット等を使って情報を探索する。教科書による学習が終了してからリサーチのための時間を1〜2時間程度割いて行うが，できれば，単元導入時からか，あるいはある程度テーマに関する学習が進んできた段階で本質的な問いまたは単元に特化した問いに関するリサーチを指示したほうが多くの情報が入り，その分，教科書の理解も深まると思われる。例えば，以下のようなリサーチペーパーのフォーマットを作成して随時，関連資料を添付したり，検索した情報をまとめたり，意見を記載したりするとまとめの段階がスムーズになる。

〈実践編〉15 プロジェクトの指導　233

テーマ（単元に特化した問い）：
　　　Is the Japanese society kind to disabled people?
　　　「日本は障碍者に優しい国か」

資料１　新聞，コラム，写真等および見出しを添付　　（見出し）
　　　Disabled people are left behind!
　　　障碍者が取り残されている

> More barrier-free steps urged in disaster zone
> For disabled evacuees, immobility a part of life yet to be remedied
> ....
> 　　　出典: *The Japan Times Kyodo* (Jun 27, 2012)

要旨
　　　Many disabled people have a hard time in Tohoku.
　　　　They cannot move around freely so....
　　東日本大震災での避難生活で多くの障碍者が取り残されている……

意見
　　　Japanese people should think more about disabled people, because....
　　日本人はもっと障碍者のことを考えるべきだ。それは……

---

(2) まとめる

　まとめる活動はプロジェクト学習で最も大切な活動である。教科書で扱った教材の情報および言語を習得した状態から更なる情報を追加して第三者に理解してもらえるように整理していく。まとめるために必要なことは，何のためにまとめるのかという課題設定，課題と関連した教科書情報，リサーチ情報，対象となる課題の洗い出し，課題に対する自分の考えおよび課題に対する解決策等である。リサーチペーパーのフォーマットを準備し，項目ごとに個人またはグループでまとめていく。

【発表のためのリサーチペーパーフォーマット】

> **課題**　どのようにすれば日本を平等社会にできるか
> 　　　　　―障碍者の問題に注目して―
> 1　障碍者の定義
> 　　英英辞典や先行研究から引用するなどしてまとめる。
> 2　障碍者を取り巻く状況
> - 本文からの引用または言い換えて書く。
> - グループで手分けしてリサーチした内容を持ち寄る。
> - 本文に出てくる人物にインタビューした形で本文の英文を抜粋または言い換えて書くか，または実際に障碍を持たれている方にインタビューする。
> 3　日本の問題点（他国と比較して）
> 　　日本における問題点を洗い出し，人権・福祉で先進的な諸外国の状況と比較しながらまとめる。
> 4　解決策（行動計画）
> 　　グループで話し合い，中高校生としてバリアフリー社会への道に対して貢献できることを考える。
> ＊リサーチしたり解決策に関してアイディアを出し合ったりすることはグループで行うが，リサーチペーパーにまとめる作業は生徒一人一人が個別に行う。

15.2.5　発表する

(1)　パワーポイントで提言型の発表をする

　英語で発表するときに大切なことは，原稿を"読まない"ことである。パワーポイントのシートやメモのみを見ながら発表していくことがコミュニケーション能力の育成につながる。書く活動で作成したリサーチペーパーをもとに発表し，その後，必ず質疑応答の時間を設定する。書く活動から発表するまでの手順は以下のように行う。

1) 発表情報の精選：発表時間内（この事例では6分）に終了するようにリサーチペーパーから必要な情報を抜き取る。発表時間は，リサーチペーパーのすべての情報を説明しきれない時間帯を設定する。これは質疑応答の時間を効果的に使うためである。

2)パワーポイント資料作成:1の情報に合うようにリサーチペーパーのフォーマットの順序で作成する。絵・写真・グラフを多用し,英語は原則,単語レベルで表示し,文レベルの記述は避ける。
3)想定質問に対する回答書を作成:発表時間をあえて短縮することによって,不足情報を聴衆から引き出す。発表者は発表で説明できなかった情報を発表内容とは別に準備する。

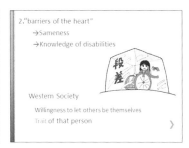

図1　生徒が作成したパワーポイント資料

　プロジェクト学習は,できれば現実社会と直接的なつながりが持てるタスクを最後に行いたい。本事例では,特別支援学校を訪問したり,プレゼンテーションを文化祭において一般来校者を対象に行ったりするとauthenticな活動となる。また,地球規模の諸問題を扱う場合は海外の中学校や高校と共同で取り組むことも可能である。
　現実に社会が直面している問題の解決へ向けた学習と実践は多面的・論理的・批判的思考力を高め,言語面においては4技能統合型の授業の設定を可能にする。英語授業におけるDewyの教育理念である"learning by doing"に加え,"thinking by doing"さらには"doing by thinking"へと生徒が成長できるように,21世紀に生きる市民としての資質・能力育成を目指したプロジェクト学習は取り組む価値が大いにある。

・注・
1) 西村月満. 2012.「プロジェクト課題による大学教育：その背景と実践」『北里大学一般教育紀要』
2) 田中耕治・水原克敏・三石初雄・西岡加名恵. 2012.『新しい時代の教育課程』東京：有斐閣

背景情報 10
CLIL とは？

　CLIL（Content and Language Integrated Learning）は欧州評議会が目指す「ヨーロッパ市民」の育成を目的として主にEFL（English as a Foreign Language）として学習する生徒を対象に生まれた指導法で，Marsh（2002）によると "CLIL refers to situations where subjects, or parts of subjects, are taught through a foreign language with *dual-focused aims*, namely the learning of content, and the simultaneous learning of a foreign language." と定義されている。さらに学習活動全般に必要な "学習スキルの向上も意図されている"（池田, 2011）。

　類似の指導法にCBI（Content-based Instruction）があるが，CBIはアメリカにおいてESL（English as a Second Language）を学習する生徒のために開発された，授業は全て英語で行われることを前提とした指導法である。一方，CLILは非英語母語話者が自分の母語で指導することも認められている。

　CLILは「4つのC」といわれる内容（Content），言語（Communication），思考（Cognition），協学（Community/Culture）の構成要素から成る。

　内容（Content）は，社会科や理科等で学習する内容を英語教育に取り込むことである。また，オーセンティックな教材の使用が奨励されており，新聞，雑誌，ネット情報，小説など現実社会で使われている情報源を使った指導が期待されている。

　言語（Communication）は，英語学習で必要な語彙や文法などの言語材料および情報の収集の仕方，レポートの書き方，ペア・グループでの活動の仕方などの学習スキルおよびこれらの両方をつなぎ合わせる具体的なタスクに基づいて言語材料や学習スキルをリサイクルさせることを指す。例えば，英語で書かれたオーセンティックな教材を使って，世界の児童労働について調査し，問題点や解決策についてディスカッションをして，自分の考えをレポートにまとめ発表することである。

　思考（Cognition）は，池田（2011）によると，ブルームにより考案され，アンダーソンらによって修正された思考の分類に基づき構造化されている。低次思考スキル（LOTS = Lower-order Thinking Skills）として，「記憶（暗記，列挙，描写等）」「理解（説明，分類，要約等）」「応用（実践，実行，使用等）」，また高次思考スキル（HOTS = Higher-order Thinking Skills）として，「分析（比

較，整理，統合など）」「評価（確認，仮説，実験，検証等）」「創造（設計，計画，発明等）」の6つの思考段階を挙げている。

協学（Community/Culture）は，教室や学校から市町村，国，地域，地球全体というように，人を取り巻くコミュニティの広がりを意識し，学習による成果は個人による学習だけで獲得されるものではなく，相手の対話や交渉を通して獲得されるものであり，また地球市民を育成するという観点に基づいてCLILではグループで協力しながら学習することを重視している。

池田（2011）はCLILの10大原則として以下のことを挙げている。

1. 内容学習と語学学習の比重は1:1である。
2. オーセンティック素材（新聞，雑誌，ウエブサイトなど）の使用を奨励する。
3. 文字だけでなく，音声，数字，視覚（図版や映像）による情報を与える。
4. さまざまなレベルの思考力（記憶，理解，応用，分析，評価，創造）を活用する。
5. タスクを多く与える。
6. 協同学習（ペア，グループ）を重視する。
7. 内容と言語の両面の足場（学習の手助け）を用意する。
8. 異文化理解や国際問題の要素を入れる。
9. 4技能をバランスよく統合して使う。
10. 学習スキルの指導を行う。

この10大原則に基づき，池田（2011）は以下のタスク考案のためのマトリックスを紹介している。

協学＼思考	低次思考スキル（LOTS）			高次思考スキル（HOTS）		
	記憶	理解	応用	分析	評価	創造
個人学習	英単語の暗記					
ペア学習		主題に関する議論				
グループ学習				原因の分析と議論	異なる記事の評価	
一斉学習			主題の口頭説明			社会問題プレゼン

＊上記の具体例は池田（2011）をもとに作成

上記のマトリックスを参考にCLILを意識した授業内容を以下に示す。

テーマ：child labor【国際問題】
使用教材：教科書，ユニセフホームページ
目標：
1. 世界の児童労働の現状を分析し主な原因を理解できる。【集団──分析】
2. 日本の現状について議論できる。【二人学習──理解】
3. プレゼンテーションで解決策を打ち出す。【一斉学習──創造】
4. 「子どもの権利条約」を暗誦する。【個人──暗記】

授業時間	主な教材	中心技能	評価	指導内容	形態	プレゼンとの関係
1	Would you be happy if you were forced to work?	導入		仕事は何のため？（アルバイトの意味）		「見つける」↓自分たちの生活との比較
				1 アルバイトに関する質問→キーワード提示	全体	
				2「アルバイトの条件」をグループ発表	グループ	
				3 仕事に関する like to / must / be forced to の違い	全体	
				アルバイトと児童労働の違い		
		Listening		1 アルバイトの理由→労働の内容・理由・問題点	個人	
				2 我々がすべきこと→平等の意味	個人	
2・3			●	3 スクリプト提示（意味確認 Q&A）→ディクテーション（dictogross）→シャドーイング→部分暗唱	個人	
		Speaking	●	4 日本の高校生のアルバイトに関するペアによるディスカッションと報告・録音	ペア 個人	
4・5	Venezuela Jordan Botswana	Reading 1		存在しない子どもの現状		見通す
				1 映像→8人の子供たちの様子描写→存在しなくなる原因	個人	「求める」↓現状把握
				2 子供たちの過去・現在の様子とその原因（読み取り）→口頭説明（英語または日本語）	グループ	
				3 子供たち（3人）の文書まとめ（英語または日本語） ＊原文を見ない	個人	
			●	4 まとめた文書と原文を比較→校正→提出 ＊原文を写さない	個人	
6				存在しない子供の原因		
				1 読み取り（表の書き込み：スキャニング・スキミング）	グループ	
				2 分析読み：動詞の認識→ちゃんキング（意味確認）→チャンク読み	グループ	
			●	3 意味音読 ＊音読を止めて意味確認	グループ	
7	Who were the invisible	Reading 2		存在しない子供の原因現状と原因の詳細		「求める」↓原因把握
				1 話題の認識→児童労働の種類確認	ペア	
				2 語彙選択読み（理由を確認）	ペア	

8			3 単語並び替え	ペア	
			4 誤内容語の指摘→訂正	ペア	
			5 黙読→コンセプトマップ→説明（英語または日本語）＊マップのみ使用	グループ	
9・10			● 6 音読→英文の部分暗唱	グループ	
			● 7 児童労働別の口頭説明（録音）＊単語カードのみ使用（10枚以内）	個人	
			＊最優先で改善すべき児童労働を一つ選択し，その具体的解決策を考える（100語以内）→提出	個人	
11			個人の国際貢献例の考察		
			1 フローチャートの完成（5W1H）	個人	
12・13	Christina Noble	Reading 3	2 語彙選択読み（理由の確認）	グループ	「求める」↓人から学ぶ
			3 コンセプトマップ作成→日本語による説明 ＊1のフローチャートは見ない	グループ	
			● 4 Story telling（録音） ＊単語カードのみ使用（10枚以内）	個人	
14			● 5「子供の権利条約」日本語訳→正式な日本語訳と比較→暗唱	グループ	
15	Craig Kielburger	Research	リサーチによる情報収集		
			1 Craig Kielburger に関する基礎情報を読む→インターネットでリサーチ→情報をまとめる（グループ）	グループ	
16			2 収集した情報を発表	個人	
17			人から学ぶ		
	All Materials	Writing ↓ Speaking	1 Noble と Craig から学んだこと＋自分ができること：ブレーンストーミング→原稿→提出	個人	「広げる」↓学んだことを表明
18			2 グループ原稿作成	グループ	
			3 暗唱	グループ	
19			● 4 プレゼンテーション	グループ	
			5 Q&A		
20	All Materials	Writing	リフレクションシート（英語技能＋テーマ）	個人	「振り返る」↓「活かす」↓今後の生き方
			地球に生きる1人としての自分		
			● これからの生き方について 300~1000 語程度のエッセイを作成→冊子作成	個人	

　この例は筆者が高校3年生を対象に行った授業であるが，上記のCLILの10大原則をおおよそ網羅しているのではないだろうか。CLILの構成要素である「4つのC」について，まず内容（Content）は国際問題を扱いユニセフが公式に出している情報を中心に学習した。言語（Communication）については語彙や統語を繰り返し学習し，ユニセフの情報を中心に理解を深め，ペア・グルー

プおよびクラス全体で内容の確認や自分たちができることについて討議したり発表したりした。

　これらの過程で生徒はテーマに関する問題点や疑問点を「見つける」活動を行い，次にそれらの問題点や疑問点をどのように解決していくかを個人，ペア，グループで「見通す」。そして，具体的な事実や解決へ向けて必要となる情報を「求める」。最後にグループで解決案を打ち出してクラス全体に「広げる」活動を行う。この単元の終了後にテーマ全体や自分の学習状況を「振り返る」ことと今後の自分の生き方に「活かす」活動を行い，「見つける」「見通す」「求める」「広げる」「振り返る」「活かす」一連の活動を仕組んでいく。

　これらの活動を通して思考（Cognition）の中で低次思考スキル（LOTS）だけではなく，高次思考スキル（HOTS）を育成し，協学（Community）で期待されているクラスのつながりが生まれたのではないかと考えている。

　この授業で最も心がけたことは，CAN-DOの重視，タスク・ベースに基づく授業，自律性の育成である。CAN-DOはCEFRを参考に技能ごとの到達目標を設定し各タスクとの関連を考えた。タスク・ベースに基づく授業は，教師の一方的な講義ではなく，ペア・グループ活動を通して4技能の活動を助け合いながら進めていった。そして自律性の育成については，教師がどこまで介在せずに授業ができるかについて考えた。ペア・グループ活動を中心に授業を進めていく中で，教師は生徒の様子をモニターしていく。できる限りファシリテーターとしての役割に徹し，生徒は教師の指示から独立して，自ら活動の意義を明確に認識し，発達したメタ認知能力を使い，英語学習に対する自分の現状を分析し，次の目標へ向けた日々の学習計画を立てながら取り組んでいったのではないかと感じている。教師は指導計画を立て，class communityの発展に伴って，その指導法を変えていき，徐々に教師の"権威（authority）"をclass communityを構成する生徒たちに移譲していくことが大切だと思う。

　最後に，CLILを意識した授業を受けた高校3年生の感想の抜粋を以下に示す。

- 最初は英語ばっかり話されて，辛いと感じたり，落ち込んだりしました。でもだんだんやっていくうちに慣れて，英語の時間が楽しみになりました。英語を通して自分の意見をはっきり述べることと社会問題や世界の問題について知ることができました。また，今まではっきりと持っていなかった夢も具体的になりました。一番印象に残っているのはプレゼンです。時間が少ない中で準備して，暗記して発表することは本当につらいことでした。でも発表後，褒められた時はうれしくて仕方がありませんでした。
- 本校で経験した英語の学習は，私の一生の財産になると思います。それはリーディングやリスニングなどの向上だけでなく，友達との会話や協力し合ったことです。英語の力は本当にびっくりするほどついたと思います。たくさんの英文を読めば読むほどなじんできました。学習した内容が本当に良いものばかりで，私の視野を大きく広げてくれました。クラスで意見をシェアするのもとても良い経験でした。人前で話すのが苦手な私でもプレゼンでリーダーになったりして本当に成長しました。
- 本校の授業は本当に私の将来を決めるきっかけになりました。何か目標があって，それに到達したときの喜びは今まで経験したことのないものでした。人前でのスピーチ等をはじめ「自分の考えを英語で話す」ことにまったく慣れていなかった私が，今ではクラスの前で堂々とスピーチできていることに驚きます。
- 将来を見越した英語の授業は大変良かったです。速読のおかげで返り読みをせずに文全体を見る癖もついたし，何度も繰り返し読んで単語も自然と覚えていきました。
- 本校の授業を受けてトピックに目を向けるようになり，1文1文の英文にすごく興味を持つようになった。それによって英語を読んで情報を多く取り入れようと思ったりすることで英語を読む楽しさというのを知ることができた。これによって私は読解力が上がりました。サマリー1つでも文を写すのではなく自分の言葉を使って書いていくうちにライティングの力がついたと思います。
- 世界問題を扱って少し自分の視野が広がったような気がしました。大学に入ったら留学してみたいと思うようになれたし，これからも英語を勉強して自分の夢に一歩でも近づきたいなと思いました。
- 今まで自分の中に新しい意見とか考えとか思っていても「みんなに違っていると思われる」とかそういう小さいことを考えてなかなか言えなかった。しかし，今はまず「自分の気持ちを伝えてみる」という考えが大切だと思った。

16 コミュニケーション方略の指導

　日常のコミュニケーションでは，スピーキングの過程で，言い間違い，ポーズ，ためらい，沈黙などが生じたり，単語や表現が思いつかないことなどによるコミュニケーションの挫折（communication breakdown）や問題が生じることがよくある。そのような場合，文法力や語彙力不足等を補うためにつなぎ言葉や回避，言い換えなどを意識的，意図的に用いて解決を図り，メッセージのやり取りを円滑にしてコミュニケーションを修復したり維持することができる。そこで，本章では，コミュニケーション方略（CS：Communication Strategy）について取り上げ，実際にタスクを用いてCSの明示的な指導をどのように行えば良いか指導と評価の点から考える。

16.1　様々なタスクによるコミュニケーション方略（CS）指導

　CSの具体的な指導と評価については，授業中に様々なコミュニケーションタスクを行わせ，その前後にCSの説明を行い，それらを用いてタスクを行うように指導し，振り返りを実施するとよいが，例えば表1のような授業計画を立ててみよう。

(1) 指導内容：コミュニケーション方略
(2) 教材：タスク活動，ハンドアウトを配布
(3) 指導手順：(例) 授業の最初15分程度を利用して7回行う。

表1　ストラテジー指導例

日程	指導CSの種類	タスクの内容
第1回 CSの説明と タスクの導入	つなぎ語（filler）他	Information-gap (Find the differences) Definition task (Find the words)

第2回 CS 指導1	聞き返し： ① 明確化の要求 （clarification request） ② 確認 （confirmation checks） ③ 繰り返しの要求 （asking for repetition） ④ 相手の理解の確認 （comprehension checks）	Complete the drawing
第3回 CS 指導2	言い換え（paraphrasing）	Explain the words
第4回 CS 指導3	確認（eliciting confirmation） 順番を並べる（ordering）	Complete the house
第5回 CS 指導4	助けを求める（appeal for help） 発言権交代（turn-taking） 話に割って入る（interruption） 話題転換（topic shift） 応答（response）	What are the differences?
第6回 CS 指導5	回避（avoidance） マイム・身振り （mime, gesture） 婉曲表現（circumlocution） つなぎ語（filler） 明確化の要求 （clarification request） 確認（confirmation checks） 繰り返しの要求 （asking for repetition） 理解の確認 （comprehension checks）	Ordering the picture （Story-making）
第7回 CS 指導6	意味交渉 （negotiation of meaning） 会話方略 （conversation strategies） 応答（backchanneling）	Talk in pairs
第8回 振り返りとまとめ		

CS教授に関する内容は，つなぎ語，様々な聞き返し，言い換え（パラフレーズ），確認，支援を求める，会話の方略（発言権交替，さえぎり，話題転換，反応など），回避，ジェスチャー，言い回しなどであり，特に聞き返し，確認，応答，会話を継続する指導を行う。用いるタスクは，それぞれのCSを習得するのに好ましいと考えられるもので，例えば，異なる絵を用いて，ペアで違っている箇所はどこかを確認しながら見つけるといった情報差があるタスク（spot the difference）や，風呂敷や下駄といった日本文化を日本語を用いないで英語で紹介することなどが考えられる。

16.2　CSの表現

CS指導では，タスクの前にあらかじめCSの表現を与えてそれをタスクの中で使用するように指導する。ペアやグループで情報差があること，互いに意味の交渉をしなければタスクが完成しないこと，楽しくコミュニケーションを取りながら完成するタスクであること，出来るだけ頻繁にインタラクションが出来るようなタスクであることなどを考慮して選ぶと良い。また，タスクを行った後で同様のタスクで評価を行う。つまりスピーキングの場合は指導と評価の一体化を図り，パフォーマンス評価を導入すると効果的である。

CS表現としては，以下のようなものを指導する。

回避（avoidance）：話題や語が分からないので避ける。
- I'm sorry, I don't know.

マイム・身振り（mime, gesture）：言葉を補って物まねやジェスチャーをする。

言い換え：

①**婉曲表現（circumlocution）**：他の語や表現を用いて，遠回しに表現する。
- It's made of...
- It has...
- We use it to...

②**近似表現（approximation）**：似ている語を用いる。
- a kind of...
- something like...

つなぎ語（filler）：時間稼ぎや沈黙を避けるために用いる。
- Well, um...
- Well, let's see...
- Mmm, I'll have to think about that.
- I see, eh...

聞き返し：

① **明確化の要求（clarification request）**：相手の発言内容を更に明確にしてもう一度言ってもらうように求める。
- Sorry? Excuse me? Pardon (me)?
- Sorry, I couldn't catch what you said.
- Sorry, what did you say?
- I'm sorry I can't hear you.
- What do you mean by...?
- Would you mind saying that again? Would you mind repeating that?
- Could you repeat that, please?

② **確認（confirmation checks）**：相手の言ったことを確認する。
- Right.
- OK.
- Really?
- And then?
- So what you're saying is...
- So what you're really saying is...
- In other words,
- If I understand you correctly,
- So you mean that...

③ **繰り返しの要求（asking for repetition）**：発言を繰り返してもらう。
- Sorry, I didn't catch...
- Sorry, I don't follow you.

④ **相手の理解の確認（comprehension checks）**：話者が聞き手の理解を確認する。
- OK?
- Are you following me?

- Is that clear?
- OK so far?　Have you got it?
- Do you understand?
- Do you know what I mean?
- Are you with me?

意味交渉（**negotiation of meaning**）：意味を中心とした活動の中で確認しながら進める場合に用いる。

- Sorry? Pardon?
- What do you mean?
- I mean...
- How about you?
- I think...
- What do you think?

会話方略（**conversation strategies**）：会話をスムーズに行うために用いる。

会話を始める：

- Excuse me, but...
- Do you know something?
- I have a very funny story.
- This may sound strange, but...

重要な点を切り出す：

- The point is...
- The trouble is...
- The problem is...
- The thing is...

話題を転換する：

- By the way,
- That reminds me.
- To change the subject slightly, ...

応答（**Backchannel**）：聞き手が反応をして返す。

- Aha.
- Really?

- Oh, did you?（Does she?　Can they? etc.）
- Is that so?
- That's great. Good.
- Oh, no.

16.3　タスクを用いた CS 指導の具体例

　ストラテジーの指導を授業中に行うにあたり，以下のモデルが参考になる（表2）。実際に，シンガポールで小学生を対象にこの方法でリーディングとライティングの学習方略を指導した結果，有意差が見られ成果が確認されている。しかしその場合は，それぞれの方略を指導するために1時間をかける必要があったと述べられている。

表2　CS 指導モデル

準備（Preparation）	5-10 分
提示（Presentation） • Step 1: 説明（explaining） • Step 2: モデル提示（modeling）	15 分
練習（Practice）	20-25 分
評価（Evaluation）	10 分
発展（Expansion） • Similar tasks in homework • Other EL lessons	

　ここでは，インフォメーションギャップタスクの指導事例を挙げてみる。このタスクは，明確化を要求するための間違い探しタスク（spot the difference）である。ペアにそれぞれ異なる絵が描かれたシートを配布し，時間内に出来るだけたくさん間違いを見つけさせる。その際，Sorry? ／ What did you say? ／ You mean...? 等の CS 表現を用いて確認をさせる。
(1) タスクを提示し，ストラテジーの表現が書かれたシートを配布して，CS の有効性について話す。また CS の表現をチェックした後，発音練習を行う。その後，聞き返し，明確化の要求，理解の確認などを使うように促し，各自でどれを使うかを計画させる。

【配布用紙例】

【CS 表現例】

聞き返し：① 明確化の要求（**clarification request**）

- Sorry?   • Excuse me?   • Pardon（me）?
- Sorry, I couldn't catch what you said.   • Sorry, what did you say?
- What do you mean by...?

② 確認（**confirmation checks**）

- Right.   • OK.   • Really?   • So what you're saying is...
- So you mean that...   • Did you say...?

③ 繰り返しの要求（**ask for repetition**）

- Sorry, I didn't catch...   • Sorry, I don't follow you.
- Would you mind saying that again?   • Could you repeat that, please?

④ 相手の理解の確認（**comprehension checks**）

- OK?   • Have you got it?
- （Do）you understand?   • Do you know what I mean?

【タスク】（いずれか 1 つを載せておく）（Pair Work）

【説明の具体例】

> Teacher (T) : Today, we are going to do information-gap task. Now please make pairs. The similar pictures are drawn on your sheet, A and B. But there are some differences. So please find as many differences as possible within 5 minutes. Before that, please have a look at the CS expression sheet. Let's read and practice those key phrases. You can use them during the task. Please try to use CS such as "Sorry?", "What did you say?", "You mean...?" in order to clarify the meaning. Do you understand? Do you have any questions?

(2) タスクの実施（5分間）

> Teacher: Now let's start "spot the difference" task. Ready go!
> Student A: A man is taking a dog for a walk. How about you?
> Student B: **A man?** No, a woman is taking a dog. So it's different.
> Student A: Yes. Next, smoke is coming out from the chimney.
> Student B: **Sorry? Could you say it again?**
> Student A: A smoke comes out from the chimney. **Do you understand?**
> Student B: Oh, chimney. I see. Chimney, well, no smoke.

(3) タスクの最中に，CSがうまく使えたかどうかをペアで振り返らせる。もしうまく使えなかったら，なぜかを考えさせる。その後，何人かに発表させる。

> T: OK, time's up. How many differences did you find? Three? Four? Five? ... Very good. By the way, did you use CS well? What kind of CS did you use? Now, let's reflect your performance and share it in pairs.
> T: Any volunteers? How was your conversation? Did you use CS well?
> S1: I used "Sorry?" or "Did you say ...?"
> T: I see. That's good. I think you negotiated with your partner many times and communication went well. That's why you completed the task successfully. Are there any problems? Who couldn't use CS well?

> S2: I didn't use CS. I don't know how to use them and without CS, we could understand each other.
> T: Thank you, S2. That's all right. But please try to use CS consciously next time. The important thing is that you understand when and how CS are used by doing the task.

(4) その後同様のテストタスクを行い録音する（16.4 を参照）。

(5) タスクの後，個人で振り返らせるとともに，家庭学習として録音を聞き，うまくいった点とうまくいかなかった点に絞って書き起こさせ，提出させる。

　上記のように，方略指導にメタ認知方略の指導は欠かせない。そこで，タスクを行う際には，ジャーナルを配布し，以下の様な手順で行うと効果的であった。それにより，生徒は自律的にストラテジーを使えるようになる。

> 1. ゴールの設定（Goal setting）
> 2. タスクの説明（Explanation）
> 3. タスクの計画（Task planning: Brainstorming）
> 4. タスクの実施
> 5. ペアや他者との振り返り（Peer Reflection & Feedback〔think-aloud protocol〕）
> 6. 評価タスクを行い，録音する（Evaluation〔Assessment〕Task）
> 7. ペアでの振り返りと自己評価（Pair Reflection & Evaluation）
> 8. 録音した内容を聞き，方略使用や会話がうまくいった点とうまくいかなかった点の書き起こし（Transcription）
> 9. 自己省察とジャーナル記述（Self Reflection & Journal Writing）
> 10. 教師によるフィードバック（Teacher's Feedback）

16.4　他のタスクの具体例
(1) 評価タスクを取り入れた具体例（タスク1，タスク2，評価タスク）
　次に指導と評価の観点から，直接その語を用いずに，言い換えや婉曲的な

表現を用いて単語の説明をするストラテジーの指導の例を挙げる。まず段階的にタスク1（ペアで自由に語彙を選んで説明する活動）を導入した後，タスク2（場面を与えて会話の中で使わせる活動）を行わせ，ペアでうまく使えたかどうかを振り返らせる。その後，同様のタスクを評価タスクとして用いて，CSが使えたかどうかを確認する。

タスク1　次の単語をランダムに選んで英語で説明してみましょう。（5分）
1 television, 2 teacher, 3 computer, 4 robot, 5 mobile phone, 6 school, 7 Mother's Day, 8 soccer, 9 shoes, 10 university, 11 summer holiday, 12 dog, 13 milk, 14 electric dictionary, 15 China, 16 hat, 17 hospital, 18 train, 19 DVD, 20 global warming

タスク2　次の会話に適語を入れて会話をしなさい。（5分）

| 扇子，こけし，浴衣，カルタ，下駄，だるま，風呂敷 |

（会話例）
　　　　You: This is a souvenir. I'd be happy if you like it.
Host Family: Oh, it's very kind of you. What is it?
　　　　You: It is called (　　　). It is used for (　　　　　　).
Host Family: Wow, lovely! Thank you very much.
　　　　You: You're welcome.

評価タスク　評価規準：paraphrase などを使用できるか。
　あなたはホームステイ先で，使わせてもらいたい物がありますが，それを表す英単語を知りません。適切な英語表現を用いて，会話をしてみましょう。

| 洗濯機，乾燥機，電子レンジ，掃除機，ホッチキス，計算機 |

　　　　You: May I use that machine?
Host Family: What is it?
　　　　You: I mean I want (to) (　　　　　　).
Host Family: You mean (　　　　　　)?
　　　　You: Yes. / No.

(2) その他のタスク例
　次にそれ以外に CS を用いたタスクを挙げてみる。

タスク3　Role-play　聞き返し，明確化の要求ができるか。
　次の絵を参考に，ペアで店主と顧客になって次の場面を演じなさい。
　　1）　新しい携帯電話が欲しい。最新の機能がついており，かつ手ごろな値段になるように交渉しなさい。
　　2）　あなたは，お店で買ったものが気に入りません。苦情を述べ，別のものと交換，あるいは返金してもらえるように交渉しなさい。

＊英語授業研究サークル　HP より

　このタスクは，役割分担をして課題を解決するために交渉を行い，会話を行う中で，聞き返しや確認をしながらコミュニケーションの目的を果たす課題解決型タスクとなっているが，会話の切り出し，割り込み，終結等，会話方略や意味交渉などインタラクションストラテジーを練習するタスクとして有効である。

タスク4　ペアで好きなテーマで話をしよう。〈出来るだけ総合的に CS を用いるようにしよう。〉
　Topic 例：summer vacation, my hobby, my future dream, my favorite...
　ストラテジー指導の最終ゴールは，CS をいかに総合的にバランスよく目的に応じて自ら選択して使えるかである。そこで，自由会話において，会話方略等を用いて上手に会話の開始，継続，終結をさせたい。

16.5 CS 指導の留意点

CS 指導の際には，3つのステージを意識して指導を行うことが好ましい。

第1ステージ：動機付け，不安解消ステージ

英語でコミュニケーションをすることに対する不安をなくし，積極的に英語を発話し，成功体験を多く経験することで，英語で聞いたり話したりすることに自信を持たせ，動機付けを高めることをねらいとする。

- 様々なコミュニカティブ・タスクに取り組む。
- 間違いは細かく訂正しない。
- 動機付けを高めるようにオーセンティックな身近で容易な内容をとりあげ，楽しい雰囲気を作る。
- 学習者に振り返りをさせる。

第2ステージ：メタ認知トレーニングステージ

ストラテジー使用について意識を向けさせ，方略の有効性に気づかせ，自ら積極的に方略を使用し，メタ認知能力を高め，方略を習得することをねらいとする。

- カリキュラムにしたがって，方略使用を明示的に指導し，学習者に意識的に方略を使用させる。
- 方略使用についてうまく使えたかどうか，個人で音声やビデオで振り返らせる。
- ジャーナルを用いて，メタ認知能力を向上させ，方略を習得させる。

第3ステージ：流暢さ（適切性）と正確さ増強ステージ

インタラクションやコミュニカティブ・タスクの中で，流暢さと正確さを高め，より高度な口頭英語能力を習得することをねらいとする。

- タスクの後，クラス全体でディスカッションを行い，より多くの仲間からのフィードバックをもらい，流暢さと正確さに意識を向けさせる。
- 自律した学習者になるため，ジャーナルライティングを継続的に行い，目標を持って授業外でも英語学習や異文化間交流・異文化コミュニケーションなどに積極的に取り組ませる。

文法能力，談話能力，社会言語学的能力と合わせて，方略的能力を高める

ためにもコミュニケーション方略の指導は今後ますます重要になると思われる。是非，日々の授業の中で指導を継続し，生徒がコミュニケーションにおいて少々困難な場面に遭遇しても，CSを用いてコミュニケーションを成功させ，生徒に達成感，有能感を持たせ，自律した学習者になるように育成したい。

背景情報 11

コミュニケーション方略指導の有効性

1. コミュニケーション方略（CS）の定義と枠組み

　CSがどのようなものであるかについてこれまで多くの定義がなされてきたが，Canale（1983）はコミュニケーション能力の1つの方略的能力を，「コミュニケーションを維持し，故障が起こればそれを修復するとともに，故障を避け，コミュニケーションを円滑に促進するための知識や技能」としており，そのために用いられる方略はコミュニケーション方略と呼ばれる。CSには2つの種類があり，語彙が浮かばない，相手の言っていることが分からないなど，コミュニケーションが故障した際やコミュニケーション能力の不足を補うための補償方略と，つなぎ語や理解の確認など，コミュニケーションを効果的に促進し，成功に導くための達成方略に分かれる。いずれにせよ，目的に応じて，CSを効果的に自ら選択し，組み合わせてうまく活用することが大切である。

　また，英語を表現する場合と，理解する場合，互いにやり取りをする場合の3つの側面を考える必要があり，筆者は以下のような枠組みを作成した。

---

1. 産出方略
　1.1 回避
　1.2 言い換え
　　1.2.1 近似
　　1.2.2 造語
　　1.2.3 婉曲表現
　1.3 転移
　1.4 修復
　1.5 つなぎ語
　1.6 援助要請
　1.7 非言語手段

2. 理解方略
　2.1 繰り返しの要求
　2.2 明確化の要求
　2.3 確認
　2.4 理解の確認

3. 相互方略
　3.1 発言権交代
　3.2 話題転換
　3.3 介入
　3.4 応答
　3.5 ポライトネスストラテジー

Izumi（1997）より

図1　コミュニケーション方略の分類

　まずは語彙が分からない時などに用いる産出に関わるストラテジーとしては，回避（例：I'm sorry. I don't know.），パラフレーズの中でも近似（例 "pipe" for "water pipe"），造語（例 "airball" for "balloon"），婉曲表現（例 "She is, uh, smoking something. I don't know what's its name. That's, uh, Persian, and we use in Turkey, a lot."）があり，その他，母語の転移，修復，つなぎ語などとなっている。これらは話者が主に用いるストラテジーである。次に，主に聞き手の理解に関するストラテジーで，繰り返しの要求，明確化の要求，確認，（話者が行う）理解の確認の4つからなる。3つ目の柱として，インタラクション，会話に関するストラテジーである。発話権の交代，トピックの変換，話に割って入る，反応，ポライトネスストラテジーからなる。ポライトネスストラテジーは，依頼をする際など相手の面子をつぶさないように，丁寧な表現を用いたりすることである。

2. コミュニケーション方略指導の有効性

　コミュニケーション方略の指導の有効性（teachability）については，賛否両論ある。母語でできることは第二言語にも自然に転移するという説もあれば，外国語であるからこそ，一層丁寧に指導すべきであるという主張もある。いずれにせよ，日本人英語学習者，特に初学者にとって，コミュニケーションを継続したり，成功に導くためにもストラテジー指導は大変重要であると考えられる。そこで，実際にCSを指導して，その効果の検証を行った実証研究をいくつか紹介する。

　Izumi（2008）は，大学生の8回の授業で様々なタスクを用いてコミュニケーション活動を行ったが，その際，プリントにCSの表現を印刷して配布した後説明を行う明示的指導グループと，プリントのみ配布する暗示的指導グループ，何も指導しないグループの3つのグループに分けて実験を行った。指導の前後に，事前・事後・遅延テストを行い，CSを効果的に使えるようになったかどうかを会話分析とテスト，質問紙調査を用いて質的・量的に分析した結果，明示的に指導したグループが最も有意な向上を示した。

　次に，Izumi（2009）では，総合的にCSの集中的トレーニングを行った。その際，毎回CS使用に関して，計画，実践，振り返り，評価をペアと個人で行わせ，ジャーナルに記入させた。その結果，CS指導に関するメタ認知能力の向上が認められた。特に内省したり，自分自身の活動を振り返るような能力が高まった。また，個人差については，英語熟達度がCSの効果的な使用やCS指導の有効性に対して影響することが判明し，とりわけ語彙力がある一定（産出用語彙サイズテストで2000語レベル）以上あることがポイントになることが分かった。

また，泉（2010）では，大学生の半期のオーラル英語の授業で，ABC Newsをテキストとしながら，時事問題についてディベートやディスカッション，コミュニカティブタスクの中で，CS 指導を明示的に行った。その結果，特に理解のための方略やインタラクションのための方略を自然に使えるようになり，CS 表現の習得と使用が効果的であると感じている学生が多かった。

　その他，学生が行ったプレゼンテーションと同じテーマ（例えば My favorite city）で英語母語話者にプレゼンテーションをしてもらい，両者を比較させた。その際，構成の仕方やジェスチャーの使い方，まとめ方，Q&A セッションの応答の仕方などについて，自ら違いに気づかせた後，ストラテジーを示して練習をしたことが非常に有効であった。また，短期のホームステイプログラムに参加した学生に，IC レコーダーでホストファミリーとの会話を許可を得て録音させ，それを学生自身が聞き CS がうまく使えているか，言いたくてもうまく伝えられなかった語彙や表現などがなかったかなどについて毎日学習日誌をつけさせた。それについて指導者の側でコメントをしたり，CS の指導を行ったりすることで，次第に間違いや沈黙を恐れず，積極的にコミュニケーションを行おうとする態度が育った。また，ホストファミリーにも学生の英語や態度などについて質問紙調査を実施したが，最初は発話が十分でなかった学生が，次第に自信を持って会話できるようになったとの回答が多かった。

　以上のような研究成果からも，学習者に CS の重要性について気づかせ，意識を高めること，並びに使用に際して計画をたて，モニターするというメタ認知方略が必要であることが分かる。CS を効果的に使用することが学習者自身のメタ認知方略（自分自身の方略使用を客観的に見つめ改善すること）の習得にも大きく関係していると考えられている。前述したように英語が苦手な学習者でも CS 指導を明示的に指導することで，コミュニケーションがうまくいき，CS も意識的に使用するようになる。そこで，小学校・中学校・高等学校でコミュニカティブなタスクを用いて CS を段階的に指導することが，コミュニケーション能力の育成を促す良策であると考えられる。

17 スピーキングのテストと評価：中学校

　日頃の授業において，英語によるコミュニケーション能力の育成を図る指導が積み重ねられている。音声コミュニケーション（スピーキング）の指導とともに，オーラル・コミュニケーションのテストと評価によるフィードバックを行い，次の指導に活かせる「指導と評価の一体化」を図ることが大切である。本章では，オーラル・コミュニケーションのテストと評価について考える。

17.1　オーラル・コミュニケーションのテストの種類と方法

　オーラル・コミュニケーションのテストの種類として，会話，絵や図などの描写，レシテーション，スピーチ，インタビュー，show & tell，ロールプレイ，ストーリーテリング，スキット，ディスカッション，ディベート，プレゼンテーションなどが考えられる。

　発表方法としては，個人で行う方法とペアや数人のグループで行う方法があるが，ともに事前に準備をして完璧に覚えて話すもの，前もってメモをしたキーワードのみを見ながら話すもの，またその場で即興に考えて話すものなどがある。いつ行うかについては，放課後などの時間を利用して授業外に行う場合やその時に取り組んでいる学習内容と関連させて授業中に行うものが考えられるが，後者の方が自己評価に加え他己評価にも取り組ませることができるので有効と思われる。

17.1.1　スピーチ

　スピーチとは，聞き手の前に立って発表することを意味するが，自己紹介など短くて簡単な short speech，一般にスピーチの総称として意味されている public speech は，演説や弁論を意味する。また自分の調べたことを聞き手に知らせことを目的とする informative speech，自分の意見を聞き手に受け容れてもらい納得させる persuasive speech，自分の提案にしたがって聞

き手に実際に行動を起こしてもらう（speech to actuate），発表や提案などを行う presentation，また絵や写真，実物の品物を見せながら，それについての説明やエピソードを話したりする show & tell，など様々ある。どの場合においても，聞き手に伝えることを最優先にし，自分の意見や考えに明確な論理性を持つこと，聞き手が理解しやすいように話を展開し，そして聞き手にとってわかりやすい話し方をすることが重要となる。

またスピーチには，事前に原稿作成についての指導を行った上で生徒に発表させる prepared とスピーチのタイトルを与えてから数分で即興に近い形で発表をさせる impromptu speech がある。

17.1.2　インタビューテスト

インタビューテストの手順として，

の順に行い，生徒の緊張をほぐしてからテストを始めるのが望ましい。テストは JTE と ALT が協力して行う場合が多いと思われるが，テスト日程や内容，方法などは JTE が年間計画に沿って決定する必要がある。

インタビューテストの種類として，(1) 教師が質問をするインタビュー (2) 絵や写真を描写する description (3) インタビューする人とされる人など役割分担をして行うグループ発表などがある。テストは放課後を利用してもよいが，時間の捻出が難しい場合が多い。授業中に行えばクラス全員の学びとなる。単元の終了時や定期考査前の復習に当てる授業中に行うのもよいだろう。

(1) 教師が生徒本人に関する質問をするインタビュー

教師は生徒に質問し，生徒はそれについて語ったり説明したりする。例として，What is your favorite subject? / What season do you like the best? / What do you want to be in the future? / What are you going to do this weekend? / Which is more interesting, reading books or watching TV? など，既習の話題がよい。中 2 の例を挙げる。

> T: Hi, A. May I ask you a question?
> A: Yes, please. （※ポイント：タイミングのよい返事）
> T: What are you going to do this weekend?
> A: I'm going to see a movie with my family. It's a Disney's movie. I like Disney's movies, because they are cute. Do you know Big Hero? （※ポイント：数文で返事をする。さらに話題を展開する質問を相手にする）
> T: Yes, a little. Baymax is a robot, right?
> A: Yes, it is. I like Baymax, because it's cute. Ms. Inaoka, what are you going to do this weekend? （※ポイント：数文で返事をする。さらに話題を展開する質問を教師にする）
> T: I'm going to visit my aunt. She lives in Kobe.
> A: Really. What are you going to do with her? （※ポイント：関連した質問）
> T: I'm going to eat lunch with her. She knows some good restaurants, so we will eat in her favorite restaurant.
> A: That's nice. （※ポイント：関連したあいづち）
> T: Well, A, please enjoy that movie and have a nice weekend.
> A: You, too. See you later. （※ポイント：タイミングのよいあいさつ）
>
> （評価：A）

(2) 絵や写真を描写する description

　数枚の絵や写真を用意し，その中から1枚を与え，Please describe this picture as much as possible. という指示を伝え，すぐにその絵または写真の描写を開始させる。例えば駅前の写真であれば，This is a picture of the station. Many people are waiting for the next train. They look tired. ...　という具合である。

(3) インタビューする人とされる人など役割分担をして行うグループ発表

　中3，11月に行った peace maker のグループ発表を紹介する。4人から成るグループで，場面設定は「peace maker をゲストに迎え，2人のファンがインタビューする5分間テレビ番組」。4人のうち1人は peace maker，1人

はMC（司会者），2人はゲストの大ファン，という設定である．まず，自分たちの選んだpeace makerについての資料を本やインターネットなどで探し，互いに協力して次の項目についてまとめることから始めた．

M3 Peacemaker Interview and Panel Project

Peacemaker's Name _____

From:
  1) When were you born?
  2) Where were you born?

School:
  1) Where did you study?
  2) What did you study at university?

Work:
  What is your job?

Family:
  1) Tell us about your family.
  2) Did your family help with your peacemaking efforts?

Awards:
  Did you get any awards or special prize?

Peace:
  1) What did you do for peace?
  2) How did you start your peacemaking activities?
  3) Where did it start?
  4) When did it start?
  5) Who did you work with?
  6) Why did you start doing that activity?

Else:
WORDS: (to your group) What words impressed your group?
What questions does your group have for your peacemaker and other peacemakers?

グループワークでは協力して取り組み，発表に際しても自分の役割を果たそうとする意欲が感じられ，peacemaker役の生徒も本人になりきってファンの質問に答えていた．発表はまず4つのグループがそれぞれ教室の隅に立

ち，発表グループ以外の生徒がそれぞれのグループの発表を聞いてまわる方法を取った。以下，発表を聞いたときの評価表を示す。

Peacemaker Interview Panel

GROUP 1:
1. Name of Peacemaker _____
2. What did you learn?

Group 1: Content　1　2　3　　　Voice　　　　1　2　3
　　　　 Speed　　1　2　3　　　Eye Contact　1　2　3
　　　　 Was the performance easy to understand?　1　2　3

発表後，各自で自分のグループが調べた peacemaker について，creative writing notebook にまとめた。たとえ同じグループで発表しあった生徒同士でも creative writing notebook でのまとめ方は異なるので，書き上げたあと互いの writing 作品を読みながら大いに楽しんでいた。

17.1.3　パフォーマンステスト

　授業では4技能を統合した活動も取り入れられているが，授業と評価の一体化という点からも，英語が実際にどの程度使えるようになっているのかを見るためのパフォーマンステストが必要とされている。パフォーマンステストには口頭による発表や演じて発表するものがあり，種類としては，作品の朗読，スピーチ，プレゼンテーション，ディベート，スキット，劇，タスクを与えてペアで会話などをするロールプレイなどがある。

(1)　タスクを与えてペアで会話などをするロールプレイ

　授業で学んでいる話題（買い物をする，道を尋ねる，電話で誘う，レストランで注文するなど）を取り上げ，ロールプレイをさせる。生徒には，タスクが書かれた用紙を渡し，ペアで十分練習させてから発表をさせ，評価する。
　例えば中2生へのタスク内容例として，以下のような状況を与える。

> S1: あなたは今度の日曜日に映画を見たいと思っています。電話で友だちを誘って，いっしょに行く約束をしてください。
> S2: あなたは次の日曜日の朝，テニス部の練習があります。午後は自由に過ごすことができますが，できれば家で好きな音楽を聞いて楽しみたいと思っています。あなたは映画は好きで，特に，ジョニー・デップとトム・クルーズが出ているものが好きです。

以下，それに基づくロールプレイを紹介する。

> S1: Hello. This is S1. Can I talk to S2, please?
> S2: Speaking. What's up, S1?
> S1: Shall we go to a movie this Sunday?
> S2: This Sunday? I must practice tennis at school in the morning.
> S1: Is that so? How about in the afternoon?
> S2: Well, I will be tired after the practice. I want to relax at home.
> S1: You like movies, right? What movie do you like?
> S2: "Mission Impossible". It's my favorite movie.
> S1: OK. Let's see it! What time?
> S2: How about one o'clock?
> S1: One o'clock? OK. Where?
> S2: At the station.
> S1: OK. Let's meet at one at the station. See you then!

17.2 オーラル・コミュニケーションの評価

　評価の課題として，評価の信頼性の確保が難しいと言われる。それは主観的な評価になることが多く，評価が最初から最後までゆるぎない妥当性を持って行われるのが困難だという点からである。そのためチェック評価シートやルーブリックが必要となる。
　評価に必要な観点は，語彙や文法（英語），発音，声量，話す速度や明瞭さ（流暢さ），内容，伝達の度合い，アイコンタクトやジェスチャーなどの伝達への積極性である。またテストの内容によって必要なものもある。たとえば会話であれば，What do you think? や How about you? などのように相手の意見を求めたりするつなぎ言葉の使用なども必要となる。またコミュニ

ケーションにおいて大切なポイントである「聞き手に伝えたい内容をどの程度伝えられたか」という観点も必要となる。

なお，スピーチ原稿における「文法を正しく用いて書く」という評価については，事前の原稿提出時に評価し，そのあと，生徒の作成したスピーチにアドバイスをし，指導を加えてテストに臨ませるのがよいだろう。

(1) チェック評価シート

評価をする場合，前もって評価の対象となる行動を挙げてリストにしておけば，よりじっくりと生徒の発表内容の評価に専念できる。シートの記入は〇やチェックマーク（✓）など，教師の見やすい方法をとることができる。

以下，オーラル・コミュニケーションテストに際しての自作チェック評価シートの一例を記す。またこのシートはクラス全員にも配布し，自分の発表については自己評価を，クラスの人の発表については相互評価を書き込ませる。

氏名	英語語彙・文法	流暢さ 音声,声量,話す速度	内容	伝達の度合い	伝達の積極性	聞き取れた内容	計 /15
	3 2 1	3 2 1	3 2 1	3 2 1	3 2 1		
	ここには点数の理由を簡潔に記入する							
	3 2 1	3 2 1	3 2 1	3 2 1	3 2 1		

自分の発表についてのコメント

他の人の発表についてのコメント

クラスの取り組みについてのコメント

(2) CAN-DO リストやルーブリックの活用

CAN-DO リストやルーブリックを活用することによって，教師の指導も

的確になり，生徒自身のテストに対する目標を明確に定めて取り組ませることができる。生徒も活動の目標を摑み，自主的な練習が進みやすくなり，より意欲的に取り組むことだろう。なお，ルーブリックはテスト内容や目的に合わせて，教師自身が工夫して自作するとよいだろう。

以下，ルーブリックの一例を示す。

	内容	英語の正確さ （語彙・文法）	流暢さ （声量・速さなど）	態度 （アイコンタクト，積極性）
A	自分の考えを具体的にわかりやすく説明して，適切である。	英語使用が的確で，聞き手にわかるように内容を伝えることができる。	適切な発音で，声量，話す速さも的確である。	アイコンタクトをとり，積極性の見られる態度である。
B	自分の考えをおおむね説明し，最後まで話すことができる。	英語使用に少々誤りは見られるが，内容の伝達において大きな問題はない。	少々声量に不明瞭さがあるが，話す速さに問題はない。	アイコンタクトがあいまいで，聞き手に伝えようとする積極性にやや欠ける。
C	自分の考えを説明することが難しく，内容が乏しい。また最後まで話すことができにくい。	英語使用に多くの誤りがあり，聞き手に内容の伝達ができない。	発音がわかりにくく，声量や話す速さが不適切で，聞き手にとってわかりにくい。	アイコンタクトがほとんどなく，聞き手に伝えようとする積極性が乏しい。

オーラル・コミュニケーションのテストと評価によって，指導したことがらについて生徒自身がどの程度の力を身につけることができたかを測り，次の指導に生かすことが大切であることは言うまでもない。またそれと同時に，評価は生徒にとって「次の学びに対する動機づけ」になるものでありたい。そのためにも，教師とともに生徒自身も活動の目標を理解し，自己評価を繰り返しながら目標に向かって努力していけるようなスモール・ステップとゴールへの見通しを持たせたいものである。

18 スピーキングのテストと評価：
高等学校

　高校における英語授業では中学校で学習したことを基礎に，よりオーセンティックな課題[1]に取り組ませながら英語力の育成を図りたい。オーセンティックな課題とは，例えば，「あなたは博物館の学芸員として，その展示物をわかりやすくするパンフレットを作成しなさい」などの現実場面に即した課題のことを指す。そして，このオーセンティックな課題に対する評価は真正な評価と呼ばれている。真正な評価とは田中[2]によると「大人が仕事場や市民生活，個人的な生活の場で試されている，その文脈を模写すること」と定義している。オーセンティックな課題や真正な評価は将来，社会生活を営む上で必要な資質・能力を育成することを目的にしていることが明確にわかる。

　ただ，EFL 環境である日本では英語を使う現実場面を捉えにくい側面がある。そのため教室内でいかに現実に近い場面を設定した上で評価するかがポイントになってくる。

　ジャパン・スタンダード（JS）は CEFR（Common European Framework of Reference for Languages）をもとに日本の現状を反映させて作成された到達度尺度のため，教室内英語と教室外の現実場面で使われる英語を繋ぐための尺度として優れている。JSに記述されているdescriptorでは教室内での「練習」や「準備」をしたうえで行われるパフォーマンスも特に下位のレベルでは評価対象に含まれている。例えば，スピーチの原稿を作成し，それを暗誦したうえでのスピーチも評価対象になるということである。この JS を意識しながら授業つくりを行うと，ある単元だけに特化した英語技能だけではなく，どの場面でも使える汎用性のある英語技能の育成に役立つものと考えられる。高校 3 年間で生徒にどのような英語技能をつけるかというマクロの視点を持ちながら授業つくりを行いたい。

　評価について大切な要素として信頼性，妥当性，実行可能性が挙げられるが，それに加え，教師が生徒の学習成果を評価することによって生徒の学習

に対する動機を高める（波及効果：washback effect）ことである。そして，評価計画は年間の授業全体計画の中に当初から組み込むことが大切である。

18.1 手順の具体例

高校卒業時点の目標と1年次の具体的な年間計画および1年次の最終単元構想について具体例を示す。

18.1.1 卒業時の目標

卒業前のスピーキング力の目標（アウトプットの目標）を設定することによって3年間の各学年目標や各単元におけるスピーキング力の形成的評価場面やそれを支える関連技能の段階を追った評価計画を設定することができる。

卒業時の目標				
評価内容（JS記述を具体的実践計画に基づいて変換）			JSレベル	評価場面
話す		学習したことをもとに，自分の意見を明確に主張することができ，対話者と意見交換する中で相手の意見に対する賛成・反対を理由をもとに述べることができる。	B2.1	口頭発表
聞く		発表者の主張とその根拠を理解することができたり，対話者が自分の意見に対して賛成または反対していることを理解したりできる。	B2.1	口頭発表の感想文ペア対話
読む		事実と意見を区別しながらテクストの論理構造を理解できたり，書き手の姿勢や感情を認識したりできる。	B2.1	定期考査
書く		学習したことをもとに，過去・現在の社会状況を描写したり，自分の意見を理由を含めてパラグラフの形式に沿って書いたりすることができる。	B2.1	エッセイ

トピック	1学期	「識字」「女性の人権」「貧困」
	2学期	「地雷」「児童労働」

1年次に行う診断テスト等の結果を見ながら，到達可能だと思われる卒業時点でのおおよその目標を設定する。また，扱うトピックは地球市民の育成の観点から，教師がぜひ教えたいというメッセージが込められる内容のものを選ぶ。そして，評価場面は高校生としての最後のメッセージが込められる

ようなスピーチやプレゼンテーションの場を設けてクラス全体でお互いの意見や考えを共有できるような機会を設けたい。

18.1.2 1年次の目標・評価内容と年間計画

1年次の目標は診断テスト等によりおおよその目標として設定し，現状に応じて変更し次年度の重点指導計画の資料とする。

1年次の目標			
評価内容（JS 記述を具体的実践計画に基づいて変換）		JS レベル	評価場面
話す	学習したことをもとに，事実関係を述べ，学習したことを再解釈して自分なりのアイディアを聴衆の前で提案することができる。	B1.1	口頭発表
聞く	視覚教材があれば，学習したテーマと関連した内容について，その概要を理解することができる。	B1.1	聞き取りテスト
読む	身近な話題や学習したテーマと関連した内容（将来の夢，個人的エピソード，地元の町，日本文化，バリアフリー社会）であれば，500語程度の文章が辞書など準備しなくても，要点を理解できる。	B1.1	定期考査
書く	事柄の提示は直線的であるが，身近で事実に基づく話題や学習したテーマと関連した内容であれば，ある程度自分の意見を含めてパラグラフの形式で簡単な文章を書くことができる。	B1.1	発表原稿

【1年次の年間計画】

学期	UNIT	時間	話題領域	トピックと教材	スピーキング	目標（can-do）	技能（観点）	評価方法，場面
I	0	2	診断テスト	英検3級と準2級	自己紹介1分間		読む・書く・聞く	一斉テストと録音
	1	10	日常生活	My Dream 教科書	サマリー	書かれた内容の概要が理解できる。	読むこと－理解	定期考査
						キーワードをもとに読んだ内容の概要をまとめることができる。	書くこと－表現	小テスト
						読んだ内容の概要を口頭で発表できる。	話すこと－表現	録音（定期考査）

			場面	題材	活動	目標	領域・観点	評価方法
						パラグラフ構成が理解できる。	読むこと-知識・理解	原稿チェック・定期考査
	2	12	日常生活	My ambition 3年生のエッセイ作品	プレゼンテーションサマリー	話される内容の概要を理解することができる。	聞くこと-理解	定期考査
						パラグラフ構成が理解できる。	書くこと-知識・理解	小テスト
						ペア・グループで積極的に話し合いに参加している。	話すこと-関心・意欲・態度	観察
						新しい単語・文構成が理解できる。	読むこと-知識・理解	定期考査
						自分の夢についてパラグラフを意識した構成で発表できる。	話すこと-表現	プレゼンテーション
	3	15	日常生活・平和	貞子 教科書	サマリー	時間軸に沿って内容を理解することができる。	読むこと-理解	定期考査
						作者の意図を理解できる。	聞くこと-理解	定期考査
						学習した英文を意味のまとまりに注意して音読ができる。	読むこと-理解	個人パフォーマンス
						学習した内容をサマリーできる。	話すこと-表現	口頭発表
II						書かれた内容の構成を理解することができる。	読むこと-理解	定期考査
	4	18	文化	My hometown 教科書・インターネット情報	プレゼンテーション	話される内容の概要を理解することができる。	聞くこと-理解	小テスト 定期考査
						キーワードをもとに読んだ内容の概要をまとめることができる。	書くこと-表現	原稿チェック
						写真を使って効果的にプレゼンテーションすることができる。	話すこと-表現	プレゼンテーション
						付帯状況、接続詞および in の使い方を理解できる。	読むこと-知識・理解	定期考査
	5	20	文化	My Cool Japan 教科書・ALTのエッセイ	ペアによる意見交換サマリー	読む活動に積極的に参加できる。	読むこと-関心・意欲・態度	観察
						学習した内容を自分の言葉で簡潔にまとめることができる。	話すこと-表現	口頭発表
						自分の考えを簡潔な言葉で意見交換することができる。	話すこと-表現	ペアパフォーマンス
						付帯状況、同格、倒置を理解できる。	読むこと-知識・理解	定期考査
III	6	12	文化	日本人 ALTのエッセイ	プレゼンテーション	事実と意見を区別して内容を理解することができる。	読むこと-理解	定期考査
						2つの事柄を対比してその違いを理解することができる。	聞くこと-理解	小テスト 定期考査
						日本人のいい点・悪い点について100語程度で書くことができる。	書くこと-表現	原稿チェック

					日本人(日本文化)についてプレゼンテーションすることができる。	話すこと－表現	プレゼンテーション
7	18	福祉・人権	Barrier Free Society 教科書・インターネット情報	プレゼンテーション サマリー	事実と意見を区別して内容を理解することができる。	読むこと－理解	プレゼンテーション
					話し手の意向の概要を理解することができる。	聞くこと－理解	定期考査
					学習した内容を自分の言葉で簡潔にまとめることができる。	話すこと－表現	個人パフォーマンス
					事実と意見を区別して書くことができる。	書くこと－理解	原稿チェック
					イラストを効果的に使ってプレゼンテーションすることができる。	話すこと－表現	プレゼンテーション
					英語の1文レベルの構造を理解できる。	読むこと－知識・理解	小テスト

　年間計画はその学年の1年間の学習を見通すために特に大切である。コミュニケーション能力の育成の観点からは，特にスピーキング力育成のプロセスを組み込む必要がある。スピーキング力はスピーチやプレゼンテーションに代表されるようなモノローグとチャットやディベート，ディスカッションなどのオンラインで行われるダイアログの2つの技能の使用場面を想定する。第二言語習得理論の知見から，アウトプットするためにはインプットが必要であるということを考えると，1年次はインプット中心になるが，上記の例はインプットされた英語→サマリー→意見の表明→意見交換の順序をもとに指導計画を立てている。1年次では教科書等で学習した内容を自分の言葉でパラフレーズしながらまとめることを最優先している。これは自分の言葉でまとめる力が発話量を増やすもとになるもの（モノローグ）であり，また，教室内で共有できる英語であるため対話（ダイアログ）が始まる基盤つくりのためでもある。

　トピックは自己関連性が言語習得には欠かせないという知見から，身の回りのテーマ→身の回りの社会的テーマ→世界的・地球規模のテーマの配列を意識して，1年次は身の回りのことを自分の言葉で話せるようになることを念頭に置いて計画する。中学校で身近なテーマについて学習済みであるが，高校ではよりスムーズに英語が話せる（正確さより流暢さを重視）ことを目標にしたい。

18.1.3　1年次の最終単元（UNIT）構想

単元の流れ	主な活動内容	スピーキング活動と評価項目
導入【2時間】	○本質的な問いについて考える ・日本は"good country"かについて考える。 ○写真・イラストの提示 ・聞く活動および読む活動1で使用する英文の概要を表す内容を写真やイラストで示す。 ○写真・イラストの描写 ・自分の言葉で写真・イラストを描写する。 ○障碍者の問題に関する情報収集を指示 ・日本語，または英語で書かれた情報を集め，スクラップブックに張りつける。	・意見交換 ・状況描写
聞く活動【1時間】	○読む活動1の英文を聞く ・新出単語の練習をする。 ・英文を見ずに概要を確認する。 ・詳細情報を理解する。	
読む活動1【2時間】	○内容を自分の言葉でまとめる ・内容を確認する。 ・音読する。 ・キーワードを取り出す。 ・自分の言葉で口頭サマリーする。	・Q&A ・状況描写
読む活動2【6時間】	○新出単語の練習 ・英語と日本語が記載されたワードリストで練習する。 ○写真・イラストの提示 ・内容の概要を写真・イラストで提示する。 ○内容を理解する ・新出単語を繰り返し練習する。 ・概要→詳細情報の順序で内容を確認する。 ・教科書に書かれた内容確認だけでなく，生徒の意見を尋ねる質問も行う。 ・新出文法は意味と形式を簡単に説明する。 ○音読する ・様々な手法で音読する。 ○口頭サマリーする ・キーワードを取り出す。 ・サマリーを書く。 ・口頭サマリーする。	●状況描写① ・Q&A ●状況描写② ・意見表明

	○対話する ・「乙武洋匡」を形容詞で描写する。 ・描写した理由について意見交換する。		●人物描写③ ・意見交換
リサーチ 【2時間】	○国内外の情報を収集・整理する ・スクラップブックを使って集めた情報をタイトルをつけるなどして整理する。 ・更なる情報をインターネットを使って検索する。		・インタビュー
書く活動 【2時間】	○まとめる ・教科書で学習した内容とリサーチで集めた情報を融合させる。 ・パワーポイント資料を作成する。		
発表する 【2時間】	○パワーポイントで提言型の発表をする ・一人一人が発表する。 ・発表後，質疑応答を行う。		●プレゼン④ ・質疑応答

・評価対象外　●評価対象

　各学年の最終単元構想は，設定した年間目標に達することができるかどうかという成果を問われるという点と次年度の出発点を決めるという点において大切である。

　すべての単元に共通することであるが，目標達成のための下位技能を1つ1つ確認していく必要がある。上記の例では音読，教科書を閉じて教師の質問に答えることなどが口頭パフォーマンスにおける下位の要素と位置づけている。さらに最終パフォーマンスの構成を区分けして評価していくことも必要である。つまり，提言型の発表という最終タスクを遂行するために必要なパフォーマンスを授業内において1つ1つ確認していくことが形成的評価として大切である。

　また，活動はさせるが評価対象としないものと活動そのものが評価対象であるものに分け計画を立てる。これは，評価とは十分な練習後にある程度習得したと思われるタイミングで評価することが生徒の意欲につながると考えられるからである。

18.1.4　1年次の最終単元おける形成的評価及び最終評価

　以下に上記の1年次最終単元構想に基づき単元の目標を達成するために必要な下位技能の評価場面／形成的評価（上記の表の①～③）と最終のタスクの評価場面（上記の表の④）とそれぞれの各方法について記す。

①状況を表した絵の描写

タスク：本文の内容が示されたイラスト数枚を自分の言葉で1分以内に説明する。

手順：1. 教師が教科書を見せずにパワーポイントでイラストを使って教科書の内容を説明する。
　　　2. イラストの中に新出単語を載せ，その単語をリピートさせながら練習する。
　　　3. イラストについて生徒に質問しながら説明を進める。
　　　4. 生徒にイラストと新出単語やフレーズが記されているパワーポイント資料を配布する。
　　　5. パワーポイント資料を見ながら自分の言葉で説明できるように練習する。
　　　6. 黒板にパワーポイント資料を拡大したものを貼り，それを見ながら教師の前で説明する。

規準／基準：1. 流暢さ（十分な情報量とスムーズな発話）5点
　　　　　　2. 正確さ（理解可能な英語で global error の量）3点
　　　　　　3. 表現方法（使用語彙や構文等の表現の豊かさなど）2点
　＊1年次は流暢さを重視しているためその配点を高くしている。
　＊流暢さが2点以下の場合は正確さおよび表現方法は0点の場合もあり得る。

評価規準	点数	5	4	3	2	1
流暢さ	5点	すべての絵についてほとんど詰まったり，言いよどむことなく十分な情報量を含む内容を話すことができる。	一部少し詰まったり，言いよどむことがあるが十分な情報量を含む内容を話すことができる。	全体を通して少し詰まったり，言いよどむことがあり，情報量がやや不足している。	沈黙することが多く，単語レベルでなんとか話すことができる。	ほとんど沈黙の状態で，数語の単語のみ発することができる。
正確さ	3点			理解に支障をきたす英文はほとんどなく，語順についてもグローバルエラーがほとんどない。	全体的に理解できる英語で話しているが，一部の英文の語順にグローバルエラーが見られる。	不適切な文構造が頻繁にみられ，理解が困難である。

						キーワードを十分に利用しながら自分の言葉で様々な表現を使って話している。	沈黙が多い,またはキーワードを羅列しただけの話し方をしている。
表現方法	2点						

Example 1: 10点の場合（生徒の発言のまま）

　　　　It's hard for disabled people to move about freely. For example, go up and down the stairs, cross the road, and use the toilet. There is no denying that disabled people need a lot of help. Disabled people have a hard time, because of the environment. For example, stairs, gravel, and illegal parking of bicycles.

・・・以下省略・・・

講評：1分以内でイラストの情報を十分に説明し（流暢さ5点），理解可能な英語で（正確さ3点），表現方法も教師のモデルを参考に自分なりにパラフレーズできている（表現方法2点）。

②**教科書本文全体の状況描写**
　タスク：本文全体の内容を自分の言葉で2分以内でサマリーする。

　手順：1. 新出単語，内容理解および音読終了後に内容を再現するためのキーワードを各自が抽出する。
　　　　2. キーワードをもとに口頭サマリーの練習をする。
　　　　　＊slow learner は全文を書き出して覚える傾向にあるが，できる限り，頭の中で英文を再現するように指示する。
　　　　3. ペアでお互いに口頭サマリーを行い，助言をし合う。
　　　　4. 教師の前で口頭サマリーを行う。他の生徒は，次の評価タスクである人物描写についての原稿作成をする。

　規準／基準：1. 流暢さ（十分な情報量）5点
　　　　　　　2. 正確さ（理解可能な英語）3点
　　　　　　　3. 表現方法（使用語彙や構文等の表現の豊かさ）2点
　　　＊ここでの評価は流暢さを重視しているためその配点を高くしている。

＊正確さは「理解可能な英語」を基準に採点する。そのため，例えば三単元のsが抜けるようなローカルエラーは採点の対象外とし，語順の誤りのために「通じない英語」を減点の対象としている。

評価規準	点数	5	4	3	2	1
流暢さ	5点	ほとんど詰まったり，言いよどむことなく十分な情報量を含む内容を話すことができる。	一部少し詰まったり，言いよどむことがあるが十分な情報量を含む内容を話すことができる。	全体を通して少し詰まったり，言いよどむことがあり，情報量がやや不足している。	沈黙することが多く，単語レベルでなんとか話すことができる。	ほとんど沈黙の状態で，数語の単語のみ発することができる。
正確さ	3点			理解に支障をきたす英文はほとんどなく，語順についてもグローバルエラーがほとんどない。	全体的に理解できる英語で話しているが，一部の英文の語順にグローバルエラーが見られる。	不適切な文構造が頻繁にみられ，理解が困難である。
表現方法	2点				教科書の英文を適宜パラフレーズしながら自分の言葉で様々な表現を使って話している。	教科書の英文をそのまま使った話し方をしている。

Example 2: 6点の場合（生徒の発言のまま）

　　　In Japan, there are many physical barriers.... For example, ... temporary housing, ...it is... inconvenient.... Some people get on the bus...... but they ...... refused, because the wheelchair is heavy.... In order to.... In order to...... take away physical barriers, it is necessary ...... take away the barriers of heart.......

・・・以下省略・・・

講評：全体的に詰まりながら話しているためやや情報量が不足しており（流暢さ3点），受動態や不定詞の誤りが一部にみられ（正確さ2点），発話内容はほぼ教科書の記述どおりである（表現方法1点）。

③人物描写

タスク：2分以内で筆者を形容詞1語で描写した後，その理由について教

科書をもとに述べる。

手順：1. 本文のサマリーをした後，筆者を形容詞1語で描写するという異なる観点からサマリーを再度行う。
　　　2. 前回と同様に，キーワードを抽出し，できる限り頭の中で英文を作り出すように指示する。
　　　3. 教師の前でサマリーを行う。他の生徒はCALL教室に行き，リサーチを開始する。

規準／基準：1. 流暢さ（十分な情報量）3点
　　　　　　2. 正確さ（理解可能な英語）3点
　　　　　　3. 形容詞による描写とその理由　2点
　　　　　　4. 表現方法（使用語彙や構文等の表現の豊かさ）2点
＊流暢さが1点の場合，正確さ，形容詞描写，表現方法が0点の場合もあり得る。
＊ここでは流暢さと正確さを均等に扱い，形容詞を使った描写とその形容詞が具体的に何を意味するかの説明するタスクを課し，内容の一貫性を新たに評価対象としている。これは，英語学習初期段階では，発話量を最重点項目にしながらできる限りたくさんのことを話すことがよいことであると生徒に説明していたことを，論理性に注目しながらより「英語らしい表現」に近づけていく上位レベルの発話を期待しているものである。

評価規準	点数	3	2	1
流暢さ	3点	全体的に詰まったり，言いよどむことがあまりなく，十分な情報量を含む内容を話すことができる。	全体を通して少し詰まったり，言いよどむことが比較的多く，情報量がやや不足している。	沈黙することが多く，単語レベルでなんとか話すことができる。
正確さ	3点	理解に支障をきたす英文はほとんどなく，語順についてもグローバルエラーがほとんどない。	全体的に理解できる英語で話しているが，一部の英文の語順にグローバルエラーが見られる。	不適切な文構造が頻繁にみられ，理解が困難である。
形容詞描写	2点		人物について形容詞1語で表し，その理由を教科書本文に照らし合わせて適切に述べている。	形容詞1語で表現しているがその理由が不明確，または形容詞1語の発言がなく人物描写している。

| 表現方法 | 2点 | | 教科書の英文を適宜パラフレーズしながら自分の言葉で様々な表現を使って話している。 | 教科書の英文をそのまま使った話し方をしている。 |

Example 3: 7点の場合（生徒の発言のまま）

　　　　I think Mr. Ototake is brave. He was born without his legs and arms.... He wrote a book, *Gotaifumannzoku*.... It is a serious problem that many people have the barriers of heart. These barrier cause to people hesitate to help disabled people. In fact, people want to offer help, but they couldn't, because they don't know how to help disabled people...

　　　　　　　　　　　　・・・以下省略・・・

講評：文と文のつながりが不適切な点はあるが，全体としてほとんど言いよどむことなく話し続けている（流暢さ3点）。ただ，cause to の語順や時制の誤りが見られる（正確さ2点）。人物について形容詞 brave で表現しているが，そのあとに続く英文がその理由を示していない（形容詞描写1点）。また，発話された英文はほとんど教科書から抜き出した英文である（表現方法1点）。

④プレゼンテーション

　タスク：学習したことをもとにプロジェクトで紹介した内容を発表する。

　　　　1. 障碍者の定義
　　　　2. 障碍者を取り巻く状況
　　　　3. 日本の問題点（他国と比較して）
　　　　4. 解決策（行動計画）

　手順：1. 日本国内外の情報をリサーチする。
　　　　2. リサーチした情報をグループ内で共有する。
　　　　3. グループごとにリサーチ情報を教師の前で英語で報告する。教師はいくつかの質問を英語で行う。
　　　　4. パワーポイント資料を作成する。
　　　　5. 3分以上8分以内でプレゼンテーションを行う。

6. 発表後質疑応答を行う。(ただし,今回は評価対象外)

規準／基準：1. 流暢さ（十分な情報量）3点
　　　　　　2. 正確さ（理解可能な英語）3点
　　　　　　3. 表現方法（使用語彙や構文等の表現の豊かさ）2点
　　　　　　4. 態度（アイコンタクト）1点
　　　　　　5. パワーポイント資料の見やすさ　1点

＊1年次の最後の評価場面として,流暢さや正確さに加え聴衆を意識した話し方の要素を加えた。

評価規準	点数	3	2	1
流暢さ	3点	明快な発音で全体的に詰まったり,言いよどむことがあまりなく,十分な情報量を含む内容を話すことができる。	部分的に不明瞭な発音があったり,全体を通して少し詰まったり,言いよどむことが見られ,情報量がやや不足している。	沈黙することが多く,単語レベルでなんとか話すことができる。
正確さ	3点	理解に支障をきたす英文はほとんどなく,語順についてもグローバルエラーがほとんどない。	全体的に理解できる英語で話しているが,一部の英文の語順にグローバルエラーが見られる。	不適切な文構造が頻繁にみられ,理解が困難である。
表現方法	2点		教科書の英文を適宜パラフレーズしたり,リサーチした内容を自分の言葉で様々な表現を使って話している。	教科書の英文をほぼそのまま使った話し方をしている。
態度	1点			アイコンタクトを保ちながら話している。
資料 パワーポイント	1点			説明に適した資料が作成されている。

Example 4（生徒の発言のまま：抜粋）：8点の場合

1. Introduction

　I learned that Tohoku earthquake occurred and more than 300 disabled people have lived in temporary housing in Ishinomaki. However, there are not barrier-free inside. So it is hard for disabled people to live in. I thought that it was not an equal society.

2. Definition of disabled people

　According to Basic Act, disabled people are defined as people who have long-term physical, mental, and cognitive deficiencies.

3. Situation in Japan about disabled people

　There is a beeping noise every time we across the street.... It is used so that blind people will know when to cross the street safely.... And we have special vans that make it easy for disabled people to travel around and can be driven by using hands only.... But we still have physical barriers that are so hard on disabled people.

4. Problems about disabled people to be solved

　The biggest problem in Japan is "barriers of the heart." Japanese people may have the experience of seeing a disabled person in difficulties at a station but not knowing how to offer help.

　Disabled people are said to have easier lives in Western societies. This is because Westerners are willing to let other people be what they are.

5. Solution by Hirotada Ototake

　Mr.Ototake said, "If people value themselves more and take more pride in themselves, they will naturally be able to accept other people whoever they are."

6. Action plan for achieving an equal society from high school students' perspective

　It is believed that the difference between Japan and Western countries is caused by the lack of communication and... knowledge on how to approach disabled people. So I suggest two plans to build an equal society.

　First, we should be taught about disabled people and how to offer help.

　　　　Second, I think that disabled people should have a badge… which is the mark of disabled people as pregnant women have badges which indicate pregnancy. This is because we sometimes don't notice disabled people.…

　　講評：不自然な間をあけることなく6分間話し続けることができているが，声量が小さくやや発音が不明瞭である（流暢さ2点）。文法や語順については理解を妨げるほどの誤りはない（正確さ3点）。教科書で学習した英文をかなり忠実に再現しており，また部分的にパラフレーズしているところも見られる（表現方法2点）。話し方については暗誦した英文を思い出そうとして目線が頻繁に上を向くなど聴衆とアイコンタクトをとりながら話すことはできていない（態度0点）。資料についてはわかりやすく工夫されている（パワーポイント資料1点）。全体として，教科書の英文をもとにわかりやすい発表であったが，課題として，さらに自分の言葉にパラフレーズしながら自信をもって聴衆に話しかけることが挙げられる。

　評価に対する基本的な考え方をもとに具体的な評価方法を見てきたが，教師の目指すスピーキング能力の向上に向け，評価規準の「重みづけ」をしていく必要がある。流暢さを重視するのか正確さを重視するのか，発話するときの姿勢を重視するのかなど，3年間の中で自信をもって英語を話す生徒を育成するための順序を生徒の現状をもとに考える必要がある。

　評価は十分な練習を行った後に行うことが大切である。教師がクラス全体の授業に対する参加度，一人一人の達成状況を見たうえで評価場面を設定しないと，生徒は評価ばかりされるわりには褒められず，また達成感も得られないまま授業が進んでいくため，いずれ英語学習に興味を失ってしまう。最後に評価において心得ておくべき点を列挙してこの章を終える。

- 同じタスク（例えば，内容理解の質問やサマリー等）を何度も設定する。上記の例では，本文サマリーについて少し視点を変えながら繰り返し行っている。

- 正式な評価場面を設定せずに，授業で Q&A を行いながら常に，文字を見ないで生徒がどの程度英語で教師の質問に答えることができるかモニターする。
- 授業内では時間が限られているので授業外で評価タスクに再挑戦させる。再挑戦する場合も減点はしないと告げ，時間をかけてもタスクが達成できたことを褒める姿勢を教師が持つ。
- ペアやグループで役割を決めてタスクを行い評価は均等にする。優秀な生徒はこの評価法を不公平だと考える場合もあるが，長い目で見て，協力しながらクラス全体の英語力を伸ばさないと1人1人の英語力も伸びないことを説明する。
- 生徒の習得状況を見ながら練習のみで評価対象にしない活動も設定する。上記の例では，質疑応答をはじめとした対話は評価対象に入れていない。この段階では対話に必要なオンラインで要求されるクイック・レスポンスが十分に習得されていないと判断し，来年度以降の課題とした。
- 最終目標の下位技能のうち，語彙や音読は小テストとして各生徒の達成状況を確認するが評価対象に入れていない。学年当初であれば，評価対象に入れるが，今回はより高次なタスクを設定しているため，これらの下位技能は練習と確認のみとしている。

　以上，評価について全体計画から単元計画までの概要を述べてきたが，「指導と評価の一体化」は重要な考え方である。教師が常に生徒の進捗状況を把握しながら計画を立て，状況によっては当初の計画を途中で変更することは当然のことである。また，評価した後は生徒個々にできている点と課題についてコメントし，今後の学習方法のヒントを与えることは生徒のメタ認知力の育成にもつながる。評価を生徒の学習の目標と考え，1つ1つのタスクを達成した結果，英語力がついてくることを実感させたい。

・注・
1)　田中耕治. 2014.『よくわかる教育評価』東京：ミネルヴァ書房
2)　注1)に同じ。

19 入試とスピーキングの評価

19.1 学習指導要領と大学入試

平成25年（2013）度より高等学校で実施されている指導要領は，「授業は英語で行う」ことを基本としている。戦後間もない昭和22年（1947）度の学習指導要領でも，リスニングとスピーキングは，リーディングとライティングに先立つ段階の技能であることを踏まえ，

> 教師ができるだけ英語で話すばかりでなく，生徒もまたできるだけ英語を話すべきである。

とあり，数十年に渡り指導要領はスピーキングを含む4技能の指導を求めてきている。そして，心ある教員は4技能型の授業をしてきたが，「入試対策」を望む生徒や保護者に応え，3年次には，リーディング偏重型指導を余儀なくされた。指導要領に合わない大学入試が続いてきたためである。

従来の入試は，理想的な授業を示す指導要領に合わず，英語学習を偏らせてきた。各大学が個別の形式で，リーディング，文法，英作文に偏重し，難易度も主観的で，ある年度の得点と前年度の得点との関連性も不明である。和訳，英作文では採点基準の開示がない。一点刻みで順位を付け，合格者を選別するのが目的で，高校授業への波及効果には問題作成者は無頓着であった。

19.2 4技能型外部入試と大学入試

スピーキングを入試に取り入れ，指導要領に基づく授業と入試，大学での学習，さらに，生涯に渡る英語学習に親和性をもたらすことはできないだろうか。そこで，注目されるのが，ICTを利用し，最新のテスト理論に則ったTOEFL iBTである。コンピュータを使い，口頭での回答をマイクを通し録音し，複数の採点者が点数をつける。さらに，次のような優れた点がある。

> 1) 自国の言語を使わない。
> 2) 専門のスタッフが質の高い問題を用意している。
> 3) 項目反応理論に基づいた目標準拠テストで，絶対評価ができる。
> 4) スピーキングとライティングには規準と基準が公表されている。

　項目反応理論とは，統計処理により，問題の難易度に応じて重み付けを行い，絶対的な評価を行う。いつ受験しても，実力が変わらなければ得点も一定で，受験者が目標にどれだけ近づいたかを示す。従来の「受験者同士を比べて順をつける」テストとは根本的に異なる。現行の大学入試センター試験に代わる平成 32 年（2020）度から年 2 回実施予定の「高等学校基礎学力テスト・大学入学希望者学力評価テスト」（仮称）もこの理論を利用する。英語では，教育関連企業に委託することも含め，スピーキングも含めた 4 技能一体化を目指している。タブレットコンピュータを利用する予定である。

　スーパーグローバル大学に指定された大学でも，このようなテストの利点を認めている。広島大学では，英検，TOEIC，TOEFL iBT，IELTS を平成 29 年（2017）学部入試に全面的に取り入れる。出願要件として外部英語資格試験の得点提出を課す大学や，入試に利用する大学はこれから増えるだろう。

19.3　国産 4 技能型試験

　筑波大学では，学部でディスカッションやプレゼンテーションに取り組むアクティブ・ラーニングが行われ，外国の研究チームとの共同研究で英語の 4 技能が当然必要であるという現状を受けて，国産の 4 技能型試験を取り入れようとしている。国産の 4 技能型試験では，上智大学と日本英語検定協会が共同で開発した TEAP（Test of English for Academic Purposes）や，「読む」「聞く」「書く」領域で運用能力を絶対評価で測ってきた実績をもとに，大学入学試験での採用を目指した英語 4 技能検定試験 GTEC CBT（Global Test of English Communication Computer Based Testing）などがあり，大半の高校生のレベルにあった作問の工夫がなされている。

　参考に，平成 26 年（2014）8 月よりコンピュータでの実施となった GTEC CBT を取り上げる。その特徴は以下の通りである。

> 1) 4技能を絶対評価で測定し，年に複数回受験ができる。
> 2) 学習指導要領が求める語彙・表現をもとに，英語運用力を測定する。
> 3) 英語だけを使う授業を受けたり，英語の論文を書いたり読んだり，また，内容を聞き取って要約する英語力を測定する。

4技能は概要に示した通りに測定され，それぞれ350満点である。

表1　GTEC CBT　概要

技能	問題数	時間（分）	満点スコア	回答の方法
Listening	40	30	350	マウスクリック
Reading	40	55	350	マウスクリック
Speaking	7	15	350	マイク付きイヤホン
Writing	6	35	350	キーボード入力
Total	93	135	1400	

　スピーキングは，ネットワーク非接続のタブレットで実施し，タブレットに入れた回答を回収し「英語話者の視点」による採点にもとづき，項目反応理論でスコア化する。内容は，次のものである。

> Part A: 文字で表示される対話の応答を音読する。
> Part B: 図示された情報を読み取り，それについての質問に応答する。
> Part C: 4コマの絵で示される日常的なできごとを説明する。
> Part D: テーマについて理由を添えた意見を述べる。

19.4　スピーキング独立型テストの入試利用

　費用，時間の面から，15分程度で安価で実施できるVersantとTSST（Telephone Standard Speaking Test）などの独立型スピーキングテストを利用することはできないだろうか。Versantは，Pearson社の開発で，自動音声認識システムを利用し，電話回線，もしくは，インターネットを通して受験できる。TSSTは，アルクが1997年より対面式で行っていたものを，電話回線で受験できるようにした。一点刻みで順位を付け選別するのでなく，受験資格要因として，一定のレベル，例えばCEFR-J A2.2以上のスピーキ

グ能力を証明させるのである。受験生全体の底上げが図れ，学生の二極化の是正や理系生徒のスピーキング力向上にも寄与できる。高校の授業でのスピーキング活動の活性化も着実に進む。例として Versant の問題の概要を示す。

PART A: 音読 8 問　英文を指示通りに音読する。

PART B: 復唱 16 問　聞こえてくる英文を繰り返す。例：Leave town on the next train. と聞こえれば，Leave town on the next train. と答える。

PART C: 質問に答える 24 問　聞こえてくる質問に対し，簡潔に答える。例：Do you get water from a bottle or a newspaper? という問いに対し，from a bottle と答える。

PART D: 文の構築 10 問　聞こえてくる語群を適切な順に並べ，文にして答える。例：was reading...my mother...her favorite magazine と聞こえれば，My mother was reading her favorite magazine. と答える。

PART E: 話の要約 3 問　簡単な話を聞き，話の状況・登場人物・行動・結末を含め，その要約を自分の英語で話す。(30 秒)

PART F: 自由回答問題 2 問　家族の生活又は個人的な選択についての質問に答える。(40 秒)

終了後，数分で結果を見ることができる。スコアは 20 点〜80 点で，「総合」「文章構文」「語彙」「流暢さ」「発音」の点数と説明が表示される。その他に「リスニング」「発話能力」「対話能力」「言語特性」「方略能力と技能」の能力レベルと，TOEFL や TOEIC の予測スコアも表示される。

19.5　コミュニケーション志向へ改善される高校・大学入試

「グローバル化の流れを受け，大学教育を早急に転換しなければならない。そのためには高校教育も変わらなければならず，高校教育が変わるのに障壁となっている大学入試も変えよう」という考えが広がっている。京都工芸繊維大学では，民間との共同研究で大学独自の CBT 方式のスピーキングテスト開発に取り組んでいる。スーパーグローバル大学創生事業の一環として学内で定期的に実施し，2017 年には大学院入試，2019 年には学部入試へのスピーキングテスト導入を目指している。国際語として使うことを基準と

したスピーキング能力を測る。説明力，計画力，批判的思考力，問題解決力などの「21世紀型スキル」をテスティングポイントとしている。

このようなスピーキングテストの実施は困難でも，実際，4技能型への高等学校授業改善を受けて，既にコミュニケーション志向の出題が増加している。例えば，聞いた素材を要約し，自分の意見を書くという形式での出題である。これは複数のスキルを運用する力をみているという点が，TOEFL iBT の複合スキル型と共通している。iBT の Integrated Writing でのスキル複合型問題とは以下のもので，このような出題が今後は，増加していくだろう。

> 1) 250～300語の文章（講義などアカデミックなもの）を3分間で読み，
> 2) その内容に関連した講義（230～300語で約2分）を聴き，
> 3) ライティングにて内容をまとめる（20分で150～225語）

さらに，コミュニケーション志向型問題として，

> 1) 英語での問題指示
> 2) 大分量の文章に関する英問英答
> 3) 読んだ情報をもとに判断する
> 4) パラグラフ構造の理解を試す
> 5) 会話方略を試す
> 6) 英語でタスクを解く

などが増えていくと予想される。

高校入試にも抜本的な改善が見られる。グローバル科の設置校などを対象とする大阪府立高校の平成29度入試は，問題文は全て英語で，日本語による回答はなく，スピーキングを除く3技能を，リーディング47％，リスニング33％，ライティング20％の割合で出題する予定である。従来の入試では，1分間に読まなくてはならない語数は35語であったのに対し，改善案では96語となり，長い文章を迅速に理解する力を問う。また，スキル複合型として，読んだり聞いたりして得た情報を自分の英語でまとめるものがある。さらに，和文英作でなく，自分の意見を英語で書く課題が出題される。将来はスピーキングの導入も検討している。また，英検や TOEFL で一定の点数がとれていれば，入試の英語の点数に換算もする。高校入試を改善し，その入試で選抜された生徒を4技能統合型の高校授業で育て，外部4技能試験との連携を打ち出し，大学へ送り出そうとしている。

〈実践編〉19 入試とスピーキングの評価　287

　従来の知識を試していたテストから，スピーキングを含め，その知識を実際に運用する力を測るテストに，高大の入試は大きく動いている。

表2　CEFR-J スピーキングの3レベル

	A2.1	A2.2	B1.1
やりとり	趣味，部活動などのなじみのあるトピックに関して，はっきりと話されれば，簡単な質疑応答をすることができる。	順序を表す表現である first, then, next などのつなぎ言葉や「右に曲がって」や「まっすぐ行って」などの基本的な表現を使って，単純な道案内をすることができる。	身近なトピック（学校・趣味・将来の希望）について，簡単な英語を幅広く使って意見を表明し，情報を交換することができる。
	基本的な語や言い回しを使って，人を誘ったり，誘いを受けたり，断ったりすることができる。	補助となる絵やものを用いて，基本的な情報を伝え，また，簡単な意見交換をすることができる。	個人的に関心のある具体的なトピックについて，簡単な英語を多様に用いて，社交的な会話を続けることができる。
発表	前もって発話することを用意した上で，限られた身近なトピックについて，簡単な語や基礎的な句を限られた構文に用い，複数の文で意見を言うことができる。	一連の簡単な語句や文を使って，自分の趣味や特技に触れながら自己紹介をすることができる。	使える語句や表現を繋いで，自分の経験や夢，希望を順序だて，話を広げながら，ある程度詳しく語ることができる。
	前もって発話することを用意した上で，日常生活に関する簡単な事実を，簡単な語や基礎的な句を限られた構文を用い，複数の文で描写できる。	写真や絵，地図などの視覚的補助を利用しながら，一連の簡単な句や文を使って，身近なトピック（学校や地域など）について短い話をすることができる。	自分の考えを事前に準備して，メモの助けがあれば，聞き手を混乱させないように，馴染みのあるトピックや自分に関心のある事柄について語ることができる。

背景情報 12
スピーキング関連コンテストの紹介

　英語スピーチコンテストやその他の英語でのコンテストに参加することには，いくつかの意義がある。自分の考えや意見をまとめ，スピーチで訴えること自体に大きな意義があるが，さらにそれを英語で行う意義として，英語の発音や，イントネーション，ストレスなどのプロソディーを徹底して練習することにより，音声でのコミュニケーションへの関心を高めるとともに，発音やプロソディを飛躍的に向上させることができるということが挙げられる。また，大勢の聴衆の前でスピーチする体験から達成感を得ることができる。さらに，英語学習へのモチベーションを高めることにもなる。もちろん，入賞した場合は，より大きな成就感を得ることができ，自信にもつながることは言うまでもない。筆者の場合，大学時代に ESS 部員として英語スピーチコンテストに出場したが，徹底的に先輩から発音やプロソディを叩き込まれた。この経験はその後の英語学習に大いに役立っている。
　そのようなメリットのあるコンテストに挑戦させる機会を是非生徒に与えたいものである。
　以下にスピーチ，レシテーション，プレゼンテーション，ディベート，オーラルインタープリテーション，それぞれのコンテストのうち，代表的なものをあげてみよう。

1. 英語スピーチコンテスト
　英語スピーチコンテストは，長い歴史のあるものも多く，大学，高等学校，教育委員会，専門学校主催のものなど多数実施されている。
　1) 全国高等学校英語スピーチコンテスト（主催：全国英語教育研究団体連合会［全英連］；対象：高校生）　http://www.zen-ei-ren.com

　2) 全日本青少年英語弁論大会（主催：ECC 外語学院，ECC 国際外語専門学校，ECC ジュニア・ブランチスクール；対象：高校生，大学生）
　　http://www.ecc.co.jp/support/speech/gist.html#zenkoku

　3) チャーチル杯争奪全日本高等学校生英語弁論大会（主催：関西学院大学 E.S.S. と青山学院大学 E.S.S.；対象：高校生）

http://churchilltrophy2012.web.fc2.com/index.html

4) 全国高校生英語弁論大会ジョン・ニッセル杯（主催：上智大学言語教育研究センター・外国語学部英語学科；対象：高校生）
http://www.sophia-cler.jp/subject/nissel-cup/

5) 全国高校生英語スピーチコンテスト（主催：ブリガム・ヤング大学ハワイ校；対象：高校生） http://www.byuh.jp

6) 高円宮杯全日本中学校英語弁論大会（主催：読売新聞社，日本学生協会基金；対象：中学生） http://www.jnsafund.org

7) 鳳凰杯中学生英語スピーチコンテスト（主催：立命館宇治中学校・高等学校；対象：中学生） http://www.ujc.ritsumei.ac.jp/ujc/Phoenix/

8) 全国ジュニア英語スピーチコンテスト（主催：日本LL教育センター；対象：小学生，中学生） http://www.llcenter.or.jp/box/contest/index.html

2. 英語レシテーションコンテスト

中学校，高等学校，大学，自治体主催でレシテーションコンテストが実施されている。対象も中学生，高校生，大学生それぞれにコンテストが行われている。上記5) のスピーチコンテストの小学生の部は，レシテーションコンテストとして実施されている。

3. 英語プレゼンテーションコンテスト

プレゼンテーションコンテストは最近実施されるようになってきた。

1) 全国学生英語プレゼンテーションコンテスト（主催：神田外語グループ，読売新聞社；対象：大学生，大学院生，短期大学生，高等専門学校生，専門学校生） http://www.kandagaigo.ac.jp/contest/

2) 全国高校生英語プレゼンテーションコンテスト（主催：獨協大学外国語学部；対象：高校生） http://www.dokkyo.ac.jp/e-presentation/index_j.html

4. 英語ディベートコンテスト

ディベートコンテストは中学生，高校生を対象とするコンテストが，埼玉，長野，兵庫，鹿児島などの県で実施されている。全国規模のコンテストには次のものがある。

1) 全国高校生英語ディベート大会（主催：全国高校英語ディベート連盟）
http://www.henda.jp/Pages/default.aspx

2) PDA高校生即興型英語ディベート全国大会（主催：パーラメンタリーディベート人財育成協会） http://www.pdpda.org/

3) 日本英語交流連盟大学対抗英語ディベート大会（主催：日本英語交流連盟；対象：大学生） http://www.esuj.gr.jp/debate/jp/index.htm

4) 社会人英語ディベート大会（主催：日本英語交流連盟；対象：社会人，大学生・大学院生は除く） http://www.esuj.gr.jp/debate/jp/index.htm

5. オーラルインタープリテーションコンテスト

1) 英語オーラルインタープリテーションコンテスト（主催：南山大学短期大学部，学生支援プロジェクト「ベタニア」；対象：中学生，高校生，大学生［個人・団体］）
http://www.ic.nanzan-u.ac.jp/tandai/news/2014%201031%20HSOIC%20Announcement.pdf

6. その他のコンテスト

1) 英語スキットコンテストについては，高校や大学主催で開催されている。また，NHKラジオの基礎英語でもスキットコンテストが行われている。

2) 英語教員対象のスピーチコンテストについては，「全国中学高校教員による英語弁論大会」が開催されている。
http://www.iec-nichibei.or.jp/pdf/En_speech2014_program.pdf

なお，最近の英語スピーチコンテストやディベートコンテストの優勝者などの映像はYouTubeで公開されている。スピーチの指導法にモデルを紹介したり，テーマを掘り下げたりするのに，TED（http://www.ted.com）を活用する

ことができる。
　スピーチの仕方を学ぶにはトーストマスターズ（http://www.district76.org/ja/）を利用してもよいだろう。

理論編

1 音声言語習得モデル

1.1 第一言語獲得についてのモデル

子どもはどのようにして母語（第一言語）を手に入れるのでしょうか。私たちはすべて例外なく，自分の母語をどのようにして学習（獲得）したかその記憶がありません。ほぼいつの間にか覚えていたという人が大半でしょう。幼児の母語獲得の概要を説明しようとするモデルは，これまで次のような変遷を経ています。すなわち，

(1) 条件付け（conditioning）による刺激・反応・強化（stimulus-response-reinforcement）モデル
(2) 生得的な仕組みを仮定したモデル：生成文法による原理とパラメータ（principles and parameters）と問題解決装置（problem solver）を仮定
(3) 認知言語学を背景にした用法基盤モデル（usage-based model）

の3つです。

(1) 刺激・反応・強化モデル

このモデルは，「刺激―反応」と「反応―強化」の2種類の連合（association）の形成から成り立っています。前者の「刺激・反応」の連合形成は，一般に「古典的条件づけ（classical conditioning）」と呼ばれるものです。例えば，イヌに肉片を見せると無条件に唾液が分泌されます（無条件反応）。これに対し，ベルの音を聞かせても唾液は分泌されません。ところが，肉片と同時にベルの音を対提示することを繰り返していくと，やがて肉片を見せなくても，ベルの音を聞くだけで唾液が分泌されるようになります。もともと反射的に無条件につながっていた「肉―唾液」という連合に加えて，新たに「ベルの音―唾液」という連合が出現しました。すなわち，それまでベルの音には無反応であったイヌに，新しい反応（条件反応）が生まれたわけです。

しかしながら，このようにして生み出された新たな連合も，何ら強化しな

いでそのまま放っておくと，次第に消えてしまいます。形成された条件反応は，それが好ましい反応であれば，何らかの「報酬（reward）」を与えてその反応が消えないようにし，また好ましくない反応であれば「罰（punishment）」を与えてその反応が出てこないようにすることが必要です。このような「アメとムチ」により，学習すべき反応を定着させることを「オペラント条件づけ（operant conditioning）」と呼んでいます。

これら2つの条件づけにもとづく「刺激—反応—強化」の学習モデルは，犬や馬のみならず，ハト，猫，チンポンジーにも，さらには人間にもあてはまる汎用的な「学習原理（learning principle）」だと考えられました。有名な京都大学霊長類研究所の「アイ」「アユム」ちゃんなどもこの原理にもとづく英才教育を受けて，「天才的」と言われるチンパンジーになっています。

このモデルを幼児の母語獲得にあてはまると，古典的条件づけは，例えば，お母さんが猫を指さして，This is a cat. と話すことを幾度も繰り返すことで，catという語を聞くだけで赤ちゃんの頭の中に，catの意味内容（イメージ）が形成されるようになることを意味しています。またオペラント条件づけでは，例えば，子どもが別の猫を見たときに'cat'と発音するなど適切に反応したときには，ほめる，ほほえみ返すなどの報酬をあげ，猫をみて不適切な別の発音（'car'など）をしたときには，しかる，無視するなどの罰を与えることを意味しています。

英語など外国語教育との関連で，このモデルを応用したかつてのオーラルアプローチ（oral approach）の典型的な活動に，パターンプラクティス（pattern practice：文型練習）がありました。

刺激：I play tennis every day. という文を聞かせ，"Question" と指示

反応：Do you play tennis every day? と学習者が疑問文に変えて発話

強化：Do you play tennis every day? という正解を聞かせ学習者が反復

上例では，疑問文をつくる練習ですが，主語を She に代えて She plays tennis every day. と言わせる，every day を yesterday に代えて，I played tennis yesterday. と言わせるなど，さまざまな文型を瞬時に発話させる練習です。かつては，LL（現在では CALL）教室で盛んに実施されていました。その後，communicative approach などコミュニケーション志向の学習法，教授法が主流になるにつれて，さらには上記（2）の生成文法による生得的モデルが言語学の主流になるにつれて，ほとんど実践されなくなりました。

(2) 生得的な仕組みを仮定したモデル：原理とパラメータと問題解決装置

「刺激・反応・強化」モデルは，1960年以降台頭した，変形生成文法（transformational generative grammar）などから，痛烈な批判を浴びることになりました。この言語理論を展開したN. Chomskyは，はじめて聞く文でも理解でき，またはじめて話す文でも生成できるという創造性（creativity）こそが人の言語能力の基盤を成していると主張しました。そして，この観点から，人の模倣（mimicryあるいはimitation）をもとにした上記（1）のモデルによる習慣形成が極めて機械的で根拠のないものであることを力説しました。

このモデルでは，幼児は生まれながらにして「言語獲得装置（LAD：language acquisition device）」を備えており，この生得的な装置が作動して，対象とする言語を幼児は獲得すると考えました。その上で，人間言語の文法の可能な成立範囲を規定した，すべての個別言語文法の元になる普遍文法（universal grammar：UG）と，普遍文法から言語経験を経て個別言語の文法を生み出すためのパラメータ（媒介変数：parameters）などの言語獲得関数がその中に格納されていると仮定しました。これは，しばしば「原理とパラメータによるアプローチ」と呼ばれるものです。

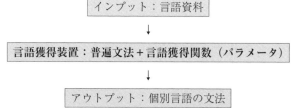

図1　言語獲得装置(LAD)を仮定したモデル（門田，2014b：195より転載）

このモデルの原理，すなわち普遍文法としては，①すべての言語においては，主語，動詞，目的語という要素が存在することや，②音素＜形態素＜単語＜句＜節＜文＜談話といった，小さな単位が集まって大きな単位を形づくるという階層性があることなどが挙げられます。また，各言語固有のパラメータとしては，①主語を必ず表現する言語（e.g. 英語：I will go to New York next month.）と，主語を省略できる言語（e.g. 日本語：「（僕は）来月ニューヨークに行く」）などや，②「僕は昨日会った女性が好きだ」というように，連体修飾を名詞の前に置く言語（日本語）と，"I love the woman I *met yesterday.*" といったように後置修飾をする言語（英語）といった個々の言語の特性があります。

　実は，生得的なアプローチには，もうひとつ認知心理学者によってかねてより考えられてきた仕組みとして，問題解決装置を仮定したアプローチがあります。これは，私たち人間のあらゆる活動は一種の「問題解決」の連続であると考え，そのような装置が生得的に備わっていると仮定するものです。例えば，Newell and Simon（1972）の提案した「汎用的問題解決装置（general problem solver）」などはその一例で，与えられた初期状態から目標状態に至るまでの手順を詳細に定めています。言い換えると，外界の情報を新たにインプットとして受ければそれをとり込んで獲得するための装置である点は，上記の LAD と同様ですが，この装置が受け取るのは言語情報だけに限りません。あらゆる学習のための汎用的な装置で，部分的なインプットを受け取ると，その一部のデータから，一般的なルールや法則を導き出し，それを実際のデータに照らして検証するような「仮説・検証システム（hypothesis-testing system）」を備えていると考えられています。図 2 は，生得的な問題解決装置に言語インプットが入力されて，無意識的な潜在知識としての言語能力が生み出されるという考えをイメージしたものです。

図 2　生得的な汎用的問題解決装置（学習システム）を仮定したモデル
　　　（門田，2014b: 194 より転載）

（3）認知言語学を背景にした用法基盤モデル

　人の言語能力は，他の認知能力とは別個のモジュールを形成しているという前提のもと，普遍文法と，その普遍文法から個別言語の文法を導き出す変数をもとに，言語獲得をモデル化した「原理とパラメータ」のアプローチに対し，ほぼその正反対の立場をとるのが，認知言語学（cognitive linguistics）に根ざした用法基盤モデル（usage-based model）です。

この考え方では，言語獲得に，高度な一般化した抽象的な規則や原理の適用を演繹的に仮定するのではなく，多数の具体的な言語使用をもとに抽出した共通項を出発点にして，実際のコミュニケーション活動において記号として使用される中で，徐々にその記号の組み合わせのパターンを増大させていくというのが基本的なコンセプトで，私たちの大脳のニューラルネットワーク（神経回路網：neural network）の考え方をイメージしたものです。その上で，言語の獲得は，実際の発話の状況や社会的背景も取り込んだ形で，他者とのコミュニケーションにもとづいて形成されると仮定しています。

　以上のような前提にもとづき，用法基盤モデルでは，汎用的な習得システムとして，相互作用（interaction）を基礎に据えた「社会認知システム（social-cognitive system）」を提案し，このシステムをもとに言語コミュニケーションが遂行される中で，徐々に言語獲得が実現されると考えています。そしてこの社会認知システムには，

（1）意図の読み取り（intention-reading）
（2）パターン発見（pattern-finding）

という2つの基本的な仕組みが存在すると仮定しています。

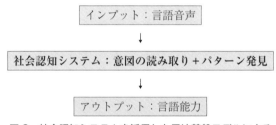

図3　社会認知システムを活用した用法基盤モデルによるアプローチ（門田, 2014b: 194 より転載）

　(1) の意図の読み取りについては，大人と同じ方向を見る「視線追従」や，大人と同様の方法で対象に働きかけを行おうとする「模倣」が生じるのと同じ時期，すなわち生後9～12ヶ月頃に生じると言われています。人間の子どもだけにみられるこの意図の読み取りにおいては，次の3つのポイントが明らかになっています（Tomasello, 2003：19-42）。

①共同注意フレーム（joint attentional frame）の構築
　　コミュニケーションのための共通の場面（common ground）である

「共同注意フレーム」を大人とともに構築することで，(a) 幼児自身，(b) 相手となる大人（養育者），(c) そして両者が共有している対象，という3項関係を確立できます。

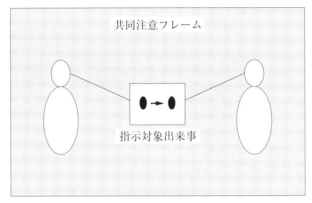

図4　共同注意フレームの構築例（辻ほか，2008：28に基づく）

②伝達意図の理解（understanding communication intentions）
　共同注意のフレームで確立した3項関係にもとづいて，幼児自身に向けられた発話において表現されている「伝達意図」を理解します。
③役割交代を伴う模倣（role reversal imitation）による文化学習
　自分とは異なる他者（大人）が，何らかの意図をもつ主体として理解できることは，一種の文化学習（社会学習）を可能にします。すなわち，大人がやっている行動を観察し，その中で意図的な行動をみずから模倣するようになるのです。

以上の①～③が，子どもがみずから言語を産出する基盤になるというのです。確かに，養育者（お母さん）が，猫を指さして，'cat' と発話しても，それが子どもにいかにして理解され，どのようにして実際に子どもがそれを使ってみるかというその仕組みは，先に述べた「刺激・反応・強化モデル」では，実はずっと不明のままでした。この点，Tomasello による「意図の読み取り」は，人に与えられたきわめて本質的な仕組みであると同時に，言語獲得の原点を説明するものであると考えられます。[1]

以上のような語や語の意味の習得とは別に，文法（統語）に関しては，幼児がさまざまな音連鎖（発話）に接したときに，その中に一定のパターンを

見つけ出すことに優れた能力を発揮することが分かってきました。これが，(2) の「パターン発見」です。

例えば，wididi や delili といった ABB のパターンをもつ 3 音節語（無意味語）を 3 分以上にわたって繰り返し聞かされた生後 7 カ月の幼児は，その後，含まれる音節じたいは，bapopo のようにまったく新しいものであっても，異なるパターン（AAB の babapo や ABA の bapoba など）よりも，同じ ABB のパターンをもつ他の無意味語を含む音声連鎖が流れてくる方向を好んで見るようになったという報告があります（Marcus ほか, 1999）。

Tomasello（2003）は，人にもともと備わっているのは，一連の認知スキル，とりわけ聴覚音声パターンの「統計的学習（statistical learning）」の能力であり，これが言語の文法獲得の必須条件として，1 歳前後の頃に活用されるようになると指摘しています。そして，言語習得が本格的に開始された段階では，子どもは，音韻形式パターンだけでなく，語の意味や機能面にも，このパターン発見能力を活用するようになるというのです。つまり，単語の使い方を学習するために，子どもはさまざまな用例の中に，大人がどのように共通した場面で語を用いているかについてのパターンを発見できるようになると述べています。

このパターン発見による統語発達プロセスには，次の 4 段階が仮定されています。

図 5　統語発達段階（鈴木・門田, 2012 : 99 より転載）

「一語文」は，1 語から成る文を発する段階です。その後，繰り返し使用される語と語のパターンを発見すると，その中に，他の語と入れ替え可能なスロットを設定して，そこにさまざまな要素（語）を入れていく「軸語スキーマ（pivot schema）」が形成されるようになります。Tomasello（2003: 116）は，初期の英語の軸語スキーマの例として次のようなものがあると述べています。

表1　初期の英語の軸語スキーマの例（Tomasello, 2003：116より抜粋）

軸語スキーマ（例）	more 〜	all 〜	〜 off	〜 there
	more car more cereal more cookie more fish	all broken all buttoned all clean all done	boot off light off pants off	clock on there up on there hot in there milk in there

　この軸語スキーマは，まだ文法規則を使う以前の前文法操作段階ですが，その後，「項目依存構文（item-based construction）」の段階に入り，特定の動詞に依存して文構造を形成し，それをもとに発話するようになります。これが「動詞島仮説（verb island hypothesis）」と言われるものですが，この段階では，ひとつひとつの動詞ごとに固有の文構造をつくり出しているに過ぎません。すなわち，ある動詞に作り上げた構文を，別の動詞に一般化して活用することがまだできない状態です。それが次の「抽象的統語構文（abstract syntactic construction）」に入った3歳頃には，動詞はすでに島ではなくなり，各種の文構造で活用できるようになってくるというのです。

　母語獲得に関して，本章で解説しました3つの理論のうち，どの理論が正しいのかについては，現在までのところ，はっきりとした答えは出ていません。しかしその中でも，近年特に注目されているのが，用法基盤アプローチです。本節では次に，この用法基盤アプローチを支える「相互作用本能（interactional instinct）」についてやや詳しく検討したいと思います。

1.2　母語獲得における言語本能から相互作用本能へのパラダイムシフト

　マサチューセッツ工科大学のPinker（1994: 18）は，次のように述べ，高らかに人間には，「言語本能（language instinct）」が存在する，と宣言しました。

> Language is **not a cultural artifact** that we learn the way we learn to tell time or how the federal government works. Instead, it is a distinct piece of **the biological makeup of our brains.** Language is（──中略──）distinct from more general abilities to process information or behave intelligently. (Pinker, 1994: 18)

　「言語は**文化的人工物ではなく**，したがって，時計の見方や連邦政府の仕組みを習うようには習得できない。言語は人間の**脳のなかに確固と**

した位置を占めている。言語能力は，(——中略——)情報を処理したり知的に行動するといった一般的能力と一線を画している。」(椋田訳〔1995: 19〕より引用)

これに対し，Shumann (2010: 245) は，Lee ほか (2009) の考え方を紹介しつつ，次のように述べています。

　　Lee et al. (2009) present an evolutionary theory of language as a complex adaptive system that exists **as a cultural artifact** without any requirement for innate abstract grammatical representations. From this perspective, language acquisition is seen as an emotionally driven process relying upon an innately specified **"interactional instinct."**

　　「言語は複雑だが，順応性をそなえたシステムで，生得的で抽象化された文法表象を必要としない，**文化的人工物**であるという言語の進化理論を Lee ほか (2009) は提案している。このような観点からは，言語獲得は，情動にもとづくプロセスで，生得的に与えられた**『相互作用本能』**に依存する過程である。」(筆者訳)

事実，Lee ほか (2009) も，人間言語学習が普遍文法 (UG) をもとに出現するものではなく，人の相互作用本能によって習得される「文化的人工物」であると述べています。

この相互作用本能を端的に裏づけた有名な実験があります (Kuhl ほか，2003)。この研究では，中国語 (Mandarin Chinese) の12回のレッスンを，英語母語話者の9ヶ月の幼児に，実施しました。その際，実際に中国語母語話者が直接子どもと対面しながら，レッスンをした場合と，同一の中国語母語話者によるレッスンを，同じ時間だけそのままビデオにとって「映像＋音声」の動画で提示した場合や，上記レッスンの「音声のみ」を聞かせた場合がありました。また，以上とは別にこれらの実験にかかった時間と同じ時間，英語だけを聞いていた場合（学習なし）があり，中国語の発音識別 (speech discrimination) テスト結果にもとづいて4つを比較したのが，次の図6です。

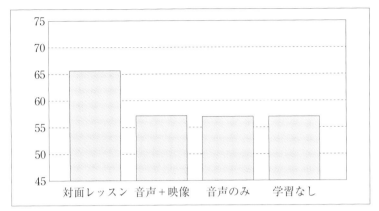

図6　対面レッスン後，および「音声＋映像」「音声のみ」「学習なし」の場合のテスト結果

　結果は明瞭で，「音声＋映像」「音声のみ」を提示するレッスンを続けても，何ら中国語に接していない幼児と同じ正答率を示すだけであるのに対し，実際に幼児がいるところで，対面形式で同じレッスンをした場合のみ，有意な識別能力がついていたのです。この結果は，いくら第二言語の音声インプットをビデオや音声で与え続けても，実際に教師とのやりとり（対人間の相互作用：interpersonal interaction）がなければ，言語習得は一切生じないことを示唆しています。このことは，一般に，他者との間で働き合う「相互作用」が，人の本能であり，これが言語獲得に必須の要因であることを示唆するものです。そしてこの相互作用による学習が，チンパンジーなど動物の行動と，人の行動を比較して，後者を前者と区別する重要な要因である「協働行為」を生み出す源泉であると言えるでしょう。「ひとりならウサギしか仕留められないが，ふたりで狩りをすればシカを仕留められる」という状況で，たがいに利益となる協働行為を行ってきたことが，ヒトの協力行動の由来なのです（Tomasello, 2013）。

1.3　第二言語習得におけるインタラクション仮説

　第二言語の習得研究においては，この相互作用性は，目標言語による相互交流が言語習得を促進するとして，「相互交流仮説」あるいは「インタラクション仮説」と呼ばれています。理解可能なインプット（comprehensible input）が必須であるのは，第二言語習得において当然ですが（門田，

2014b：22-37 等を参照）．Long（1996）は，この言語インプットの理解をさらに促進するのは学習者同士のインタラクションであると主張しました。すなわち，学習者同士のインタラクションの中で意志の疎通がうまくいかなくなった場合に，互いに「明確化要求（clarification request）」や「理解度確認（comprehension check）」を行いながら，理解不可能なインプットを理解可能なインプットへと変貌させていくという，相互理解のための「意味交渉（negotiation of meaning）」に従事することができるというのです。次のようなケースがこれに当てはまります（村野井，2006：46）。

話者 A：You should'n've eaten so much ice cream.
話者 B：Sorry?（明確化要求）
話者 A：You should not have eaten so much ice cream.（相互交流的修正）

以上のようなインタラクション（相互交流）を通して，学習者自身が構築した中間言語ルールが，適切に作動するものであるかどうかを，他の話し手からフィードバックを受けることで検証することができます。そして，このような作業を通して第二言語習得が促進されるというのです。[2]

英語などの第二言語習得におけるこのようなインタラクションの重要性について，近年脳科学の観点からも検証されるようになっています。鄭（2013）および鄭・川島（2013）は，日本語母語話者 44 人に，全くの未知語である韓国語の語彙を，（1）テキストから母語への翻訳を介して覚える方法，（2）その語が使用されているコミュニケーション場面から学習する方法という 2 通りで，学習してもらいました。事後テストの結果と，その際の機能的磁気共鳴画像法（functional magnetic resonance imaging: fMRI）のデータ計測結果の主なものは次の通りでした。

① 翻訳を介して学習した単語は，翻訳させるテストではよい成績であったが，コミュニケーション場面ではうまく思い出せなかった。
② コミュニケーション場面とともに覚えた単語は，コミュニケーション場面でも，翻訳テストでも同様に正確に思い出せた。
③ 翻訳を介して覚えた語義を思い出すときは，短期的に情報を保持・処理をするとされるワーキングメモリ（working memory）に関連する中前頭回（middle frontal gyrus）などの脳領域が，関与していた。
④ これに対し，コミュニケーション場面から学習した語の場合は，右半球縁上回（supramarginal gyrus）など頭頂連合野（parietal association area）が活動していた。

上記④の右半球頭頂連合野は，実際にコミュニケーション場面から覚えた，実際に役立つ語彙が貯えられているのではないかと考えられます。このように，英単語の学習において，単語の日本語訳をもとに，リスト学習をするだけでなく，実際にそれが使われているインタラクション場面を提示することの重要性が示唆されているのです。

1.4　第二言語としての英語の学習・教育への示唆：3段階学習モデル

本章では，これまで提案された母語獲得モデル，とりわけ用法基盤モデルにもとづく，意図の読み取りおよびパターン発見のプロセスについて解説しました。このような母語獲得は，ごくおおざっぱな言い方をすると，「大量の言語インプットにもとづく潜在的学習（implicit learning）」という特徴があることを再確認させてくれます。すなわち，よくまわりの発話の中に出てきたり，自身も使ったりする表現は，その文法的な仕組みを意識しないまま，繰り返し処理することで，知らず知らずのうちにパターン（規則性）を見出すという，無意識的な潜在学習が基本になるのです（門田, 2014a）。

以上の幼児の母語習得を，英語など第二言語の習得と比較しますと，次の2点が指摘できます（門田, 2003；2014a）。

①どちらの習得過程も，心内の同じ情報認知・記憶システム（大脳の処理システム）を活用しながら，基本的には，言語インプットを「理解すること」（comprehension）から，アウトプットを「産出すること」（production）へと学習が進展していく。

②両習得過程とも，「全体的な学習」から「分析的規則学習」，「自動化」へ向かうという3段階が想定できる。

> 第1ステップ
> 全体的チャンク学習（holistic chunk learning）段階
> 第2ステップ
> 分析的規則学習（analytic rule learning）段階
> 第3ステップ
> 自動的操作（automatic manipulation）段階

図7　第二言語学習の3段階モデル（門田, 2014a：75より転載）

第1ステップの「全体的チャンク学習」は，インプット中の表現（チャン

ク）をそれ全体として丸ごと記憶するもので，表現自体を機械的に暗記するような，一種の「事例学習（exemplar learning）」にあたります。

しかし，一定量の事例学習を行った後は，文法規則にもとづく一般化が生じます。これが「分析的規則学習」（第2ステップ）です。母語としての英語習得でも，また日本人中学生の英語学習でも，'go' や 'take' などの動詞の過去形を，'goed' や 'taked' としてしまうといった過剰一般化による誤りをする時期があることが分かっています。成人の場合でも，適切な接辞を付けて誰も使ったことのない新語をつくったりすることなど，「誰も今まで発したことのない文でも生み出せる」創造的な言語運用を可能にする知識を獲得する段階です。

しかし実際に英語が使えるようになるためには，無意識的で，自動性や流暢性を備えた言語知識の運用レベルにいたることが必要です。意識的な顕在知識を繰り返し学習（反復プライミング）により，可能な限り無意識に利用できる潜在知識に転化する必要があります。こうして，実際のコミュニケーションに必要な，効率的な言語処理を可能にしてくれる仕組みを獲得できるようになるのです（門田, 2014b）。

1.5　コミュニケーションは多重処理タスク

もう一点，潜在的学習をベースとする母語習得プロセスから，第二言語習得に示唆される点があります。

毎日私たちは，あまりその中身を意識することなく，家庭で，学校で，仕事先で，趣味の会など，さまざまな場面・状況の中で母語（日本語）によるコミュニケーションを行っています。しかしちょっと考えてみるとはたと気づくことがあります。それは，認知心理学でいう2重処理，3重処理などの同時処理を当たり前のようにこなしているということです。例えば，

　A：We have a party at my friend's house next Saturday.
　B：Sorry, I have a plan to go out for dinner with my wife.

という短いやりとりにおいても，最低限見積もって次のような3重処理課題が待ち受けています。

　①話し相手の発話を聞いてその意味や意図を理解する。これには，発話の音声知覚をして，その意味を捉えることが必要です。言語の理解，産出の概要をイメージした Levelt のモデル（図8）における「音響・音声処理装置（acoustic-phonetic processor）」および「文解析装置（parser）」

を使って理解するプロセスが含まれます（Levelt, 1993: 門田 , 2003 等）。上例では,「パーティに誘われている」という内容を理解することです。
②聞いて理解した意味や意図をもとにどのような反応をするかについて思考し，概念的に処理する。これは，母語，第二言語の別を問わず，機械的，自動的には操作できない，一定の認知負荷がかかった処理になります。これには，Levelt のモデルでいう「概念化装置（conceptualizer）」が関係します（Levelt, 1993: 門田 , 2003 等）。上例では，誘いを受けるか，それとも断ろうか，どのような返答をするか，考えることです。
③発話すべき内容（メッセージ）が決まったら，それを言語化し，発音する。これには，Levelt モデルでは,「定式化装置（formulator）」によって文法的に正しい文の構築をした上で,「調音装置（articulator）」を活用して発音することにあたります。上例では,「奥さんとの予定」の方が大事でそれを優先させて返答をしています。

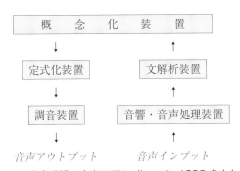

図 8　Levelt の音声理解・産出モデル（Levelt, 1993 をもとに簡略化）

以上のように考察すると，リスニングだけなら大丈夫，スピーキングだけなら何とか表現できるという単体での処理が可能な第二言語学習者も，瞬時にほぼ同時進行で両者を遂行することが必要なコミュニケーションでは，たちまち立ち往生することになってしまいます。ましてや，同時に内容について思い巡らすことが必要なときは，もう太刀打ちできず，ハングアップです。実は，学習者は，大なり小なりこのような状態でコミュニケーション活動に従事していることを，教師は理解する必要があります。
　しかし，英語母語話者であればこのようなコミュニケーションも簡単に余裕をもって実行しています。これはどうしてでしょうか。

母語話者にとっては，上記①③は，自動的にできる手続き化がほぼ完了しています。したがって，本来なら3重処理となるところが，実は概念化処理のみの一重処理になっているのです。第二言語学習者も，①③において同様の手続き化を少しずつでも達成する必要があります。この目的のために，シャドーイングや音読などを活用した，インプットを取り込んで定着（インテイク）させる反復練習（反復プライミング）が必須になるのです。このようなプラクティス（practice）を通じて，意識的・顕在的な知識を潜在的な手続き知識に変貌させて，アウトプットを促進させることが不可欠であると考えられます[3]。同時に，熟達度（proficiency），到達度（achievement）などを測定する各種テストを作成する場合も，リスニング，リーディングなど単体での一重処理テストだけでなく，同時に多重の処理が必要な統合的なテストを検討する必要があると言えるでしょう。

・注・

1) この共同注意フレームの構築による「意図の読み取り」は何も子どもに限った現象ではなく，大人の第二言語学習にも関係していることを示す例を，Tomasello（2003: 24-25）は提示している。ハンガリーの鉄道の駅にいるアメリカ観光客にとって，未知のハンガリー語で突然現地の人に話しかけられても，何ら「伝達意図の理解」はできない。しかし，同じ観光客が，切符売りの窓口に行き，切符を買うためのやりとりを切符売りの人とハンガリー語で行った場合には，「共同注意フレーム」が確立されており，「伝達意図」も理解されやすい状況にある。このときに，ハンガリー母語話者の切符売りが，何か新しい語句を使用すると，その語句が，現在共有している共同注意フレームにおける意図と関連があるという前提から，意味の推測を行うことができるようになるという。
2) インタラクションの実践例については，本書「10　インフォーメーションギャップを活用インタラクションの指導」(p.140)，またその理論モデルについては，理論編「4　インタラクションモデル」(p.333) を参照されたい。
3) プラクティスについては，本書・理論編「6　スピーキングの流暢性の獲得」(p.354) において，もう少し詳細に検討したい。

2 スピーキングモデル

2.1 音声言語（話しことば）の特性

　教養ある英語母語話者は，通常ほぼ1分間に150語，平均すると約400ミリ秒に1語程度の速度で，時間の制約から急いで話す場合にはほぼその2倍の速度で，メンタルレキシコン中のおおよそ3万語程度の発表語彙（active vocabulary）の中から適切な語を検索しつつスピーキング活動を行うと言われています。これは，一秒間に2語～5語程度，連続的に長期記憶中からの語彙などの検索ができる高速処理を意味しています。しかし，それでも言い間違いなどのスピーチエラーは，特に緊張することなく，リラックスした状態だと，1000語に1語程度しか生じません。こういった能力をほぼ全員の母語話者が共有しているのです（Levelt, 1989: 199）。

　また，スピーキングはもともと，場面や環境から大きな影響を受けます。モノローグでない限り，話し相手の人が何を言うか必ずしも正確に予測できない状況で，相手の発話に適切な時間的タイミングで反応し，会話を成立させていく一種の共同作業であるとも言えます（Bygate, 2001）。また，話し手・聞き手が同じ場面・環境を共有して行われることが多いため，二人にのみ理解できるような表現やことば使いも多く見られます。このようにスピーキングの活動は，リスニング，リーディング，ライティングなど他の技能が原則的に一人の個人内で完結するのとは異なった性質を備えています（金子，2004）。

　スピーキングによって生み出される音声言語には，書きことばと比較すると，次のような特徴があります（門田，2002: 25-26）。

(1) あいまいさ（inexplicitness）：途中で終わる文があったり，代用語や代名詞が多く，主張をぼかす表現（I guess, sort of, and everything など）を多用したり，音脱落，語結合等の音声変化が頻繁に出現する。
(2) 流暢さの欠如（non-fluency）：ためらい（hesitation）現象と呼ばれる，無声および有声ポーズ（unfilled or filled pauses），発話のターン（順序）

を無視した同時発話が生じたり，擬音・咳払い・笑い声などが含まれたりすることは，当然のことながら，書きことばにはみられない特徴である。
(3) 比較的単調な音調型，文型：音調群（tone unit）を比較的短く設定し，SVO，SVCなど単純な文型が多用される。
(4) 種々のつなぎ語の使用：for instance, that is, I mean, actually, or rather, you know, you see, and er, but er, well など考慮中を表したりするもので頻繁に用いられる。
(5) あいづち語：yes（質問の答えとは異なるもの），yeah, uh-huh, um, sure, right, OK, so am I, great, oh, sounds good など

2.2 スピーキングの認知プロセス

この高速で負荷の高い認知処理が必要なスピーキングは，第一言語（母語）ではいかにして達成されているのでしょうか。これを考える上で役に立つのが，言い間違い（slips of the tongue）の分析です。

次にいくつか実例を紹介します（Field, 2003）が，読者の皆さんはそれらからどのようなレベルでの誤りか見当がつきますか（←の左側が実際の言い間違った発話，右側が本来の発話）。

① ice cream in the oven ← ice cream in the fridge 〈語彙選択〉
② one sugar of spoon ← one spoon of sugar 〈語彙配列〉
③ bop a dromb ← drop a bomb 〈音素配列〉
④ He swimmed in the pool ← He swam in the pool 〈活用変化〉
⑤ móbility ← mobílity 〈音韻符号化〉

①は，語彙検索を間違った例です。oven も fridge もどちらも台所で使用するもので，それだけ関連性が高いことに原因があると思われます。②は正しく語彙は検索したのですが，それらの配列を間違えた例です。また，③も配列の間違いですが，単語ではなく，音素レベルの配列を誤っています（drとbの入れ替え）。④は動詞 swim の過去形を規則的に -ed をつけてしまった例です。また⑤は単語の強勢（stress）位置を間違った例です。こうしてみてくると，①から⑤へと，スピーキングの初期段階から後期段階へと順に並んでいることが直感的にも推測できるのではないかと思います。

スピーキングは，ごく大雑把にいうと，次ページ図1の通り，①意図（概念）を形成する部門（概念化装置），②概念を言語化して文の骨格をつくり，それをどう発音するかその青写真（音韻表象）を構築する中間部門（言語化

装置），③発音の青写真を実際に声に出す部門（調音装置）の3つを経ることが知られています。上記の言語化装置には，まずメンタルレキシコンから単語選択を行い，そこで単語の使い方，語順などのレマ（lemma）情報をもとに文の骨格をつくる文法符号化段階があります。またその後は，レキシコン内のレキシーム（lexeme）情報により，文の骨格をどう発音するかその青写真をつくる音韻表象形成段階があり，音節の構造やアクセントパターン等が構築されます（寺尾，2002: 144; 門田，2003: 5）。

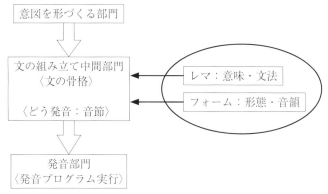

図1　スピーキングの主要3部門（寺尾，2002: 145の図をもとに改変）

2.3　第二言語スピーキングモデル

　これまで解説した第一言語のスピーキングモデルを土台に，第二言語学習者のスピーキング（発話産出）をモデル化したものに，Kormos（2006）のモデルがあります（詳細は門田，2012: 253を参照）。上記図1に示された，①意図の形成，②文の組み立て，③発音のそれぞれに対応する形で，①概念化，②言語化，③調音という3つの装置と，それぞれの装置が参照して情報検索を行う，長期記憶中の各種知識（第二言語メンタルレキシコンを含む）との対応がその基本になっています。

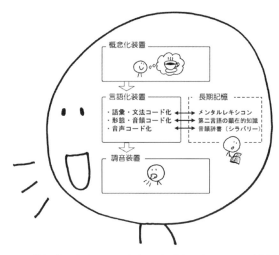

図2　第二言語学習者のための言語産出モデル概要（Kormos, 2006: 106 にもとづき日本語化した門田（2012: 253）を大幅に簡略化したもの）[1]

　最初の段階であるメッセージの生成では，長期記憶中の各種知識（第二言語メンタルレキシコンを含む）に格納されている単語の意味概念（意味記憶）や，母語や第二言語で体験し獲得したエピソード記憶が検索・活用されて，発話しようとするメッセージが確定されます。

　その後の，言語化装置ではまず，語彙・文法コード化という段階で，第二言語メンタルレキシコン内の語彙や文法知識をもとに，「ことば」という器（うつわ）にのせる作業が行われ，メッセージに単語や文法をマッピングした「言語表象」がつくられることになります。この「語彙・文法コード化」では，機能的（functional）と位置的（positional）という2段階の処理操作があきらかになっています。その第一段階は，メンタルレキシコン内の適切な単語を選択して，その単語を正しく使うための統語情報を検索する操作です。例えば，give という動詞を選択したら，主語として「行為者」をとり，目的語として「誰に（間接目的）」「何を（直接目的）」が，レキシコン内のレマ情報から同時に付与されるということです。その後第二段階では，句や節を組み立てて，正しく配列します。このとき，母語話者では，無意識的，自動的な潜在知識（手続き知識）が活用されます。それに対し，第二言語学習者の場合は，主に形態や文法に関する顕在的な知識（意味記憶）を意識的に活用することが必要になります。[2]

「語彙・文法コード化」の結果得られた言語表象は、「形態・音韻コード化」を経て、その発音の青写真をつくる音韻表象が形成されます。これも、2言語がほぼ同程度まで熟達した均衡型のバイリンガル話者（balanced bilinguals）を除くと、第二言語学習者の場合は、やはり第二言語における顕在知識の活用が必須になってきます。

すでに得られた「音韻表象」を、実際に声に出す調音のための「音声表象」に変換するのが、「音声コード化」です。この段階では、通常のメンタルレキシコンとは別の「音韻辞書（シラバリー：syllabary）」を参照します。この中には、子音の調音点や調音様式、有声・無声などの情報といった、個々の分節音調音に関わる情報とともに、英語の強勢リズム（stress-timed rhythm）実現のための情報なども入っています。こうして、発声器官への指令を記述した「音声表象」が形成されます。

最後に、「調音装置」において物理音声（外的音声）を発します。これは同時に、話し手自身が聞いてフィードバックしています。

2.4 第二言語における語彙・文法コード化

ここでは、第二言語のスピーキング（文産出）モデルにおいて中心的な、語彙・文法コード化の実行を支える仕組みについて検討します。次の3つが仮定できます（門田, 2012; 門田ほか, 2012 など）。

(1) 規則にもとづくスピーキング（rule-governed speech production）
　　中学・高校などで習った学校文法の規則を利用して、既習の単語を正しく組み合わせて行う文産出です。

(2) プライミングにもとづくスピーキング（primed speech production）
　　読んだり、聞いたりして処理した構文（文法構造）をもとにそのまま活用して発話する文産出です。

ここでプライミング（priming）とは、実験心理学において使用されてきた研究方法で、一般に、前に提示された先行刺激（単語、文、絵など）が後続の刺激（単語、文、絵など）の処理に何らかの影響（通常はプラスの影響）を及ぼすことを指しています。例えば、単語レベルでは、提示された語が、実際に存在するか存在しないかを判断する語彙判定課題（lexical decision task）、例えば、ici や snow などの非単語や実単語を学習者に視覚提示してその語の有無の判断をするとき、学習者に前もって同じカテゴリーに属する語（winter など）を聴覚や視覚を通じて提示していると、異なるカテゴリー

語の場合と比べて，判断にかかる時間が短縮されるという結果が得られます（小池ほか2003: 547 など）。これが典型的な語彙プライミング（lexical priming）です。また，Morishita, Satoi and Yokokwa（2010）は，日本人大学生を対象とした実験で，①The driver gave the car to the mechanic.（PO〔prepositional object〕構文），②The driver gave the mechanic the car.（DO〔direct object〕構文）という2種類の英文をプライム刺激として提示して読ませ，その後，The patient showed...という書き出しを与え，その後に，プライム文を見ずに最初に思いついた構文で続きを書くという実験を実施しました。その結果，先に処理した構文と同じ構文を使う傾向が，POプライム，DOプライムのどちらにおいても見られることを確認しています。このことは，日本人英語学習者の場合にも，プライム文を処理した段階で統語表象が心内に形成され，ターゲット文の産出に影響する統語プライミング効果が生じることを示しています。

(3) フォーミュラにもとづくスピーキング（formulaic speech production）
　単語と単語の連なり（定型表現：formula）をもとにした文産出です。

　以上の中で(1)は，実はもっとも認知負荷が高い，従来からの方法です。例えば，「今夜何時に店を閉めますか」という意味内容を，次の和英対照語句を使って英文で表す場合を考えてみます。

> 今夜 = tonight, 何 = what, 時 = time, に = at, 店を = the store, 閉めます = close, か = ?（文末でのピッチの上昇を伴うことが多い）

そしてそれらを，文法の知識や規則にしたがって（tonightは副詞で文頭か文末に置く，等）並べ替え，また活用変化をさせて，Tonight at what time do you close the store? といった文を産出します。これは，Chomskyによる変形生成文法において指摘された事実，すなわちこれまで聞いたことのない「新しい」文でも理解でき，発話したことのない「新しい」文でも産出できるという人間の創造的な言語能力を特徴づける言語産出です。

　(2)は，既に聞いたり読んだりして処理した構文を，再利用する方法で，これは統語的プライミングあるいは構造的プライミング（syntactic or structural priming）と呼ばれるものです。例えば，「昨日私は私の母にプレゼントをあげました」という意味を次の語句を使って英文を作成するとします。

> 昨日 = yesterday，私は = I，私の = my，母に = mother，プレゼントを = a present，あげました = gave

これは，Yesterday I gave my mother a present. という文になりますが，先に The driver showed the car to the mechanic. という文を処理した後では Yesterday I gave a present to my mother. といった同じ PO 構文を使用する頻度が大きくなります。逆に，The driver showed the mechanic the car. を見聞きした後では，DO 構文が出現する確率が増大することがわかっています。これは，英語母語話者の場合には，無意識のうちに行われる，潜在学習 (implicit learning) による文産出です。それだけでなく，外国語として英語を学ぶ日本人英語学習者の場合でも，同様の統語プライミング効果がみられることがこれまでの研究で確認されています（前ページを参照）。第一言語および第二言語における，潜在的な文法習得を支えるひとつの仕組みではないかと考えられます。

(3) は，慣用句 (idioms)，単語と単語の繋がり (collocations)，文をつくる基盤表現 (sentence stems) といった，偶然を超えてはるかに高い確率で生起する高頻度の単語連鎖を活用する方法です。例えば，「彼はそのチャンピオン相手にまさるとも劣らない健闘をした」というメッセージを英文で表現するとします。

> 彼 = he，その = the，チャンピオン = champion，まさるとも劣らない健闘をする = give someone a run for one's money

この中で，give someone a run for one's money は定型連鎖です。これを知っていると，He gave the champion a run for his money. という文を簡単に生み出すことができます。[3)]

定型表現には，主に次のような種類があります。

表1　定型表現の具体例（Moon, 1997：44にもとづく。門田ほか, 2012：18 より転載）

①複合語（compounds）	freeze-dry, Prime Minister, long-haired など
②句動詞（phrasal verbs）	go, come, take, put などの動詞と up, out, off, in, down などの動詞からなるもの
③イディオム（idioms）	kick the bucket, rain cats and dogs, spill the beans など
④固定フレーズ（fixed phrases）	of course, at least, In fact, by far, good morning, how do you do など上の3つに入らないもの。dry as a bone のような直喩や It never rains but it pours のようなことわざも含む。
⑤プレハブ（Prefabs）	the thing / fact / point is, that reminds me, I'm a great believer in... のような決まり文句。

　この定型表現は，英語母語話者がふだんメンタルレキシコン内に，全体として蓄えているもので，発話の際もそのまま，連鎖内部の構造などを意識しないで検索・活用するものだと言われます。第二言語においても，これらの連鎖や，前出の統語プライミングなどを活用することで，文構築が楽になり，認知負荷の軽い，自動化した発話が可能になります。

2.5　第二言語における音声コード化

　既に述べましたが，文法コード化，形態・音韻コード化を経て形成された音韻表象をもとに，実際に発音器官（声帯，口蓋，口唇など）に指令を出すための見取り図である「音声表象」を構築するのが「音声コード化」段階です（p.312, 図2参照）。第二言語としての英語において，この音声コード化レベルにもとづく調音では，個々の母音，子音といった分節音（segmental sounds）よりも，主としてプロソディ（韻律：prosody）が極めて重要な位置を占めています。

　プロソディとは，文全体のレベルで，音の基本3要素である強さ（intensity），高さ（pitch），長さ（duration）を変化させて実現するもので，これら3要素の組み合わせで，リズムやイントネーションを構成しています。

　プロソディの中でも，スピーキングにおける調音を支える最も重要な要素は，リズム（speech rhythm）です。世界の言語は，言語リズムの点からは，ストレス型（stress-timed）と音節型あるいはモーラ型（syllable-timed or mora-timed language）という2つに大きく区別されます。日本語が属するモーラリズムの場合，個々のモーラがほぼ等しい長さを持つのに対し，英語などストレス型の言語リズムにおいては，文中のストレスが置かれた音節から次のストレス音節までの間隔が時間的に等しくなり，これを「リズムの等時性（isochrony）」と呼びます。例えば，次の文の場合，単語内のボールド体の部分（音節）にストレスを置いて発音するのが通例です[4]。

The **host**ess **greet**ed the **guest** with a **smile**.

もともとこのリズムを中心とするプロソディは，第一言語（母語）獲得において重要な役割を果たしており，これは「韻律によるブートストラップ仮説」と呼ばれています。要は，リズムなどプロソディの習得は，母語におけるスピーキング能力の基盤を構成しているのです。

第二言語としての英語の学習においても，このリズムの指導は発音指導の中でも最重要課題です。河合（2014）は，英語学習入門期の小学校5・6年生63名に対し，彼らのリズム感覚にどのような特徴がみられるか検討するために，チャンツを用いた音声処理テストを実施しました。このテストでは，

My **fa**・vorite **col**・or is **yel**・low.
My **fa**・vorite **food** is **choc**・olate.
My **fa**・vorite **sport** is **base**・ball.

という3つの文（文中の太字の部分は，ストレスのある強音節）を，強音節の箇所で叩く教師の手拍子に合わせて，協力者の児童に，絵カードを見ながらチャンツ方式で発声してもらい，その手拍子と音声を録音しました。そして，教師の手拍子と，児童の発声における強音節母音中の最も強い地点との時間のずれを計測したのです。音響分析にもとづく量的および質的分析の結果，5年生は3つの，6年生は4つのクラスター群に分割でき，それぞれクラスター群の特徴をまとめて，次のような結論が得られました。

①全体的には，5年生より6年生が，また語彙力の高い児童の方が，それぞれ英語母語話者に近似した英語リズムを発達させている。
②しかし，語彙力があっても英語的な等時リズムを崩してしまっている6年生群も存在する。

以上の分析結果をもとに，河合（2014）は，リズムチャンツを効果的に英語活動に使用し，音声言語習得との関連性を模索する必要性を示唆しています。

実際に，このチャンツと歌を使った指導の効果を調べた研究に，Masaki

(2015) があります。87人の小学校2年生に対し，英語の音節の数え方に関するオリエンテーションを2回の授業で，チャンツ・歌を組み合わせた学習を3回の授業で実施しました。3回の学習セッションでは，1〜3音節から成る，CVCV (teacher), CVCVCV (holiday), CVC (beach), CVCCV (panda), CCVC (crepe) などさまざまな音節構造を持つ単語を素材に，歌を組み合わせたチャンツの指導を合計8セット実施しました。この学習セッションの前後には，学習セッションと同様の音節構造を持つ異なる単語 (ruler, Saturday, peach, monkey, grape など) を用意しました。音節数を数える，同一の事前・事後テスト (pre-post tests) が行われ，次の表2のような結果が得られました。

表2 音節数計算テストの結果：事前・事後 (Masaki, 2015 より転載)

	人数	平均	標準偏差
pre	87	11.56	4.38
post	87	16.02	3.8

　統計検定の結果，事後のテストで，有意に成績が向上しており，歌と組み合わせたチャンツ学習が音節意識の向上に効果的であることが判明しました。また，個々の単語別の分析をした結果，① /r//l/ などの流音 (liquid sound) が含まれていると難しいこと，さらに②子音が連続する場合に，音節の切れ目を知覚するのが事前テストでは困難であったが，学習セッションを経た事後テストでは，音節構造にもよりますが，概して成績が上昇していることが明らかになりました。本実験は，児童の音節知覚について研究したものであり，今後厳密には実際のアウトプット (調音) にいかに効果があるかについて検証する必要がありますが，チャンツ指導が，学習者の音節意識の向上に一定の効果が期待できる方法ではないかと考えられます。

2.6　留学のスピーキングへの効果：実証研究例

　スピーキング能力の習得に最も効果があると誰もが仮定するのは留学です。すなわち，学習目標の言語が社会全体で母語として話されている，狭義の第二言語 (second language in the narrow sense) 環境を達成でき，何ら特別な努力なしに日常的に多くの言語インプットに接する環境ができあがると

考えられるからです。しかしながら、これが実際にどのような効果をスピーキングに対してもたらすかは、直感ではなく、実証的に研究することが必要になります。

ただ、近年（2012年）では、実は海外留学する日本人学生数は、2004年をピークにほぼ毎年減少し、特に米国への留学は継続的に減っているという状況があります。すなわち、2004年の82,945人をピークに、海外へ出る日本人留学生の総数は減少傾向にあるというのです。留学先としては、米国が最大で、次いでカナダ、イギリス、オーストラリアと続きます。[5]

横川・藪内・鈴木・森下（2006）は、2006年2月18日〜3月11日までの約3週間、オーストラリア・メルボルン大学における海外短期英語研修に参加した34名の日本人大学1, 2年生を対象に、英語研修プログラムがスピーキング力の向上にどのような効果があるかについて検討しています。連日午前中に実施された、英語によるインタラクションを中心とした授業では、Exploring Melbourne, Cross-Cultural Communication, Australian holidays, Food in Australia, Sports in Australia のような題材をもとにして、現代のオーストラリア社会を理解しつつ、英語力を伸ばすように工夫されていました。午後には、課外活動として、大学のキャンパスツアー、市内見学、日本人会との交流、プールでの水泳、昼食会、部族ダンス講習、映画鑑賞、未開地域への小旅行などが行われました。また学生はすべてホームステイで、各家庭に1名ずつ滞在しました。

スピーキング力の測定には、固定電話によるテストである自動口頭英語能力テスト（Phone Pass SET-10 の Part E）の3つの質問への解答音声（各20秒）データが活用されました。このテストでの質問例は次の通りでした。

Do you think television has had a positive or negative impact on family life?
Do you like playing more in individual or in team sports?

テスト結果は、音声認識による自動採点方式で、数分以内にスコアレポートが提供されました。ここでの分析データは、留学前後の、①質問が与えられてから、英語による解答をはじめるまでの発話潜時と、②発話した単語数でした。

平均発話潜時の留学前後の変化を次ページの図3に、発話語数の変化を図4に示します。

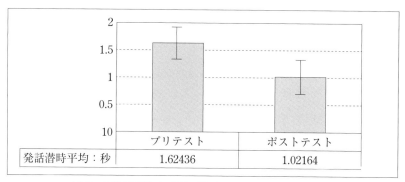

図3 平均発話潜時（秒）（横川ほか，2006に基づく）

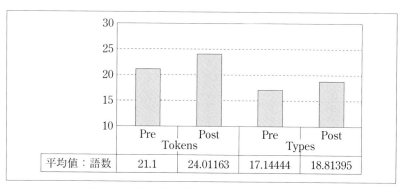

図4 平均発話語数（横川ほか，2006に基づく）

以上の結果から，おおよそ次の結論が導けます。
(1) 海外英語研修の事前と事後で発話への潜時が短くなる。
(2) 事前・事後で発話総語数（tokens）が増加するが，異なり語数（types）では，事前と事後の間に有意な差は見られない。

3週間程度の英語研修で，新たな語彙数が増加することはあまり期待できないものの，ある程度スピーキング・プロセスの自動化が進展し，結果として発話総語数が増加したのではないかと推測できます。語彙などの新たな知識（＝顕在知識）を増加させることよりも，既存の語彙知識などの潜在知識化（手続き知識化）を進展させる効果が大きいのではないかと考えられます。

・注・
1) イラストの作成においては，共著者の田中武夫氏のご尽力による。お礼申し上げたい。
2) 詳細は，門田（2012）等を参照。
3) 本節の 3 つの仕組みに関する例は，門田ほか（2012: 15-18）より転載。
4) 英語では，名詞，動詞，形容詞，副詞などの内容語（content words）にストレスを置き，機能語（function words: 代名詞，助動詞，冠詞，be 動詞，接続詞など）にはストレスを置きません。そして英語などストレス型のリズムは，ストレスとストレスの間の時間間隔（inter-stress interval：ISI）が，その間に含まれる音節の数に関わらず，一定であるという形でリズムを構成しています。
5) http://www.mext.go.jp/a_menu/koutou/ryugaku/__icsFiles/afieldfile/2015/03/09/1345878_01.pdf

3 コミュニケーション能力をめぐって

　コミュニケーション能力（communicative competence: CC）の育成は英語教育の大きな目標であり，誰しもコミュニケーション能力を身につけたいと考えますが，一体コミュニケーションおよびコミュニケーション能力とはどのようなことをいうのでしょうか。本章では，代表的なコミュニケーションモデルを示し，コミュニケーションとは何か，コミュニケーション能力とは何か，どのような力を伸ばすべきかを考えたいと思います。

3.1　コミュニケーションとは

　コミュニケーション（communication）の語源は，ラテン語のコミュニス（communis）＝共通したもの，あるいはコモン（common）＝共有物と言われています。コミュニケーションの日本語訳も多様で，伝達，報道，交通，情報，通信，交通などがあり，何かが伝えられていることを示していますが，伝えられることを通して互いに「何かが共有される」，あるいは，その過程を意味する「伝達共有過程」「伝達の共有」が，適切だと言えるでしょう。

　また，コミュニケーションを語る場合，以下の通り様々な説があります。

- 相互作用過程説：人と人が言語や非言語媒体を通して，知・情・意のさまざまな側面を伝達しあう相互作用，他者を理解し，かつ他者からも理解されようとする過程で，状況全体の動きに応じて，常に変化する動的なものです。
- レトリック説：オーラル・コミュニケーションは，①話し手，②スピーチの中に盛り込まれるアイディア，その構成，それらが提示される言葉，③コミュニケーションの目的，④聴衆（聞き手，観察者），⑤話の状況（ある特定の時間・空間内のできごととその影響）の要素からなっています。
- 社会文化説：コミュニケーションは単なる意思の伝達だけでなく，言語あるいは非言語のメッセージを交換することで互いに「意味」を生成（創出）し，伝え合うことでもあります。また自己と社会との結びつきを構築する

ことです。

さらに、コミュニケーションは、場面や目的によって儀礼式コミュニケーション（Ceremonial communication）、情報提供コミュニケーション（Informative communication）、説得コミュニケーション（Persuasive communication）、文化内コミュニケーションと異文化間コミュニケーション（Cross-cultural communication）などにも分かれます。教師と生徒の教室でのやりとり（Initiation-Response-Feedback などの談話）もコミュニケーションといえるでしょう。また、言語によるコミュニケーションと言語によらない非言語コミュニケーションに区別することもあります。

しかしながら、ことばの教育として、ことばは意味を伝えたり気持ちを運ぶなど人とつながる道具であり、コミュニケーションとは「ことばを使って相手と思いを伝えあうこと」ととらえたいと思います。その際、人と人の心の交流、相手や周りを含めた新たな発見、自己表現、言語あるいは非言語によるメッセージの交換を通して、お互いに意味を創出し、伝えあうことが重要であり、人が社会との結びつきを作り保つ行為でもあります。何より、意味の存在は、社会や他者との結びつきを可能にし、豊かにしてくれるものであり、それこそが"生きた"コミュニケーションといえます。コミュニケーションは相手を意識した活動であり、それを通して自分が表現したいことが相手にうまく伝わる必要があります。そこで、「ことばのキャッチボール」と「心のキャッチボール」が大切で、ことばを習熟・習得する段階から実際に運用する段階に持っていく必要があります。

3.2 Jakobsonの6機能モデル

Roman Osipovich Jakobson は、Shannon and Weaver（1949）の情報・通信理論などに関心を寄せ、彼らの情報理論の用語を言語学のコミュニケーションモデルに取り入れ、コミュニケーションに不可欠な6機能図式を発表しました（次ページ図1参照）。それらは、発信者、受信者、メッセージ、コンテクスト、コード、接触であり、各項目に異なる言語機能が対応していることを指摘し、以下のような図式化を試みました。

```
                    CONTEXT（コンテクスト）
                 （referential function）（指示的機能）
                    MESSAGE（メッセージ）
                   （poetic function）（詩的機能）
 ADDRESSER（発信者）─────────── ADDRESSEE（受信者）
（emotive function）（情動的機能）  （conative function）（働きかけ機能）
                     CONTACT（接触）
                   （phatic function）（交感的機能）
                       CODE（コード）
                 （metalingual function）（メタ言語的機能）
```

図1　Jakobsonの6機能モデル

　たとえば，「情動的機能」は，話し手の驚きや悲しみなど情動を表す機能で，発信者に焦点があたり，「働きかけ機能」は，両者間のコンテクストに基づき，「指示的機能」はコミュニケーションにおいて最重要機能だとされています。さらに相手の注意をひく「交感的機能」により接触が確認でき，「メタ言語的機能」は，外国語学習や母語習得の際，相手のコードを確認したりするのに用いられる機能であり，「メッセージ」により表現を際立たせることを目的とするのは詩的機能となります。

　このモデルは，コミュニケーションを構成する話し手や聞き手，両者の双方向的な作用が無視され，時間性を排除しているといった批判もありますが，話し手がメッセージをコード化し，聞き手によりコードが解読されるプロセスが異なることを示すなど，両者の区別とコードに基づくメッセージの分析により，実際の言語活動の多様性などを主張していたと言われています。

　しかし，伝えたいメッセージを言語記号に変えたり，その記号を翻訳するように置き換えるだけではコミュニケーションは成り立ちません。実際には複数のコードが存在したり，地域や性，文化などの違いにより社会的に異なるコードや，状況や心理状態などにより異なるコードがありますが，それらを通してコミュニケーションを成立させています。そのため，話し手と聞き手が互いに相手の意図や内容を考え交流し，相互理解をしようとします。コミュニケーションにおいて誤解や挫折がうまれ，うまくいかないのは，当然であるかもしれません。多様なコードや状況の中で，互いに共有する関係性

や類似性を元に，メッセージを生成・理解するのです。

3.3　推論モデル (inference model)

　コードモデルに対して，Grice (1975) はコミュニケーションには推論も要求されるとし，4つの会話の公理を提唱しました。それは，量の公理：必要な情報量だけ与える，質の公理：真実を述べて偽りを述べない，関係の公理：関係のあることを述べる，様態の公理：曖昧さを避け，手短に述べる，といったもので，コミュニケーションは相手に何かを伝えようとする発話を推論により解釈することであるとされます。

　また，Sperber and Wilson (1986) の関連性理論は，ことばによるコミュニケーションは，聞き手が言語的意味を解読し，文脈にもとづいて推論をすることにより，話者の意味を復元するとしたもので，推論の果たす役割の重要性を強調しています。彼らは，発話生成と理解が推論と関連性の原則によって支配されていると考え，その過程はトップダウン的な情報処理のプロセスとみなします。話し手は自分のコミュニケーションの意図に関して明示的手がかり (ostensive clues) を提供し，聞き手が話し手の意図を推論するのを導きます。これは「意図明示的伝達」と呼ばれますが，言語表現は手がかりにすぎず，推論，すなわち発話やテキストに明示されていない情報を補うこと，またはその推論の内容がコミュニケーションでは不可欠です。

3.4　Speech act theory

　コミュニケーションに関するものとして，言語学で取り扱われる Speech act theory やポライトネス (politeness) なども重要です。Austin (1962) は，「言語行為」を「発語行為」(locutionary act)，「発語内行為」(illocutionary act)，「発語媒介行為」(perlocutionary act) の3つに区別しました。言語は相手に何らかの解釈をさせ，行動を引き起こす力があります。例えば，話者が It's hot today. と発話したとしたら（発語行為），その文自体の機能は「叙述」ですが，実は聞き手が「暑いのだな。窓を開けて欲しいのかな」とか，「冷房を入れようか」など「要求」の機能であると解釈し（発語内行為），実際に窓を開けたりするといった行動を起こす（発語媒介行為）といったそれぞれの段階の行為を指しています。つまり，コミュニケーションにおいては，相手の言外の意味や意図を的確に理解することが必要となります。また，Searle (1969) は発語内行為をその機能によって，assertives（主張），

directives（要求），commissives（約束），expressives（表現），declaratives（宣言）などに分けました。

一方，ポライトネス（politeness）とは，会話の参加者がお互いの面子（face: 自己決定や他者評価の欲求）を脅かさないために行う言語配慮のことです（Brown & Levinson, 1978）。Face には，positive face と negative face がありますが，特に，話し手と聞き手との社会的距離と，その内容により引き起こされる face threatening act（FTA）は避けなければならず，話し手が相手の FTA を考え，行動するポライトネス・ストラテジー（politeness strategy）を用いることが重要です。Brown and Levinson（1978）は，15 のポジティブ・ポライトネス・ストラテジーと，25 のネガティブ・ポライトネス・ストラテジーを具体的に挙げています。

3.5 Hymes の SPEAKING

Hymes（1972）は，言語の「指標性」に重点をおいたコミュニケーション論，Jacobson の 6 機能図式における 6 つの因子をより精密化し，社会言語学的立場から，言語が使用されているコンテクストに基づいて，言語活動を社会文化的な「スピーチ・イベント」としてコミュニケーション活動全体で捉えることを可能にしました。特に，8 つの発話の要素を見出し，それらの頭文字をとって SPEAKING として提示しました。それは，以下のとおりです。

Situation（状況：時間や場所などの物理的状況，心理的状況）
Participants（参加者：話し手，聞き手など）
Ends（目的）
Act sequence（連鎖行為）
Key（基調：声のトーンや調音などの調子）
Instrumentalities（手段：口頭，文字などのコミュニケーション媒体，発話形式）
Norms（規範：相互作用や解釈における規範）
Genre（ジャンル：詩，物語，祈り，演説，講義などの範疇）

コミュニケーションはまさに今，この瞬間に話し手と聞き手が交流を行う社会文化的な要素が多分に含まれており，それらを無視することはできません。どのような相手に，どのような状況や目的でコミュニケーションを行う

のか，またその際，どのようなチャネルで行うのかなどを抜きにしては真の意思伝達は成り立ちません。日本語でも敬語の使い方や，性別や方言，言語使用域などがあり，英語の場合でも同じことが言えます。

3.6 Canale and Swain のコミュニケーション能力

次に，第二言語習得（SLA）の分野でコミュニケーション能力を表すものとして現在でもよく引用されるのが，Canale and Swain（1980），Canale（1983）のモデルで，以下の4つの能力からなるとされています。
(1) 文法能力（grammatical competence）：音声・語彙・統語・文法などの能力で言語をつかさどる基礎になります。
(2) 談話能力（discourse competence）：文と文をつなぐ能力で，一貫性や結束性なども含まれます。
(3) 社会言語能力（sociolinguistic competence）：社会的に「適切」な言語を使用する能力で，相手によって言語使用域が異なります。
(4) 方略的能力（strategic competence）：コミュニケーションにおいて問題が起こった時処理する能力で，助けを求めたり言い換えたりすることが含まれます。

また，Savignon（1983）は，4つの能力の関係について，図2のような逆ピラミッド型で表し，方略的能力は，コミュニケーションの発達する過程において，初期段階からすべての段階に存在することを示しました。

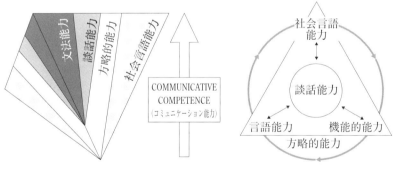

図2　Savignon（1983）のモデル　　図3　Celce-Murcia, et al.（1985）のモデル

その後，Celce-Murcia, et al.（1985）は，grammatical competence の代わりに言語能力（linguistic competence）を挙げ，その4つの能力に機能的能

力（actional competence）を加えて5つとし，図3のように，方略的能力が潤滑油の役目を果たしていることを表しました。

3.7 Bachman and Palmer のコミュニケーション能力モデル

コミュニケーション能力は，一般的には知識・理解（Knowledge/Analysis：The Cognitive Domain），関心，意欲，態度（Motivation/Sensitivity：The Affective Domain），表現（Skills：The Psychomotor Domain）を含む総合力だと考えられています。その中でも Bachman (1990)，Bachman and Palmer (1996) は，図4のように，言語能力を構成能力，語用能力に分け，さらに文法能力，談話能力，社会言語能力，機能能力に下位分類しました。それにより，コミュニケーション能力は単に文法能力をつけるのみならず，様々な能力を育成する必要があることが分かります。

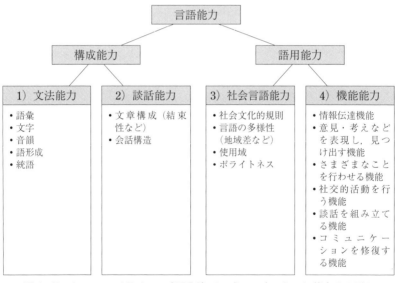

図4 Bachman and Palmer (1996) のコミュニケーション能力のモデル

上記以外に，周辺的要因もあり，背景知識，認知・情意要因，文脈や意味交渉などにも触れているのが以下の岩井 (2000) のモデルです。

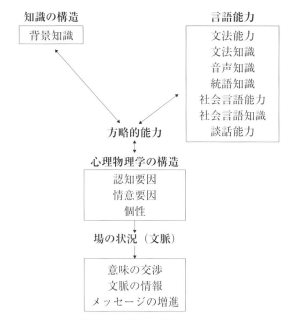

図5　CS使用の重要性を明確にする領域と構造の統合モデル（岩井 2000: 113）

　コミュニケーションは人間の複雑な営みであり，一人では成り立たないのは自明で，相手がある場合，言語のみならず非言語や情意など様々なものが介入します。また言語力も多方面から考えなければなりません。正確さと適切さ，さらに即座の対応などが求められるでしょう。さらに，言語以外の要因も重要になります。

3.8　非言語コミュニケーション

　コミュニケーションとは，複数の人が互いに意思・感情・思考を伝達し合うことを意味し，ことばによる言語コミュニケーションと，ことば以外の非言語コミュニケーションにより構成されます。非言語コミュニケーションは，口調・声の大きさ・話す速さなどの「聴覚情報」と，表情・態度・ボディランゲージ・服装などの「視覚情報」とに分けられます。

図6　コミュニケーションの分類

　例えば，言葉のやり取り以外にプレゼンも重要です。では，どのような要素が含まれるのでしょうか。もちろん，どんなことを話すか（言葉）は大切な要素ですが，それを伝えるための話し方，身だしなみなども相手に印象を与える重要な要素であることを忘れてはなりません。アメリカの心理学者である Mehrabian（1971）は，「メラビアンの法則」と呼ばれる次のような法則を発表しました。「受け手に与えるインパクト＝言葉（言語）7％＋声（聴覚）38％＋見た目（視覚）55％」。彼は，聞き手が「言語」「聴覚」「視覚」の3つのそれぞれ矛盾した情報を与えられた時に，どの情報を優先して受け止めるかを調べるために次のような実験を行いました。まず，「好意」「嫌悪」「中立」をイメージする言葉を3つずつ設定し，これら9つの言葉を3つのイメージでそれぞれ録音します。さらに，「好意」「嫌悪」「中立」を表した表情の顔写真を1枚ずつ用意して，録音と写真を矛盾した組み合わせにして被験者に示し，3つのうちどの印象を持ったかを質問しました。その結果，受信者に与える影響は，矛盾していた場合には，視覚情報＞聴覚情報＞言語情報の順に優先されるということでした。しかし全てのコミュニケーションにおいてこの数字が適用されるわけではありません。ただ，内容に関わらず，コミュニケーションにおいて声の調子や態度や表情といった非言語の与える影響が非常に大きいことは間違いありません。

3.9　社会文化理論

　ヴィゴツキーは，子どものことばの発達を自律的ことば，話しことば，自己中心的ことば，書きことば，外国語学習の段階で表し，ことばが簡単な意思を伝えるコミュニケーションの手段のみならず，より複雑な考えを形成するための手段として発達し，次第に対人的コミュニケーション行為であった

ことばが，内言に転化する時に対自的思考行為になると述べています。

また，バフチンはポリフォニー（多声）と対話の原理について述べていますが，対話には外的対話，内的対話，自己目的としての対話，手段としての対話など様々な種類があり，対話的関係は，構文として表現された応答の言葉どうしの関係よりもはるかに広い概念であり，生の関係や意味と意義を持つすべてのものを貫く普遍的現象であると，対話を言語論レベルにとどめず，まさに存在論としてとらえています。さらに，人格の真の生は，それに対話的に染み入ってはじめてとらえられるとし，「心に染み入る対話」の意義を唱えています（桑野, 2011）。

3.10　コミュニケーションに対する態度，動機づけ

さらに，コミュニケーションを図ろうとする態度（willingness to communicate: WTC）（Yashima, 2002）や動機づけ，ストラテジー，自律，英語が話せる自己を想像すること（ideal L2-self）などもコミュニケーションには大切で，特にスピーキング力育成には欠かせません。したがって，情意とスキルの両面でコミュニケーション能力を育てることが必要だといえるでしょう。次ページの図7はWTCに与える要因を示した図です。コミュニケーション能力，動機づけ，自信が必要で，それらの上にWTCがあり，実際にL2を使用する場面や機会が与えられることが重要であると考えられます。

また，Dörnyei（2009）は，動機づけに関して，義務自己（ought-to self），理想自己（ideal self），L2学習経験（L2 learning experiences）の3つを取り上げ，言語学習では，特に英語を話す自分の姿などを思い浮かべて理想の自己を描き，努力を積み重ねることが大切であるとしています（L2 motivational self system）。また，内発的動機（intrinsic motivation）と外発的動機（extrinsic motivation）を核にした自己決定理論（self-determination theory; Deci & Ryan, 1985）も注目されていますが，内発的動機づけや自己調整学習能力を高めることの重要性や，メタ認知ストラテジー指導が自律した学習者を育てることにつながることなども心に留めておきたいものです。

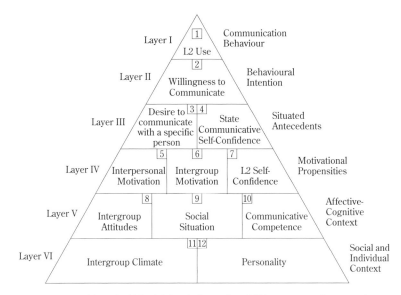

図7 Heuristic Model of Variables Influencing Willingness to Communicate (MacIntyre et al., 1998)

3.11 その他の関連理論

　その他，関連するものとして，「心の理論」(theory of mind) があります。チンパンジーなどの霊長類が，同種の仲間や他の種の動物が感じ考えていることを推測しているかのような行動をとることに注目し，「心の理論」という機能が働いているからではないかとの指摘から始まりました。また，これは，他の個体の行動を見て，まるで自身が同じ行動をとっているかのように鏡のような反応をすることから名付けられたミラーニューロンとも関連があると考えられています。他人がしていることを見て共感を感じたり，他人の心のはたらきを理解し，行動を予測することができるとされます。ヒトにおいては，前運動野と下頭頂葉においてミラーニューロンと一致した脳の活動が観測されていますが，ミラーニューロンが言語能力と関連しているとする研究者も存在します（理論編「6　スピーキングの流暢性の獲得」p.354参照）。

4 インタラクションモデル

4.1 インタラクションとは

スピーキング力の効果的な育成を図るために，教室内でのインタラクションの特徴とその役割を私たち教師はしっかりと理解しておくことが必要です。そこで，第二言語習得の分野でインタラクションに関してこれまでどのようなことが明らかになっているのかを見てみます。とくに，教室内のインタラクションの中でどのようなことが起こっているのか，また，教室内のインタラクションに影響を与える要素にはどのようなものがあるのか，そして，インタラクションを活用した指導にはどのような効果があるのか，を見ることにします。

4.1.1 インタラクションの特徴とは

では，話し言葉によるインタラクションの特徴にはどのような特徴があるのでしょうか。ここでのインタラクションとは，話し言葉による2人以上でのやりとりを指します。私たちが日々行っている話し言葉によるインタラクションには，次のような特徴があります（Oliver & Philp, 2014）。

- 聞くことと話すことが求められる
- 話し相手との交互のやりとりがある
- 即興的な言語のやりとりが求められる
- 不完全な文のやりとりが頻繁に起こる
- 繰り返しや言い淀みが多い
- 話し相手と協力してやりとりする

話し相手とのインタラクションの中では，聞くことと話すことが交互に求められます。瞬時による言語処理を求められるため，断片的で不完全な文のやりとりが多くなり，繰り返しや言い淀みも多く見られます。また，話し相手と協力して会話を継続させるという特徴があります。このように，話し言葉によるインタラクションには，不完全さ，瞬時性，協同性などの特徴が見

られます。母語話者によるインタラクションであっても，非母語話者によるインタラクションであっても，このような特徴が見られます。

4.1.2　教室内のインタラクションの特徴

　授業の中で行うスピーキング活動には，大きく分けて，内容を準備して発表するスピーキング活動と，内容を準備しないで即興的に会話するスピーキング活動があります。準備して行うスピーキング活動には，プレゼンテーションやロールプレイがあり，後者の即興で行うスピーキング活動には，スモールトークやディスカッションなどがあります。上記で見た話し言葉によるインタラクションの特徴は，とくに後者の準備なしで行うスピーキング活動の中で見られます。教室内での即興的に行うインタラクションには，教師が生徒と英語を使って行うやりとりと，生徒同士がペアやグループになって英語で行うやりとりがありますが，これらのインタラクションでの生徒の発話には，先に見た不完全さ，即興性，協同性などの特徴があることを教師は理解しておく必要があります。

4.2　インタラクションの中で何が起こっているのか

　英語の授業で行われるインタラクションの中では，いったいどのようなことが起こっているのでしょうか。ここでは，学習者個人を中心としてインタラクションを捉える認知言語的アプローチと，他者と関わる文脈を中心としてインタラクションを捉える社会文化的なアプローチの2つの視点から見てみることにします。

4.2.1　認知言語的アプローチから見て

　私たちが行うインタラクションの中では，意味のやりとりがうまく進まないことが起こります。それは，外国語としての英語を使って即興的なやりとりをする場合，とくに頻繁に起こります。まずは，次のやりとりの例を見てください。

（例1）
1. NNS: the windows are crozed
2. 　NS: the windows have what?
3. NNS: closed
4. 　NS: crossed? I'm not sure what you're saying there

5. NNS: windows are closed
6. NS: oh the windows are closed oh OK sorry　　　（Ellis, 2003）

　この会話は，英語非母語話者（NNS）と英語母語話者（NS）によるやりとりです。この例では，学習者である英語非母語話者が発話した"crozed"を英語母語話者が聞き取ることができず（line 2），いくつかのやりとりを経た後に英語母語話者はそれが"closed"であったことを理解するまでに至ります（line 6）。この例のように，相手の言いたいことが理解できずコミュニケーションがうまく進まないときには，話者の間でなんとかしてコミュニケーションを修復しようとするやりとりが行われます。このやりとりは，意味交渉（negotiation of meaning）と呼ばれます。

　この意味交渉の中では，一般的に，次のような質問がやりとりされるとされます（Ellis, 2003）。

- 確認チェック（confirmation checks）：自分が聞き取った内容が合っているかどうかを確かめる（例："Do you mean X?"）
- 明確化要求（clarification request）：理解できなかったことを理解できるよう相手に情報を追加することを求める（例："What do you mean?"）
- 理解チェック（comprehension checks）：自分が伝えたことを相手が理解しているかどうかを確認する（例："Do you know what I mean?"）

　Long（1983）は，話者の間でコミュニケーションを修復しようとするこのような意味交渉が学習者の言語習得を促すとするインタラクション仮説（Interaction Hypothesis）を主張しました。コミュニケーションのつまずきをきっかけにして起こる意味交渉を通し，相手の言いたいこと（つまり，インプット）が学習者にとって理解しやすいものとなり，それが学習者の言語習得に役立つとする考え方です。例として，次のやりとりを見てみましょう。

（例 2）
1. NS: Do you like California?
2. NNS: Huh?
3. NS: Do you like Los Angeles?
4. NNS: Uhm ...
5. NS: Do you like California?
6. NNS: Yeah, I like it.　　　　　　　　　　（Long, 1983）

　この例では，インタラクションの中で非英語母語話者が相手の言ったことを理解できず（line 2 の"Huh?"），英語母語話者は聞き手のために内容をよ

り詳しく伝えたり，単純なものにしたり，繰り返したり，言い換えたりして表現を修正しています（line 3 の"Do you like Los Angeles?"や line 5 の"Do you like California?"）。つまり，相手が聞き取れなかったことをきっかけにして，話し手は自分が言ったことを，相手にとって理解可能なインプット（comprehensible input）にしています。学習者が理解可能なインプットを豊富に浴びることは，学習者の言語習得において必要不可欠なものであるとされ，これはインプット仮説（Input Hypothesis）と呼ばれています（Krashen, 1985）。インプットが学習者にとって理解しやすいものになることで，学習者の意識はインプット内の新しい言語構造に向きやすくなり，新しい語彙や文法を学習する可能性を高めると考えられています。

　また，インタラクションの中では，相手が言ったことを聞き取るだけではなく，自分の意見や考えを瞬時に相手に伝えるアウトプットが求められます。学習者がインプットを受け取るだけでなくアウトプットすることも学習者の言語習得にとっては必要なものであるとされ，この考え方はアウトプット仮説（Output Hypothesis）と呼ばれています（Swain, 1985, 1995）。学習者が言いたいことを自分の力で表現することで，言いたいことと言えないこととのギャップに気づくことができたり（noticing），相手がいる会話の中で学習者がすでに身につけた知識を試すことができたり（hypothesis testing），インプットを処理するだけでは意識することのない言語形式に注意を向けたりする（reflecting）ことができます。アウトプットすることで，学習者がすでに習得しかけている構造の言語処理を自動化する機会になるとも考えられています（De Bot, 1996）。

　また，学習者による言語構造に対する気づき（noticing）も，学習者の言語習得にとって重要なものであると考えられています（Schmidt, 1990）。インタラクションの中で，理解可能なインプットの助けを得て，学習者がインプット内の新しい言語構造に気づいたり，学習者がアウトプットする中で表現したことと目標言語のギャップに自分で気づいたりすることで，学習者の言語習得が促される可能性が高まると考えられています。

　インタラクションの中では，聞き手が話し手の発言に対して何らかの形で修正することも起こります。インタラクションの中での話し相手からのフィードバック（feedback）は，学習者の気づきを促進する重要な機会であると考えられています（Long, 1996）。例えば，インタラクションの中で，次のやりとりのように，相手からのフィードバックを受け取ることがありま

す。
（例3）
1. NNS: How many sister you have?
2. NS: How many sisters do I have? I have one sister.

(McDonough and Mackey, 2006)

　この例では，非英語母語話者の非文法的な発話（line 1 の"How many sister you have?"）に対し，英語母語話者が正しい形で言い換えてフィードバックしています（line 2 の"How many sisters do I have?"）。フィードバックの中でも，このように自然なコミュニケーションの流れを止めずに相手の誤った形に対し暗示的に正しい形を示すことは，リキャスト（recast）と呼ばれます。このリキャストは，学習者に何が間違っているのかという否定証拠（negative evidence）を暗に示すことで，文法的に正しい形のインプットと学習者自身の誤った形を比較する機会（cognitive comparison）を提供し，学習者の言語習得を促す可能性があるとされています（Long, 1996）。

　このように，インタラクションの中では，なんとかしてコミュニケーションをスムーズに進行させるために，話者の間で意味交渉を行いながら，相手から理解可能なインプットを得たり，相手に伝わるようにアウトプットすることにより，言語構造に対する気づきを高めたり，話し相手からフィードバックを受け取り，言語構造への意識をさらに高めたりすることから，インタラクションが言語習得につながる可能性があると考えられます。

4.2.2　社会文化的アプローチから見て

　では，次に社会文化的アプローチの視点からインタラクションを考えてみることにします。このアプローチでは，学習者が他者とのやりとりを交わす文脈を重視してインタラクションを捉え，学習者は他者とのインタラクションの中で援助を受けながら，言葉のやりとりを学んでいくと考えます（Vygotsky, 1978）。では，次の例を見てみましょう。

（例4）
1. Teacher: Where did you go last weekend?
2. Student: … Ah, go to Shinjuku.
3. Teacher: Oh, Shinjuku.　You went to Shinjuku.
4. Student: Yes.
5. Teacher: What did you do there?

6. Student: Mm ... shopping, shopping.
7. Teacher: You went to Shinjuku for shopping.
8. Student: Yeah, I went to Shinjuku for shopping.

　この例は，教室内での教師と生徒との英語でのやりとりの一部です。最初の段階では，生徒の発話は不完全な形で行われています（line 2 の "go to Shinjyuku," line 6 の "shopping, shopping"）。しかし，英語の熟達者である教師とのやりとりを通し，やりとりの後半では正しい形の文が発話されています（line 8 の "I went to Shinjuku for shopping"）。そこに至るまでには，教師が生徒の発言内容に興味関心を示し（line 3 の "Oh, Shinjuku"），会話の内容を深める質問をしています（line 5 の "What did you do there?"）。さらに，生徒の断片的な発話に対し，内容を汲み取って完全な形の文を生徒に返しています（line 3 の "You went to Shinjuku," や line 7 の "You went to Shinjuku for shopping."）。

　この例では，生徒は教師の発話を模倣しながら完全な形で発話することができたにすぎないと捉えられるかもしれません。しかし，このやりとりをきっかけに，この生徒はこの後同じような文脈で，自分の力で発話できるようになる可能性を秘めています。このような学習者による模倣（imitation）は，新たな事柄を学ぶ過程において必要不可欠な要素であると捉えることができます。

　社会文化的アプローチにおいて学習者の発達過程は，他者からの援助を得て課題を解決する他律的な段階（other-regulation）から，やがて他者の援助がなくても自分で課題を解決できるようになる自律的な段階（self-regulation）へと至るものとされます。この他律的段階から自律的段階への移行こそが学習であり，学習はまさに他者とのインタラクションの中での共同の形で起こるものと考えられます。学習者の発達過程には，学習者が自分の力で課題を解決できるレベルと他者の援助を受けてはじめて解決できるレベルがあるとも捉えることができます。その2つのレベルの差にあたる領域は，発達の最近接領域（ZPD: Zone of Proximal Development）と呼ばれ，学習者が発達する可能性がある領域であると捉えられます（Vygotsky, 1978）。

　この領域の範囲内における，学習者のために提供される熟達者からの支援は，足場掛け（scaffolding）と呼ばれます。先の例4のやりとりの中では，教師が生徒の発言に興味を示し，内容に対して質問したり，生徒の意図を汲み取って生徒の発話に付け足したり，モデルとしての適切なインプットを与

えたりしていたことが、この足場掛けに当たります。インタラクションを通して生徒の言語習得を促すためには、生徒を適切に支援する足場掛けをうまく提供する必要があります。生徒の現状にもっとも適切な支援を最適のタイミングで与えることで、学習の可能性を効果的に広げることができると考えられます。発達過程における足場掛けの機能には、以下のようなものがあるとされます（Wood et al, 1976）。

- 学習者の興味関心を課題に向ける
- 要求されている課題を単純にしたり制限したりする
- 課題に対する学習者の意欲を維持させ進捗状況を知らせる
- 学習者の現状と目標のギャップに学習者の意識を向ける
- 学習者のストレスを軽減する
- 目標達成のための手順を例示する

このような足場掛けを中心とする他者からの支援を受ける協同作業的なやりとりは、必ずしも教師と生徒のような熟達者と初心者との間だけではなく、生徒同士のような初心者の間でのやりとりにおいても見られるとされています（Ohta, 2001）。

ここまでをまとめると、インタラクションの中で起きていることは、図1のようになります。

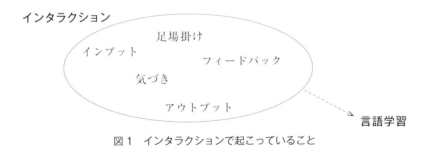

図1　インタラクションで起こっていること

インタラクションの中では、生徒は、インプットを受け取り、アウトプットを促される中で、言語に対する気づきを高め、また、アウトプットしたことに対する他者からのフィードバックを、足場掛けとして活用しながら、言語学習が促される可能性があることがわかります。

4.3 インタラクションに影響を与える要素とは

ここまでは，インタラクションの中で何が起こっているかを見ました。では，インタラクションでの言語のやりとりが起きやすい状況というものがあるのでしょうか。もしそのような状況があるとすればどのような要素がやりとりを活性化するのでしょうか。次に，インタラクションに影響を与える要素にはどのようなものがあるのかを見てみることにしましょう。

インタラクションに影響を与える要素には，図2のように，タスクそのものの特徴に関するタスクの特性要因とタスクを実施する際に関わるタスクの実施要因が考えられます（Ellis, 2003）。

図2　インタラクションに影響を与える要素

4.3.1　タスクの特性要因

インタラクションが活性化するかどうかは，タスクの条件が関わってきます。インタラクションの中での意味交渉に影響を与えるタスクの特性要因としては，表1のような要素があると考えられています（Ellis, 2003）。ここでは，タスクにおける情報交換の必須の程度，情報格差の方向性，タスクの成果の有無，話題の馴染み度，談話モード，認知的複雑さといったタスクの特性要因を見てみることにします。

表1　インタラクションの意味交渉を促すタスク特性要因（Ellis, 2003をもとに作成）

・情報交換	必須	＞	選択
・情報格差	2方向	＞	1方向
・成果	収束的	＞	発散的
・話題	馴染みのある	＞	馴染みのない
・談話モード	経験の語り	＞	描写や説明
・認知的複雑さ	詳細な情報	＞	大まかな情報

＊＞の左側が意味交渉をより促すことを意味する。

タスクにおける情報交換の必須の度合とは，インフォメーションギャップのような情報交換を必ず行わないと完結しないタスクかどうかを指します。情報交換が必須のタスクの方が，フリートークのような必ずしも情報交換を必須とはしないようなタスクよりも，意味交渉が頻繁に起こるとされます。情報格差の方向性とは，対話者の2人ともが情報をもっていて情報のやりとりが双方向的に行われるものなのか，それとも片方の話者のみが情報をもっていて相手に情報を伝えるものなのかを指します。情報格差が2方向（two-way）であるタスクの方が，情報格差が1方向（one-way）であるタスクよりも，明確化要求などの意味交渉が数多く起こるとされています。

　タスクの成果とは，タスクのゴールとして1つの答えに収束させるようなタスクなのか，それとも複数の答えや考えに発散させてもよいタスクなのかを指します。収束的なタスクの方が，発散的なタスクよりも，インタラクションにおける意味交渉がより頻繁に起きるとされています。

　また，タスクで扱う話題が馴染みのあるものかどうかも影響を与えます。学習者にとって馴染みのある話題の方が，馴染みのない話題のときよりも，意味交渉が多くなるとされます。談話モードとは，学習者が自分自身の経験を語るようなタスクなのか，物事の描写や説明をするようなタスクなのかどうかを指します。自分自身の経験を語るようなタスクの方が，描写や説明をするタスクよりも意味交渉が多くなるとされます。認知的複雑さとは，複数の詳細な情報を処理させるような詳細なタスクなのか，大まかな情報をやりとりさせるタスクなのかを指します。参加者の能力や情報の複雑さの程度にもよりますが，詳細な情報をやりとりさせるタスクの方が大まかな情報をやりとりさせるタスクのときよりも，インタラクションの活性化が起こることがわかっています。

4.3.2　タスク実施に関わる要因

　授業の中でタスクをどのように実施するかという実施の方法もインタラクションの特徴に影響を与えるとされます（Ellis, 2003）。ここでは，参加者の役割，タスクの繰り返し，対話者の親近度，について見てみることにします。

　参加者の役割とは，タスクにおける参加者が能動的な役割を担っているか，受け身的な役割しか果たしていないかを指します。分からなかったら聞き返したり聞き取ったことを確認したりするなどインタラクションを積極的に行うよう求められた方が，そのようなインタラクションを要求されていな

い場合よりも，明らかにインタラクションが活性化されることがわかっています。

タスクの繰り返しとは，同じタイプのタスクを繰り返し行うことを指します。タスクへの慣れが，インタラクションでのやりとりを増やし，コミュニケーションの効率がよくなることが報告されています。対話者の親近度については，対話者が身近な人物であるほど，そうでない対話者の場合よりも，意味交渉が盛んに行われることが報告されています。これは，どのような相手と組んでインタラクションを行うかによっても，やりとりの質が異なってくる可能性があることを意味しています。

4.4 インタラクションを活用した指導の効果について

英語でインタラクションを行うことが，実際どのように学習者の言語習得を促すのでしょうか。これまでこのことに関するいくつもの研究がなされてきています。Mackey and Goo（2007）は，第二言語学習者によるインタラクションの効果の有無を調べた 28 の研究結果をメタ分析という手法を用いて検討しています。その結果，先行研究全体を通して分かったことは，文法および語彙の習得に対してインタラクションの効果が見られるということでした。とくに，インタラクションの効果は，語彙の習得に対して顕著に見られ，文法の習得に対する効果よりも大きいことが指摘されています。ここでは，これらの先行研究のうち Mackey and Silver（2005）の研究を紹介します。

Mackey and Silver（2005）は，シンガポールの小学生を対象に，英語母語話者とのインタラクションの中でフィードバックを積極的に与える実験群と，インタラクションの中でフィードバックをとくには与えない統制群とに被験者を分け，疑問文の習得に向上が見られるかどうかを調査しました。実験群および統制群ともに，「間違い探し」のような同じタイプのコミュニケーション活動を 30 分間の授業で 3 日に分けて行いました。実験群では，例えば，被験者の子どもが "The father's shirt is blue in color?" のように発話した場合，対話者である英語母語話者は "Is the father's shirt blue in color?" のように倒置疑問文の形でフィードバックを返すようにしました。一方，統制群では，同じような子どもの発話があっても，フィードバックは返さず "Yeah!" のような内容に対する反応だけを返すようにしました。子どもたちの疑問文の発達段階について実験の前後で測定した結果，インタラクションの中でフィードバックを積極的に行った実験群の方が，インタラクションの

中でフィードバックをとくに行わなかった統制群よりも、疑問文の発達を促すことが明らかになりました。このことから、インタラクションの中で行うフィードバックには言語習得を促す効果があると考えられます。

ここでは先行研究の1つである Mackey and Silver（2005）の研究を紹介しましたが、インタラクションの効果を調べたこれまでの研究は、短期的な指導による効果しか調査しておらず、長期的な指導による効果については十分には明らかではありません。では、教室においてインタラクションを取り入れた授業を長期にわたって継続していった場合、どのような効果が見られるのでしょうか。ここでは、Zhang and Hung（2013）の研究を見てみることにします。

Zhang and Hung（2013）は、外国語として英語を学ぶ中国人大学生103人を、インタラクションを活用するタスクを中心に授業を行う実験群（51人のクラス）と、教師主導の伝統的な授業を行う統制群（52人のクラス）とに分け、週2時間の授業を1学期（16週）の間行い、その結果を調査しました。実験群と統制群の両方ともに、同じ教科書を使いましたが、実験群と統制群で異なる指導を行いました。実験群では、情報格差タスク（information-gap task）、理由格差タスク（reasoning-gap task）や意見格差タスク（opinion-gap task）などのペアやグループでインタラクションを口頭で行う活動を中心に授業が行われました。一方の統制群では、語彙や文法を中心に提示・練習・表出（PPP）の形態で伝統的な指導が行われました。その指導効果は、筆記テストとスピーキングテストを用いて学期の前後に測定され、学期終了後には、実験群および統制群の被験者を対象に、授業に対するインタビューが行われました。

その結果、次の3つのことが明らかになりました。第一に、筆記テストによって測定した学習到達度では、インタラクションを行うタスクを中心とした実験群の方が伝統型の指導を行った統制群よりも平均点が高いことがわかりました。第二に、スピーキングテストにおいても、実験群の方が統制群よりも平均点が高くなることが明らかとなりました。第三に、被験者に対するインタビューの結果、実験群の被験者からは、「興味が持てた」、「英語を使うのが楽しい」、「英語をもっと学びたい」などといった授業に対する肯定的な意見が多くみられ学習に対し意欲的であるのに対し、伝統的な指導を行った統制群では、「授業がつまらない」「授業中に注意が散漫になった」「英語学習は難しい」などの、授業に対する否定的な意見が目立つことがわかりま

した。インタラクションを活用した指導効果を長期間に渡って調査した研究はまだ少なく，このような研究が今後もさらに行われる必要がありますが，この研究では，インタラクションを活用した指導を長期的に行うことで，学習者のスピーキング力や学習意欲を向上させる効果があることが明らかにされました。

4.5　スピーキング指導にインタラクションを活用するために

　ここまで，インタラクションの中で何が起こっているか，どのようなときにインタラクションの中でのやりとりが起きやすいのか，そして，インタラクションにはどのような効果があるのかを見ました。では，教室内でのインタラクションをスピーキング力の育成につなげるためにはどのようなことを注意すればよいのでしょうか。

　第一に，インタラクションの中での生徒の発話に見られる特徴を教師が知っておく必要があります。教室内での学習者によるインタラクションは，繰り返しや言い淀みが多く，断片的で不完全な文のやりとりになり，非文法的な発話も頻繁に起こる傾向があります。とくに，即興的なインタラクションにおいては流暢さが求められるため言語の正確さが落ちるトレードオフ (trade-off) という現象が起こります (Skehan, 1998)。このような特徴を教師が知っておくことで，生徒の発話の不完全さを気にしすぎたり，非文法的な生徒の発話をことさら修正しようとしたりする必要がないことがわかります。流暢さを求めるスピーキング指導と言語の正確さに焦点を当てる指導とをうまく組み合わせながら生徒のスピーキング力を育成していくことが求められます。

　第二に，授業におけるスピーキング活動には，大きく分けて即興的な活動と計画的な活動の2つあることを認識し，指導目的に応じて使い分ける必要があります。スモールトークやディスカッションのような即興的なインタラクションを取り入れたスピーキング活動には，聞き手と話し手の交互のやりとりや，コミュニケーションのつまずきへの対応など，インタラクション特有の会話スキルが求められます。スピーキング活動には異なるタイプがあることを知っておき，バランスをとって指導する必要があるでしょう。

　第三に，教室で行うインタラクションの役割を知っておく必要があります。ここで見てきたように，教室でのインタラクションにはいくつかの役割があります。インタラクションの中でのインプット・アウトプット・フィー

ドバックを通して言語への気づきが促され,やりとりの中での学びの可能性があります。また,インタラクションの中で話し相手が提供する質問や発話を足掛かりに,自分の発話を拡げる貴重な機会であるとも考えることができます。これらのことを踏まえ,教室の中で何のためにインタラクションを活用するのかを押さえておくとよいでしょう。

　第四に,インタラクションの特徴を知っておくことで,教師が生徒とのインタラクションをどのように行えばよいかを考える際に役に立ちます。教師が生徒に英語で話しかけても理解できなかったり,すぐには反応できなかったり,断片的で不完全な文で反応したりすることがよくあります。そのような場合,教師は,繰り返したり言い換えたりしながらインプットを理解可能なものにする必要があります。また,生徒の発言に対し発展的な質問をしたり,生徒の言いたいことを汲み取って生徒の発話を補足したり言い換えたりする必要があります。コミュニケーションに支障をきたすような誤りがある場合には,暗示的に正しい形を示すリキャストなどの修正フィードバックを生徒に与えたりする必要もあるでしょう。生徒にとってもっとも適切な足場掛けを生徒のインタラクションを通して提供したいものです。

　第五に,生徒同士のインタラクションの質に影響を与えるタスクの特性やタスクの実施に関する要因について知っておくことも役に立ちます。インタラクションを行う活動における,活動をシンプルにすること,馴染みのある話題を扱うこと,同じような活動を繰り返し行うことで,言語のやりとりを活性化する可能性があるからです。これらの事柄は,生徒同士での英語のやりとりをどのように促せばよいのかのヒントになるはずです。

5　日本人英語学習者の運動リズムとことばのリズム

5.1　イメージを発話に変えるための身体運動

　ことばを発話する際，私たちは誰でも身体を動かします。しかし，発話するために必要な顔や喉の筋肉の動きはともかく，指で軽くリズムを刻んだり，手を振ったりする身体運動は，何のために行うのでしょうか。

　子どもが発話する際の身体運動を観察してみると，大人よりも大きく豊かな動きをしていることに気づきます。母語習得の途上にある子どもは，言語産出できるよりもはるかに多くの内容を理解していますが，それをうまく発話にすることができません。ですから，統語的な理解を促す「聴覚―発声」のチャネルで足りない分を，「手―視覚」のチャネルで補います。そのため，子どもは大人より多くの身体運動を必要とするのです（Jackendoff, 1993）。英語学習者も同様で，習熟度の低いことばを話すためには，「手―視覚」のチャネルで補う必要があります。大人でも，言いたいことを英語でうまく話せない時によく身体を動かすのはそのためです。つまり，身体運動は，外国語の習得においても重要な役割を果たすと考えられます。

　ところが，中学生・高校生の中には，身体をほとんど動かさずに英語を話す不自然な生徒がいます。英語を，暗号解読のルールのように分析的にしか学習したことがない生徒で，頭の中で分析的に発話を組み立ててから発話する癖がついているためだと考えられます。自然な身体の状態で英語を話す体験を，初期学習の段階で意識して持つことが鍵となりそうです。

　そこで，小学生の英語発話時のジェスチャーを観察してみました。小学生の英語習熟度は当然ながらかなり低いにもかかわらず，母語発話時のジェスチャー使用とほぼ同様のジェスチャー使用をしていることが明らかになりました（山本, 2011）。特にリズムを刻む動き（ビート）は，ビートが符号化する文中の認知的・言語学的な関係を獲得する段階に入るまでは表出しないと言われています（McNeill, 1987）。ことばが思い出せない際，記憶検索のためにビートが使われることもありますが，それは記憶やイメージが身体の

感覚とともに残っている時に限られ，単語帳を使って機械的に覚えたような語彙はビートを使っても思い出すことはできません。このような概念的に複雑なジェスチャーであるビートも，子どもたちは英語を話す際に使用していたのです。

また，これらのジェスチャーが発話より一瞬先行して始まっていることも確認されましたが，これは話し手の思考が最初はジェスチャーの形をとっていることの証拠であり，その身体運動を通してイメージが言語化されることの表れです（McNeill, 1987）。日本語だけではなく英語を発話する際でも，心の中に生まれたイメージを分節化し，言語的な流れの中で符号化し始める以前の段階が存在することを示していると言えます。

手を上げ始めてから元の場所に戻すまでの一連の動きをストロークと言い，ストロークは，意味的に等しい言語的な区切りの中でもっとも際立った音節の中で終わります（McNeill, 1987）。子どもが英語を話す際に見せたストロークを観察すると，言語の特定の分節で終わっていたことから，分節とストロークが同時に生じていると考えられます。さらにジェスチャーと発話を分析したところ，発話に同期し発話の意味を伝えようとする動きの際のストロークは，単語や文章の区切りで終わっていました。このことから，発話の有無や流暢さのレベルにかかわらず，英語においても，日本人学習者は自分の内にあるイメージをシンボル化できるのだということがわかります。

言語活動において身体を動かすことは，会話が行われている空間，音声を含むすべてを自分の身体の中に内在化させ，相手とイメージを共有することと同義です（近江，1988）。子どもが同じ絵本を何度も読み聞かせてもらうことを好むのも，同じ音声やリズムに馴染み，自らも音声化や身体化を行うことで，読み手と一体化することを楽しんでいる（秋田，1997；1998）という理由で説明ができます。もちろん，英語の絵本であっても同じ効果が期待できます。

5.2　日本語発話時の動きと英語発話時の動きの関係

母語である日本語を話す時でも，子どもによって身体の動きに差があることが指摘されています。ことばを話す時にうまく身体を使う練習をしてきていないことが原因です（秋田，1997）。

小学6年生を対象に質問紙調査を実施したところ，「普段から日本語を話す時には身体をよく動かしますか」という質問に対し，Yesと答えた子ども

とNoと答えた子どもはほぼ半分ずつという結果でした。また,「英語を話す時と,日本語を話す時では,どちらの方が身体が動きますか」という質問には,「英語の方が動く」,「英語も日本語も同じ」,「日本語の方が動く」という回答がほぼ3分の1ずつとなりました。習熟度の低い言語を話す時は,検索のための動き（首をひねったり,指でリズムを刻んだりする動き）が増加しますので,「英語の方が動く」という子どもがいることは自然なことですが,「日本語の方が動く」子どもが3分の1もいることが気になります。「イメージを発話にする」というプロセスが,英語を話す時だけ実現していないと思われるからです。

　解決するための指導として,チャンツのリズムに乗って英語を話す活動や読み手とイメージを共有できる韻律のある読み聞かせなどを中心とした指導を3週間行ったところ,学習者が英語を話す際の身体運動が,有意に増加しました（山本,2010）。英語・日本語を区別することなくすべてのことばの指導において,身体を動かすという視点は重要であると思われます。

5.3　発話に同期する身体運動

　スピーキング活動は必ず身体運動を伴います。アメリカの手話研究を行ったJackendoff（1993）は,手話を使う人の動きの中に,音声で話している人の動きのリズムと似た構造があることを発見しました。話しことばのリズムの基本単位は音節ですが,手話話者も同じく,音節に対応したリズムを使っていたということです。発話している時に文末で速度を落とすのと同様に,手話話者は手の動きの速度を落とし,強調したい部分の声が大きくなるのと同様に,強調したい部分の手話の動きは大きくなっていました。発話だけが言語だというわけではないことがわかります。Jackendoff（1993）は,音あるいは身体運動を意味と結びつけること,つまり心のうちにあるものを無意識のうちに身体感覚に変えていく力こそが,言語の豊かさにつながるのだと述べています。

　繰り返しになりますが,発話している際の身体運動には個人差があり,成長の過程でその練習をする機会のなかった子どもは身体があまり動きません。ただ,身体運動が多いほど発話内容が豊かであるのかというと,必ずしもそうではありません。大人の場合は,発話の際に身体があまり動いていないように見えても,まぶたや手の筋肉が反応したり,筋肉を動かすための脳の部位が反応したりして仮想的身体運動を行っていることがわかっています

（月本・上原，2003）。運動が可視的であるかどうかではなく，その人が身体感覚をいかに使っているかが大切だということです。

　大人はまた，自分の意図を反映するシンボルとして効果的にジェスチャーを使うことができます。ジェスチャーもほとんどが手のみで行われます。しかし，子どものジェスチャーはまだ演技のようなものであり，未熟で直接的です。例えば，話している対象物に似せようとして実際の動作も空間も大きくなりますし，1 つのジェスチャーは 1 つの対象物にしか使われないなど，ジェスチャーがシンボル化されていません。McNeill（1992）は，抽象的な思考や複数レベルの思考が可能になる 10 歳頃から思考レベルに合った言語能力とジェスチャーは同時に創発するとして，それを「言語・ジェスチャー習得（Language-gesture acquisition）」と呼んでいます。子どもはそうやって，思春期にかけて徐々に抽象的なジェスチャー使用ができるようになります。第二言語だからと言って，英語の授業でこの視点がまったくないのは，問題であると言えるでしょう。むしろ第二言語だからこそ，身体という視点は必要です。

5.4　発話速度と身体運動

　幼児を対象とした以下のような研究があります（浅川・杉村，2011）。一定のリズムパターンを作成し，それを聞いた幼児がどの程度再生できるかを調査し，体力測定結果・手指の巧緻性・言語能力との相関を調べたところ，すべての年齢層において，言語能力とリズム運動には強い相関があることが確認されました。

　運動の様々なリズムを調査し，人間のことばのリズム間隔は 0.4〜0.7 秒の間にあると報告した Allen（1975）は，すべての人間の運動にはリズムがあり，ことばのリズムと運動のリズムは強く相関すると主張しています。0.4〜0.7 秒というリズム間隔を逸脱した発話は，速すぎても遅すぎても，正常なリズムを失ったものとなり，聞き手にとっても非常にわかりにくい発話となるのです。この考察に基づき，河野（1988）は，日本人 30 名に自由にテーブルを指で軽打してもらう実験を行いました。単位時間内の軽打回数を測定する一方で，イソップ物語の「北風と太陽」（日本語訳）を朗読させその発話速度を測定するという実験です。この結果，軽打回数と発話速度の間で Spearman 順位相関係数が 0.78（$t = 4.2$, $p < .0001$）となり，軽打回数と発話速度には相関があることが確認されました。河野（1988）はこの結果を，

タッピングの早い人ほど発話も早いためと分析しています。河野（1988）はさらに以下のような実験を行いました。先ほどの実験で軽打回数の多かった人，少なかった人，中間の人を計8名（A～Hとします）選び，初めて接する言語であるスペイン語を以下の3つの方法で処理させました。①文・単語を5回聞き復唱する，②4～5つの文がセットになった問題を何度か聞き，そこから文法ルールを発見して別の文の4か所の空所を補う，③発音上最少対立をなす単語6ペアをそれぞれ5回ずつ聞き，それを復唱する，というものです。スペイン語のネイティブ教員がその結果を採点した結果，図1のように軽打回数とスペイン語のスコアの間に高い相関が確認されました。

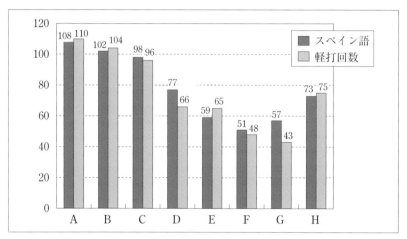

図1　スペイン語テストと軽打回数（河野〔1988〕をもとに筆者が作成）

　この結果から，タッピングがなめらかで回数の多い人ほど，初めて接する外国語の知覚・認識において優位であることがわかりました。タッピング回数が多く母語発話速度が速い学習者は，音韻ループ処理能力が高いと考えられます。そのような学習者は文（語句）を復唱したり聞こえた文（語句）からルールを発見したりする能力に優れ，第二言語獲得にも優位である可能性があるのです。

5.5　小学生の発話速度に見られる個人差
　母語で簡単な文章を朗読する所要時間が短い人ほど，ことばの知覚と認識

が優れている，という研究が，英語を学習し始めたばかりの子どもにも当てはまるかどうかを調べるため，以下のような調査を行いました（山本，2011）。

小学6年生55人を対象に，315モーラの平易な日本語で説明文が書かれた用紙を渡し，黙読して内容を完全に把握させた後，「自分が一番楽なスピードで音読してください」と指示しました。そして

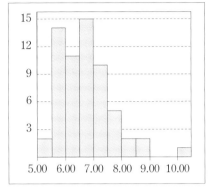

図2　音読したモーラ数/秒（縦軸は人数）

一人ずつ所要時間を測定し，1秒あたりに読んだモーラ数を算出したところ，平均値は6.67モーラ/秒となりました（図2）。

この結果をもとに，日本語発話速度の上位群（7.00/秒以上16名），中位群（6.00/秒以上7.00/秒未満24名），下位群（6.00/秒未満15名）を抽出しました。その上で，発話速度と日本語使用時の身体運動の関係を調べるため，先ほど紹介した質問紙調査のうち，「日本語を話す時，普段からよく体が動きますか」という設問の結果と比較したところ，図3のような結果が得られました。

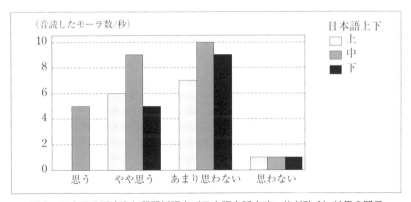

図3　日本語発話速度と質問紙調査（日本語を話す時，体が動く）結果の関係

統計分析の結果，発話速度の上位群と中位群には有意差がなく，子どもを

対象としたアンケート結果は必ずしも実態を反映していないことがわかりました。しかし，下位群とそれ以外のグループとの間に有意差が確認され，発話速度の遅い子どもは発話中の身体運動が少ないという結果になりました。大人の場合であれば，日本語を話す時に身体が動くかどうかは言語能力とは無関係な場合があります。それは，先ほど述べたように，大人は脳内で筋肉を動かす部位が反応していても実際には可視的な動きが起こらない仮想的身体運動をすることができるからです。子どもは「言語・ジェスチャー習得」(McNeill, 1992) の途上であり，発話と身体運動の区別がはっきりとできない発達段階にあります。ですから，日本語発話中に身体が動かない子どもは，豊かなイメージや意味をことばに乗せられていない可能性があるのです。

では，日本語発話速度によって，英語を話す時の身体運動は異なるのでしょうか。日本語発話速度の上位群・下位群では，英語を話す時の身体運動に違いがあるかどうかを調べるために，同じ子どもを対象とした英語を話す際の身体運動を調査した研究結果（山本，2010）と比較しました。山本 (2010) は，英語の発話に身体運動を同期させることに特化した指導を3週間行った処置群と，通常の英語授業を行った対照群を設定して実験を行っています。身体を動かすための活動として，具体的には，チャンツや歌のリズムに乗って英語を話す活動，英語の指示を聞いてその通りに身体を動かす活動 (TPR : Total Physical Response)，読み手との同調が起こりやすい韻律を含む絵本の読み聞かせを行いました。その後，10個の質問に答える英語のオーラル・テストを行い，オーラル・テストの様子を録画した映像をもとに，一人ずつジェスチャーが表出した回数を算出しました。熟達度の低い言語を話す際には，首をかしげたり膝をタッピングしたりするなど，語彙検索行動といわれる動きが増加します。オーラル・テストを受けた子どもたちも，GTEC Junior（当時行われていた小学生用英語テスト）の得点の低い子どもほど語彙検索行動が多いことが確認できました。しかし，それ以上に興味深い結果が出たのです。

結果分析に当たっては，まず対象となった学習者を，日本語発話速度上位群（平均7.74/秒），下位群（平均5.68/秒）に分けました。上位群と下位群のオーラル・テスト中のジェスチャー表出回数を算出してみると，それぞれ6.3回，3.5回となり，有意差が確認されました。さらに録画映像を見ると，処置群は顔を上下させる動きが顕著だったため，顔の上下運動を新たにカウ

ントしてみました。人は意味のあることばの区切り（分節など）で顔を上下させますから，10個の質問に答えるためには，最低でも10回は顔を上下させないといけません。ひとつの文に最低1か所は意味のあることばの区切りが存在するはずだからです。結果は，処置群で11.6回，対照群で8.54回となり有意差も確認されました。日本語発話速度が速い学習者ほど，英語発話時にも自分の発することばと意味を意識しながら，そのリズムに合わせて身体を動かしていたのです。

　これらの結果から，発話と身体運動を同期させる能力には子どもにより個人差があり，日本語の発話に身体運動を同期させるのが上手な子どもは，英語の発話時も身体運動を同期させることも上手であるということがわかりました。さらに，英語の授業を通してその能力を向上させることが可能であるとの示唆も得られました。Allen（1975）や河野（1988）が考察したように，母語・第二言語に共通した「ことばのリズムを刻むために必要な身体運動能力」というものが存在するのかもしれません。チャンツのリズムや豊かなジェスチャーを使った英語スピーキングは，学習者のモチベーションや記憶の向上に効果があるだけではなく，日本語と同じ感覚で相手とイメージを共有し，意味を込めながらことばを話す練習にもなるということです。スピーキング指導を行う際に，このような視点は不可欠だと言えます。

6 スピーキングの流暢性の獲得

6.1 模倣と再現：模倣は生得的能力か？

　すでに理論編「1　音声言語習得モデル」（☞ p.294）でも述べましたが，かつて N. Chomsky は，母語（第一言語）の獲得は，生得的な LAD（言語獲得装置）が作動してはじめて可能になるものであり，「模倣（imitation）」と「類推（analogy）」によって言語を獲得することはできないと，模倣説を真っ向から批判しました。しかしながら，実は近年では，この模倣による反復学習の意義が再認識されています。

　従来からしばしば取り上げられる現象に，「新生児模倣（neonatal imitation）」があります（Meltzoff & Moore, 1977）。生後平均 32.1 時間の新生児に，大人の舌出しや口の開閉をみせると，それを注視したうえで模倣する傾向がみられるというのです。

　大人の舌出しには舌出しをする，大人が口を開くとやはり口を開けるという具合に，新生児が大人のモデルを観察して自発的に模倣していることが理解できます。この事例はあくまでも典型例で，個人差も大きいことが予想されますが，人には生まれながらにして，何らかの形で他者を模倣・再現する能力が備わっているのではないかと，考えられました。

　もうひとつ近年になって報告され，明らかになった成果に，「ミラーニューロン（mirror neurons）」があります。このニューロンシステムの発見者である G. Rizzolatti が来日して日本心理学会大会で行った講演（Rizzolatti, 2012）では，サル（マカクザル）が，自分で運動を行うときも，他のサルやヒトが同じ運動を行うのをみているときにも，同じように活動するニューロンであると定義されました。すなわち，他者の行為を見ただけで，自身がその行為をするときと同じ反応をするニューロンだということです。換言すると，他者の行為の知覚（perception）自体が，自身がその行為を再現する運動システムを運動前野内で作動させることにより可能になることを示しています（門田, 2012: 146-161 を参照）。

この模倣・再現をするシステムは，サルのみならず，人にも存在することが，間接的ながら，その後のfMRI（functional magnetic resonance imaging：機能的磁気共鳴画像）や，EEG（electroencephalogram：脳波計）などの手法を活用した実験により，明らかにされつつあります。そして，人の場合も，サルと同様に，下前頭葉の弁蓋部（pars operculum）などにこのようなシステムがあると考えられています。この領域は，実は，言語の産出を担うブローカ野と隣接し一部重複している領域です。

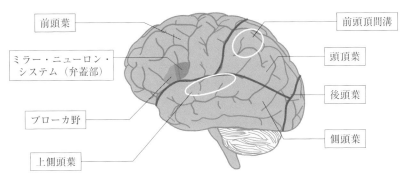

図1　ヒトのミラーニューロン・システムがあると想定されている領域
（http://www.nise.go.jp/cms/6,4932,13,257.html の図を参考にして作成）

　このようにミラーニューロンがブローカ領域に一部重複していることから，人が母語および第二言語の運用能力（コミュニケーション能力）を習得する基盤には，以上のような他者の行為を模倣（再現）する能力があるのではないかと考えられるようになりました。つまり，私たちの言語能力は，他者の行為（ジェスチャーや発話を含む）を脳内で再現・模倣し，共有し合うことから発達してきたのではないかというのです。さらに言語だけでなく，他の動物と違って，人がこのような文化学習をうまく継続させ，文化を絶やすことなく代々継承させていくことができるのは，ミラーニューロンによる模倣・再現システムを活用した学習能力があるからではないかと考えられています。その結果，私たちの場合，人がやったことをそのまま模倣・再現する能力が，母語，第二言語をはじめとすることばの習得を可能にしてくれる基盤になるのではないかというのです。ミラーニューロンについては，特に人の場合はまだ間接的な証拠しかありませんが，私たちの模倣能力の源泉は脳内の再現能力にあること，さらにミラーニューロンを活用した模倣は，「学習能力」

の前提となることなど，きわめて興味ある知見を提供してくれています。

6.2 顕在記憶から潜在記憶へ：インターフェイス再考

私たちの記憶（長期記憶）は，一般に次の2種類から成っています。

(1) 顕在記憶（explicit memory）：種々の「事実」を表す意味記憶（semantic memory）や，過去の「体験」であるエピソード記憶（episodic memory）の2つを指しています。ふだん私たちが一般に「記憶している」と自覚できるもので，意識的に想起して，長期記憶中から取り出せる記憶です。またどのような記憶なのか，その内容を他の人に説明できるような記憶です。このような記憶形成が基本的に顕在学習（explicit learning）にあたります。

(2) 潜在記憶（implicit memory）：意識的にではなく，知らないうちにいつの間にか検索・実行できる記憶です。知覚表象システム（perceptual representation）とは，音声や視覚の情報（文字を含む）を，繰り返し見聞きしているうちに，その知覚（perception）自体が正確に，かつ素早く実行される現象を指していますが，これを知覚プライミング（perceptual priming）と一般に呼んでいます。なお，ここで，プライミングとは，先行刺激（prime）を処理することが，後続刺激（target）の処理に，主にプラスの影響を及ぼすことを指しています。prime が target の処理の一種の文脈を与えるもので，その文脈効果を調べる方法であると言えます。心の中の辞書（メンタルレキシコン：mental lexicon）の構造など，長期記憶中の情報がいかに保存されているかを明らかにしようとする認知心理学において，これまで多用されてきた研究パラダイムです。聴覚プライミング（auditory priming），視覚プライミング（visual priming），反復プライミング（repetition priming）などが，代表的な知覚プライミングです。

次に，手続き記憶（procedural memory）とは，実際に何か物事を実行する技能に関する記憶で，自転車の乗り方や車の運転の仕方，母語の文法知識（動詞の活用など）等々，特に意識することなく検索・実行できる記憶です。以上の潜在記憶の形成が，潜在学習（implicit learning）と呼ばれるものに相当します。以上をまとめたものが次ページの図2です。

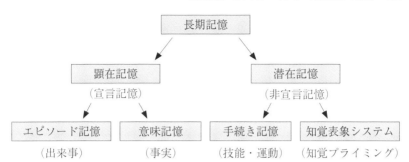

図2 長期記憶の種類
(Ward, 2010：186 による分類をもとに，他の文献を参考にして作成)

では，以上の顕在学習，潜在学習はそれぞれ脳内ではいかにして達成されるのでしょうか。実は，これらの記憶形成（学習）プロセスは，全く中身が異なることが明らかになっています（Hawkins, 2005；門田, 2012：45-96）。

(1) 顕在学習の特徴
①大脳の海馬を介した（hippocampal-dependent）学習。
②言語化できる意識的学習（subject to conscious awareness）という性質。
③しばしば1回だけで即時記憶することが可能。

海馬は，帯状回，海馬傍回とともに，大脳辺縁系（limbic system）に位置し，ヒトに進化する前の，動物として生きていくのに不可欠な機能を担っている部位です。顕在記憶の形成に際しては，エピソード記憶など新たな情報を固定（consolidation）して，永久に保持可能な長期記憶に変貌させる機能があると考えられています。

(2) 潜在学習の特徴
①動作や技能など意識にのぼらない学習。
②何度も繰り返し実行することで，徐々に蓄積する（cumulative）学習。
③基本的には，海馬を介しない，新皮質（neocortex）における反復学習（反復プライミング；repetition priming）により達成。

顕在学習によって獲得・固定された記憶は，当初はそれを獲得した場面（文脈）に依存した知識ですが，脱文脈化を経て場面と切り離した意味記憶に変貌します。それが，何度も繰り返し同じ情報を処理することにより，最終的に潜在記憶に質的変化していくと考えられます。ソーシャルダンスやピ

アノ，ドラムなどの楽器の演奏も，最初はひとつひとつのステップや動作を意識的に集中して行うことが必要ですが，繰り返し練習を積むうちに意識しなくても気楽にできる，半自動化や自動化が達成できるようになるのです。

このような反復プライミング（プラクティス）を通じて，私たちの脳内では，ニューロン（神経細胞）間にあるシナプスの結合が強化されたり，神経回路網が再構築されたりすることで，記憶情報の質的な変化が達成されると言えるでしょう。

以上お話しした反復プライミングによるニューラルネットワークの強化，再構築とともに重要なのが，顕在的な記憶（知識）を仲介する海馬と，潜在的な記憶，とりわけ自動的に活用できる記憶（知識）の検索に関わる大脳基底核（basal ganglia）（門田, 2014b : 155-159 参照）を結ぶ神経ルート（neural route）が実際に存在するかどうかという問題です。ここで大脳基底核とは，大脳皮質下に位置し，大脳皮質と視床，脳幹を結びつけている神経核の集まりを指しています。

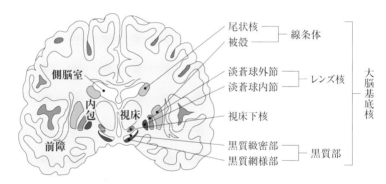

図3 大脳基底核（http://www.tmin.ac.jp/medical/01/fig1.gif より転載した門田〔2012: 67〕の図を再度転載）

Shumann（2010）は，上記の神経ルートの存在について，強い動機づけを実際の行動に変容させる神経回路に関する研究データがこれまでに蓄積されており，この成果が大いに参考になると述べています。すなわち，人は他者からの評価（appraisal）を受けたときに，大脳辺縁系に海馬などとともに位置する，扁桃体（amygdala）や眼窩前頭皮質（orbital frontal）といった脳領域が活動します。そしてこれをもとに海馬内の顕在記憶（知識）にアクセ

スすると，そこから大脳基底核内の腹側線条体（ventral striatum），さらには腹側淡蒼球（ventral pallidum）へと信号が伝達されます。その後，運動皮質（motor cortex）と連携しつつ，大脳基底核，特に潜在記憶を媒体する尾状核（caudate），被殻（putamen），淡蒼球（globus pallidus）などが活動し，その結果最終的に，顕在的な宣言記憶が潜在的な手続き記憶に変容するのではないかと推測しています。ただ，この際に，扁桃体と眼窩前頭皮質からの強い動機と，腹側被蓋領域（ventral tegmental area）からのドーパミン報酬信号が必須であるというのです（Schumann, 1997）。

　以上の考察は，これまで第二言語習得研究において繰り返されてきたインターフェイス（interface）論に対して実質的に影響を与えるものだと考えられます。すなわち，かつて Krashen は，有名な「習得・学習」（acquisition & learning）仮説を唱え，第二言語の「習得」と「学習」は非連続的であり，いっさいのインターフェイス（接点）は存在しないと考えました。そして意識的な顕在学習によって得た知識は，実際のコミュニケーションにおいては，その正誤の判定をするモニター機能しか果たさないと仮定したのです。これを「ノンインターフェイスの立場（non-interface position）」と呼んでいます。これに対し，意識的に覚えた顕在的な第二言語知識も，多くのインプットに接し，本節で提唱するプラクティス（反復プライミング）を繰り返し，さらにアウトプット活動を継続することで，無意識的，潜在的な知識に変化すると考える立場を「インターフェイスの立場（interface position）」と呼んで区別しています。Shumann（2010）による以上の考察は，後者のインターフェイスの立場の妥当性を示唆するものになっているのです。門田（2014b: 160）でも指摘していますが，以上のようなインターフェイス論は，第二言語習得研究特有のものではないかと思われます。「学習」と呼べるものはすべからく，最初は意識的に覚えて，その後繰り返し練習を積むことで，意識しなくてもいつのまにかできるようになる，そんな体験が誰しもあるのではないでしょうか。

6.3　第二言語スピーキングにおける反復の効果

　では実際に，日本人英語学習者など第二言語学習者の場合に，同じ学習タスクを繰り返し行うことで，学習効果を生む反復プライミング（プラクティス）によって，学習者の言語運用にどのような変化が生じるのでしょうか。

　Skehan（1998）は，CAF（複雑性：complexity，正確性：accuracy，流暢性：

fluency）という 3 要因によって，第二言語学習者の熟達度を評価するという枠組みを提唱しました。ここで，「複雑性」とは，広くかつ多様で，複雑な文構造や語彙を処理する能力で，「正確性」とは，誤りのない言語の理解・産出能力を指し，「流暢性」とは，主としてアウトプットに関係し，速いスピードで，ポーズ（pause）やためらい（hesitation）なく，言い換え等を用いて言語産出できる能力であると規定されています。そして，一般に，複雑性→正確性→流暢性という順序で獲得が進むと仮定しています。

　これまで一般に，反復プライミングの学習効果は，再度同じ言語刺激が提示された時に，処理のための認知負荷（cognitive load）が軽減されることによる潜在学習（implicit learning）効果であると考えられています。

　この点で，言語の文法・語彙などの顕在知識が不十分な第二言語学習者にとって，以上のように認知負荷が軽減されることは，上記 CAF3 要因の獲得に対し，どのような影響を持つと考えられるでしょうか。これについては，次の 2 つの考え方が想定できます（Housen ほか, 2012 参照）。

（1）認知負荷の変化は，複雑性や正確性よりも，自動的な能力を含む流暢性を促進する効果が大きい。
（2）流暢性だけでなく，複雑性，正確性もほぼ同様に促進される。

　ここでは，日本人英語学習者に，英語による 6 枚の絵の描写課題（picture description task）を 3 回繰り返し，この反復がいかなる効果を，特に発話の「複雑性」および「流暢性」に与えるか検討し，上記（1）（2）のいずれの枠組みが支持できるかを考察した実験研究の成果について報告したいと思います（杉浦ほか, 2013a; 2013b）。

6.3.1　実験 1

　参加者は，日本人英語学習者 40 人で，Oxford Quick Placement Test の結果，ヨーロッパ共通参照枠（CEFR）でほぼ A1 から B2 レベルにわたる熟達度であることがわかりました。そして，Heaton（1966, 1975）所収の，2 種類の 6 コマ漫画（picnic story と bus story）の描写課題を与えました。そのうち bus story の方のサンプルを以下の図 4 に示します。これらの漫画を使い，まずベースラインとして，3 分間の日本語（母語）による絵描写を行い，3 分間の発話準備（planning）時間のあと，英語で 3 回の描写を行ってもらい，それらを CALL 教室にて音声録音しました。

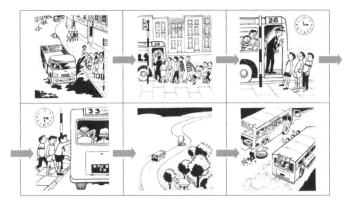

図4　実験に用いた"bus story"の6コマ漫画

1回目から3回目にかけて，使用語彙（描写に用いた総語数［tokens］，反復使用を除いて異なった語を用いた回数：異なり語数［types］）がいかに変化したかを，次の図5に示しています。

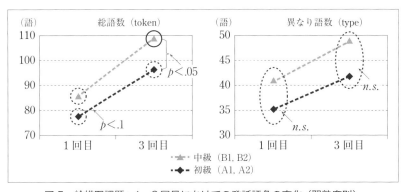

図5　絵描写課題：1〜3回目にかけての発話語彙の変化（習熟度別）
（杉浦ほか，2013a より転載）

以上の分析の結果，①タスクに繰り返し取り組む間に，総語彙数（token），異なり語数（type）がともに，有意に増加する，②上記①の結果は，初級，中級の習熟度や，使用した素材と関わりなく，観察されることが分かりました。また，1回目3回目のみならず，2回目も対象に3回の反復効果を調べた場合も同様に，総語数と異なり語数がほぼ同様に増加していく

傾向が観察されました。

6.3.2 実験2

実験2では，日本人英語学習者34人（Oxford Quick Placement Test による CEFR レベルが，B1 から C1）に対し，実験1と同じ2種類の6コマ漫画（picnic story と bus story）の描写を課しました。これらの漫画を使い，実験1と同様に，3分間の発話準備時間を設け，その後英語で3回の描写を行ってもらい，その音声を録音しました。

次の表1に，1回目と3回目を比較する形で，(a) ポーズも含む発話速度（speech rate），(b) ポーズを除外した調音速度（articulation rate），(c) 発話の割合（phonotation time ratio），(d) ポーズのない発話の長さ（mean length of runs），(e) 1分あたりのポーズ数（silent pauses per minute），(f) 平均ポーズ長（mean length of pauses）という指標がどのように変化しているかについて全参加者の結果を示します。

表1 絵描写課題：1回目と3回目における各種流暢性指標の変化
（杉浦ほか，2013b より転載）

	1回目		3回目		
	M	SD	M	SD	
(a) 発話速度（平均音節数／分・ポーズ含）	89.45	31.48	104.43	27.92	**
(b) 調音速度（平均音節数／分・ポーズ無）	167.74	39.20	183.69	32.19	**
(c) 発話の割合（％）	52.98	13.78	57.17	13.51	*
(d) 平均発話長（平均音節数）	3.71	1.37	4.48	1.71	*
(e) サイレントポーズ（回数／分）	23.94	4.66	23.70	4.70	
(f) 平均ポーズ長（秒）	1.27	0.70	1.13	0.50	*

表1および他のデータから得られた主な結果は次の通りです。

① (e) の1分あたりのポーズ数を除いて，他のすべての指標において，1回目よりも3回目で有意に向上する。

② 全体の分析では，上記①の通りであるが，B2 から C1 レベルの上位群では，1回目と3回目を比べて，なかには有意傾向を示す指標もあったものの，特に有意差がみられた指標は存在しない。

③しかし、B1レベルの中位群では、(e) のポーズ数と、(f) 平均ポーズ長では有意差はなかったものの、2つ以外の指標ではすべて1回目と3回目間に有意差が見られる。

以上の実験1と実験2の結果をまとめますと、(1) 3回の絵描写の反復課題によって、異語数も総語数もともに増大すること、(2) 特にB1レベルの中位群で、ポーズなし発話長（MLR）をはじめとして、各種流暢性指標が向上することが分かります。すなわち、CAFの枠組みを前提に考えると、「複雑性」および「流暢性」の両面で、課題の反復による効果があることが示唆されます。

6.4 まとめ：インプットとアウトプットをつなぐプラクティス

これまでの第二言語習得研究は、学習者が英語など第二言語を習得するためには、まず大量の理解できるインプットが不可欠であることを明らかにしています（インプット理論：input theory）。これにもちろん間違いはありません。しかし、インプットだけで言語習得に十分かというと、この点は多くの異論があります。実際に、インプット学習だけでは正確な文法処理能力はつかず、アウトプットが不可欠だという立場（アウトプット理論：output theory）も提案されています。

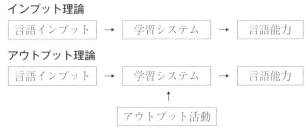

図6　インプット理論とアウトプット理論のイメージ

しかし、本節ではそれだけでなく、これらふたつをつなぐ、反復練習（反復プライミング）としてのプラクティス（practice）が、必須であることを提案したいと思います。つまり、学習対象言語（e.g. 英語）が日常的に使われていない外国語学習状況で、英語とは言語間距離も大きい日本語母語話者が英語を学ぶ場合には、特にこのプラクティスを十分に行うことが重要で

す。このプラクティスは，理解した素材を，アウトプットにつなぐいわば「リハーサル（予行演習）」の役割を果たしてくれるものです。

　なお，プラクティスと聞くと，英語をはじめとする多くの外国語教師にとって，現在のコミュニケーション志向の教授法ではほとんど実践されなくなった，無意味なドリル（meaningless pattern drill）であるパターンプラクティスを連想することが多いと思われます。しかし，このようなプラクティス効果は，理論編「1　音声言語習得モデル」（☞ p.294）において解説しました，かつてのパターンプラクティス（文型練習）とは，まったく異なるものです。例えば，その背景となる理論的枠組みについて，前者の文型練習が，行動主義心理学における刺激―反応―強化の条件づけをもとにしているのに対し，後者のプラクティスは，認知心理学が人の心内（脳内）における情報処理や情報獲得（学習）の仕組みを探る上でその基本的な枠組み（方法論）として採用した，プライミング（priming）による研究手法やこの学習の枠組みが基盤にあります。このような観点から，プラクティスについて暫定的に定義しますと，プライミングの一種で，「意味処理を伴った反復プライミング（repetition priming）」を指すものと言えます。

　この目的に，筆者がこれまでその意義を理論的，実証的に検討してきました，「シャドーイング（shadowing）」や「音読（oral reading）」が，意味処理を伴う反復練習効果が大きい方法であると考えます（門田, 2012；鈴木・門田, 2012 など）。また，近年盛んにその効果が報告されている「多読・多聴（extensive reading and listening）」による学習法も，大量の易しいインプットを確保することが，英語など第二言語習得の重要な要因であることを確認させてくれるものです。これに間違いはありません。しかし同時に，多読・多聴の学習効果は，それを通じて，同じ単語やチャンク（chunks：定型連鎖や定型表現を含む），構文（文構造：sentence structures）を何度も処理する場を提供してくれる，一種のプラクティスの結果であると考えることができます。大量のインプット処理じたいが，さまざまな異なる文脈で，同じ単語やチャンク（表現）に繰り返し遭遇する「疑似反復プライミング（quasi-repetition priming）」（門田ほか, 2014: 166-168）という意味処理を伴った反復練習になっているのです。

　以上お話ししたプラクティスを通じてはじめて，英語の語彙・文法などの顕在的知識（顕在記憶）が，潜在記憶化（手続き化：proceduralization）され，顕在的，意識的な知識活用レベルから，「心理言語学的能力

（psycholinguistic competence）」（門田, 2012）の高い，流暢性を備えたレベルに変容するのではないかと考えられます。今後の展開を期待したいと思います。

付録：TOEFL iBT Speaking Rubrics（日本語版）

スピーキング単独のルーブリック
(INDEPENDENT SPEAKING RUBRICS)

スコア	全般的説明	話し方	言語使用	話の展開
4	タスクが求めるものを完全に満たしており，些細なミスが若干混じる程度である。きわめて理解しやすい，一貫した内容の談話が継続的に展開できる。このレベルの反応は，右の特徴をすべて満足させるものである。	全体的に良好なスピードで流れている流暢な発話である。発話は明瞭であり，発音，イントネーション型に些細な問題点もあるものの，発話全体の理解に影響するものではない。	応答（発話）では文法および語彙の効果的な活用が認められる。文構造は，基本的なものでも，複雑なものでも，かなりの自動性をともなったレベルで適切に使いこなされている。些細だがしかし一貫してみられるエラーもあるが，意味内容を損なうものではない。	応答（発話）が持続し，与えられたタスクを十分にこなしている。概して話が十分に発展し，かつ一貫性がある。個々の概念と概念の関連が明確である。（または，それらの概念が明確な形で展開している。）

スコア	全般的説明	話し方	言語使用	話の展開
3	タスクを適切に遂行しているものの，完璧であるところまでは至らない。表現も流暢に使っており，全般的には理解しやすい，一貫した発話である。しかし，考えを述べるにあたって，明らかなミスがところどころみられる。このレベルの反応は，右のうち，最低限2つの特徴を満足させるものである。	発話は一般に明瞭で，かなり流暢に表現されている。もっとも発音，イントネーション，発話速度にわずかな問題点があると気づく程度であり，ときに聞き取りに努力を必要とするが，全体を理解するのに影響されるほどではない。	かなりの程度自動化され，かつ効果的に文法と語彙が使われるようになっており，適切な意見が一貫性をもって表現されている。語彙や文法構造の使用に不明確で不正確な点が見られるが，使用される構文の種類に限りがある。そのため，全体の流暢さを損なってしまう面もあるが，伝える内容を著しく損なうようなことはない。	応答はほぼ首尾一貫しており，また継続性があるので，関連した概念や情報を伝えている。話の展開は，全体として十分ではなく，精緻さや個々の特異性を十分に表現できるには至っていない面がある。個々の概念同士のつながりが時に明確でないことがある。

スコア	全般的説明	話し方	言語使用	話の展開
2	何とかタスクをこなしてはいるものの、トピックの展開が限られている。理解できる発話も含まれているが、意味の伝達や全体の一貫性において問題があり、意味不明な箇所がところどころみられる。このレベルの反応は、右のうち、最低限2つの特徴を満足させるものである。	基本的に発話は理解可能であるが、調音が明瞭でない、イントネーションがぎこちない、リズム／発話スピードが安定していないなどの理由で、聞き手には理解のための努力が必要となる。時に意味不明瞭な箇所が出現する。	応答（発話）では、文法や語彙の使用範囲が限られており、またその運用力も不十分である。そのために、概念を十分に表現しきれないことも多いものの、基本レベルの構文を使いこなすことで、たいがいの発話は、うまく流暢に行うことが可能である。単純で短い、一般的な発話内容（命題）は、上記のような構文、語彙を活用することで、生み出せるが、それらの命題は、単にリストアップ、連結、並記されるだけであるため、これら命題間の関係は、明瞭ではない。	応答（発話）は、与えられたタスクと無関連ではないものの、そこで表現される概念数や、その概念の展開は、限られている。詳細に踏み込んだり、サポート文を展開したりするといった精緻化を行うことはほとんどない。時に、関連した内容が曖昧な形で表現されたり、繰り返されたりすることはあるが、それらの関連性は不明である。

スコア	全般的説明	話し方	言語使用	話の展開
1	内容的にも，また一貫性の点でも，きわめて限定的で，与えられたタスクについて最小限のことしかこなしておらず，あるいは多くの部分が意味不明である。このレベルの反応は，右のうち，最低限2つの特徴を満足させるものである。	発音，ストレス，イントネーションの使用が一貫して不十分であり，そのため聞き手は理解するのにかなりの努力が必要となる。意味伝達は，安定せず，部分的にわかる程度で，電報文の様相を呈している。分裂しており，単調である。ポーズやためらい（言いよどみ）が頻出する。	使える文法や語彙の範囲が著しく限られているため，個々の概念を表現したり，それらの概念間の関係を示したりすることが難しい，あるいはできない。基本レベルの応答が，何度も練習した表現，あるいは決まり文句によって何とか可能になる。	テーマに関連してごく限定した内容が表現できる程度である。ごく基本的な概念のみの表現にとどまり実質的な中身に欠ける応答である。話し手は，タスクを完了するまで発話を維持させることができず，プロンプト（発話のきっかけとなる誘導）を繰り返すことにほぼ終始している。
0	何ら発話をしていない，あるいは発話内容がトピックと無関連である。			

統合的なスピーキングルーブリック
(INTEGRATED SPEAKING RUBRICS)

スコア	全般的説明	話し方	言語使用	話の展開
4	タスクが求めるものを完全に満たしており，些細なミスが若干混じる程度である。きわめて理解しやすい，一貫した内容の談話が継続的に展開できる。このレベルの反応は，右の特徴をすべて満足させるものである。	話は全体的に明瞭で流暢であり，それが持続している。発音やイントネーションに些細な問題点，困難点がある。話し手が内容を思い出そうとしている際に，スピードが一定でなくなる時がある。それでも全体的な理解しやすさは，高いレベルである。	応答（発話）では，基本的あるいは複雑な構文がうまく使用でき，それにより適切な概念を一貫して効率的（自動的）に表現することができる。概して，効果的な語彙を選んで使うことも可能である。些細だがしかし一貫してみられるエラーもあるが，聞き手の読解力を必要とするものではなく，意味内容を損なうものではない。	応答（発話）では，概念が明確に展開される。タスクが求める情報を適格に伝達している。些細な誤りや脱落がみられるものの，詳細な内容が適切に含まれている。

スコア	全般的説明	話し方	言語使用	話の展開
3	タスクを適切に遂行しているものの，完璧であるところまでは至らない。表現も流暢に使っており，全般的には理解しやすい，一貫した発話である。しかし，考えを述べるにあたって，明らかなミスがところどころみられる。このレベルの反応は，右のうち，最低限2つの特徴を満足させるものである。	発話は一般に明瞭で，ある程度流暢に表現されている。もっとも発音，イントネーション，発話速度にわずかな問題点があることを示しており，ときに聞き取りに努力を必要とする。しかしながら，全体の内容理解は十分に保たれている。	かなりの程度自動化され，かつ効果的に文法と語彙が使われるようになっており，適切な意見が一貫性をもって表現されている。応答（発話）には，語彙や文法構造の使用に不明確で不正確な点が見られるか，使用される構文の種類に限りがある。しかしそのような問題点があっても，発話内容全体を伝えることができないほどではない。	応答（発話）は継続して行われ，タスクが求める情報を適切に伝えている。しかし，不完全で不正確な箇所が含まれており，また内容的にあまりに漠然としており特定の情報を提供できていない。また概念をうまく展開することもできていない。

スコア	全般的説明	話し方	言語使用	話の展開
2	何とかタスクをこなしてはいるものの，トピックの展開が限られている。理解できる発話も含まれているが，意味の伝達や全体の一貫性において問題があり，意味不明な箇所がところどころみられる。このレベルの反応は，右のうち，最低限2つの特徴を満足させるものである。	発話は，ある程度流暢な表現をともないながら，一般に明瞭であるが，発音，イントネーション，速さにやや問題が見られ，聞き手は時にその理解に努力を必要とする。しかし，全体の明瞭度は保たれている。	応答（発話）では，文法や語彙の使用範囲が限られており，またその運用力も不十分であることが明らかである（複雑な構文が使用されることもあるが，だいたいは誤りを含む）。そのために，適切な概念が十分に表現されずあいまいである。また概念同士のつながりも不明確で不正確である。自動化された表現は句レベルのみに限定された形でみられる。	応答（発話）は，関連する情報をある程度伝えているが，明らかに不完全で不正確である。鍵となる概念が脱落していたり，それらに漠然と言及しているだけであり，重要な情報を展開することが十分になされていない。不正確な応答から，テーマになっている鍵となる概念を誤解していることが示唆される。典型的には，表現されている概念は十分に互いにつながっておらず，一貫性がないので，テーマについてある程度精通することが，議論についていくには必要である。

スコア	全般的説明	話し方	言語使用	話の展開
1	内容的にも，また一貫性の点でも，きわめて限定的で，与えられたタスクについて最小限のことしかこなしておらず，あるいは多くの部分が意味不明である。このレベルの反応は，右のうち，最低2つの特徴を満足させるものである。	発音，イントネーションに一貫して問題が見られ，そのために聞き手はかなりの努力が必要となる。またしばしば発話の意味が曖昧になる。意味の伝達は安定しておらず，また部分的にしか意味が理解できず，電報文のような様相を呈している。ポーズやためらい（言いよどみ）が頻出する。	使える文法や語彙の範囲やその活用能力が原因で，個々の概念を表現したりそれらの概念間の関係を示したりすることが，制限，阻止される。概念の伝達のために，いくつか低次元の反応がみられるが，それらは単独の語や短い表現を使うことによってのみ可能となる。	テーマに関連してごく限定した内容が表現できる程度である。ごく基本的な概念のみの表現にとどまり実質的な中身に欠ける応答である。話し手は，タスクを完了するまで発話を維持させることができず，プロンプト（発話のきっかけとなる誘導）を繰り返すことにほぼ終始している。応答（発話）は，ほとんど関連した内容を提供することができない。表現される概念は，しばしば正確さに欠き，曖昧な発話やプロンプト（発話のきっかけとなる誘導）を繰り返すだけに限定される。
0	何ら発話をしていない，あるいは発話内容がトピックと無関連である。			

参考文献

欧文文献

Allen, G. 1975. Speech rhythm: Its relation to performance universals and articulatory timing. *Journal of Phonetics, 3* : 75-86.

Austin, J. L. 1962. *How to do things with words.* Harvard University Press.

Bachman, L. 1990. *Fundamental considerations in language testing.* Oxford: Oxford University Press.

Bachman, L. F., & Palmer, A. 1996. *Language testing in practice.* Oxford: Oxford University Press.

Brown, P. & Levinson, S. 1978. *Politeness: some universals in language use.* Cambridge:Cambridge University Press.

Buccino, G., Vogt, S., Ritzi, A. G. R., Zilles, K., Freund, H. J.,& Rizzolatti, G. 2004. Neural circuits underlying imitation learning of hand actions: an event-related fMRI study. *Neuron 42* : 323-334.

Bygate. M. 2001. Speaking. In *Teaching English to speakers of other languages (3rd ed.)*, eds. R. Carter & D. Nunan,: 14-20. Cambridge: Cambridge University Press.

Canale, M. 1983. From communicative competence to communicative language pedagogy. In *Language and communication,* eds. J.C. Richards & R.W. Schmidt : 2-27. London: Longman.

Canale, M.& Swain, M. 1980. Theoretical bases of communicative approaches to second language teaching and testing. *Applied Linguistics 1* : 1-47.

Celce-Murcia, M., Dornyei, Z., & Thurrell, S. 1985. Communicative competence: A pedagogically motivated model with content specifications. *Issues in Applied Linguistics, 6* (2) : 5-35.

Chaudron, C. 1988. *Second language classrooms.* Cambridge: Cambridge University Press

Cook, V. 2000. *Second language learning and language teaching (2nd Edition).* Beijing: Foreign Language Teaching and Research Press.

De Bot, K. 1996. The psycholinguistics of the output hypothesis. *Language Learning, 46* : 529-55.

Deci, E. L. & Ryan, R. M. 1985. *Intrinsic motivation and self-determination theory in human behavior.* New York: Plenum.

Dörnyei, Z. & Scott, M. L. 1997. Communication strategies in a second language: Definitions and taxonomies. *Language Learning, 47* : 173-210.

Dörnyei, Z. 2009. The L2 motivational self system. In *Motivation, language identity and the L2 self* : 9-42, eds. Z. Dörnyei & E. Ushioda. Bristol: Multilingual Matters.

Ellis, G. & Brewster, J. 2002. *Tell it again! : The new storytelling handbook for primary teachers.* Longman UK

Ellis, R. 2003. *Task-based language learning and teaching.* Oxford: Oxford University Press.

Ellis, R. 2012. *Language teaching research and language pedagogy.* London: Wiley-Blackwell.

Ellis, R. 2012. *La*Carlson, R. A. 1997. *Experienced cognition.* Mahwah, NJ: Lawrence Erlbaum.

Field, J. 2003. *Psycholinguistics: A resource book for students.* London: Routledge.

Flanders, N. A. 1970. *Analyzing teaching behavior.* Addition-Wesley Publishing Company.

Grice, H. P. 1975 Logic and conversation. In *Syntax and Semantics 3 Speech Acts* : 41-58. eds. C. Morgan. New York : Academic Press

Harmer, J. 2000. *How to teach English.* Beijing: Foreign Language Teaching and Research Press.

Hawkins, R. 2005. *Synaptic plasticity and learning. 28th Annual Postgraduate Review Course, Basic and Clinical Neurosciences held from December 17, 2005 to March 11, 2006.* New York: TC, Columbia University.

Hcaton, J. B. 1966. *Composition through pictures.* Essex: Longman

Hcaton, J. B. 1975. *Beginning composition through pictures.* Essex: Longman

Housen, A., Kuiken, F., & Vedder, I. 2012. *Dimensions of L2 performance and proficiency: Complexity, accuracy and fluency in SLA.* London: John Benjamins.

Hymes, D. H. 1972. Models of the interaction of language and social life, In *Directions in sociolinguistics: The ethnography of communication,* : 35-71. eds. J. J. Gumperz & D. Hymes. New York: Holt, Rinehart & Winston.

Izumi, E. 1995. Gambits and routines for promoting oral communication : textbook analysis and task design. *Annual Review of English Language Education in Japan, 7* : 145-158.

Izumi, E. 2008. The effectiveness of teaching communication strategies through explicit task-based instruction. *Annual Review of English Language Education in Japan, 19* : 171-180.

Izumi, E. 2009. Enhancing learner autonomy through communication strategy training: A focus on monitoring and reflection. *The JASEC BULLETIN,18* : 55-65.

Jackendoff, R. 1993. *Patterns in the mind: Language and human nature.* Harlow : Pearson Education Limited.

Jakobson, R. 1985. Metalanguage as a linguistic problem, in Roman Jakobson, *Selected writings.* Berlin: Mouton Publishers. R. ヤコブソン（池上嘉彦・山中桂一訳）『言語とメタ言語』勁草書房．1984 年．

Kormos, J. 2006. *Speech production and second language acquisition.* Mahwah, New Jersey: Lawrence Erlbaum Associates.

Krashen, S. D. 1985. *The Input Hypothesis: Issues and implications.* London: Longman.

Kuhl, P., Tsao, F. M., & Liu, H. M. 2003. Foreign-language experience in infancy: Effects of short-term exposure and social interaction on phonetic learning. *Proceedings of the National Academy of Sciences (PNAS) of the United States of America 100* (15): 9096-9101.

Lee,N., Mikesell, L., Joaquin, A. D. L., Mates, A. W. & Schumann, J. H. 2009. *The interactional instinct: The evolution and acquisition of language.* Oxford: Oxford University Press.

Levelt, W. J. M. 1989. *Speaking: From intention to articulation.* Cambridge: MIT Press.

Levelt, W. J. M. 1993. The architecture of normal spoken language use. In *Linguistic Disorders and Pathologies: An International Handbook* : 1-15. eds. G. Blanken, E. Dittman, H. Grimm, J. Marshall & C. Wallesch, Berlin: de Gruyter.

Long, M. H., & Crookes, G. 1992. Three approaches to task-based syllabus design. *TESOL Quarterly, 26* : 27-56.

Long, M. 1983. Does second language instruction make a difference? *TESOL Quarterly, 17* : 359-82.

Long, M. 1996. The role of the linguistic environment in second language acquisition. In *Handbook of research on language acquisition Vol. 2*, eds. W. C. Ritchie, & T. K. Bhatica. : 413-68. New York: Academic Press.

MacIntyre, P., Dörnyei, Z., Cléments, R. & Noels, K. 1998. Conceptualising willingness to communicate in a L2: A situational model of L2 confidence and affiliation. *The Modern Language Journal, 82* (4) : 545-562.

Mackey, A. ed. 2007. *Conversational interaction in second language Acquisition.* Oxford: Oxford University Press.

Mackey, A., & Goo, J. 2007. Interaction research in SLA: A meta-analysis and research synthesis. In *Conversational interaction in second language acquisition,* ed. A. Mackey, 407-52. Oxford: Oxford University Press.

Mackey, A., & Silver, R. E. 2005. Interactional tasks and English L2 learning by immigrant children in Singapore. *System, 33* : 239-60.

Mehrabian, A. 1971. *Silent messages.* Wadsworth, Belmont, California.

Marcus, G., Vijayan, S., Bandi Rao, S. & Vishton, P. M. 1999. Rule learning by seven-month-old-infants. *Science 283* : 77-80.

Marsh, D. 2002. *LIL/EMILE- the European dimension: Actions, trends and foresight potential.* Public services Contract EG EAC. Strasbourg: European Commission

Masaki, K. 2015. A practice to develop a sense of counting syllables for 2nd graders elementary school using chants and songs. *ARELE 26* : 219-242.

McDonough, K., & Mackey, A. 2006. Reponses to recasts: Repetitions, primed production, and linguistic development. *Language Learning, 56* : 693-720.

McNeill, D. 1987. *Psycholinguistics: A new approach.* New York: Harper & Row Publishers Inc.

McNeill, D. 1992. *Hand and mind: What gestures reveal about thought.* Chicago: Chicago University Press.

McQuail, D. & Windahl, S. 1993. *Communication models for the study of mass communication.*

London: Longman.

Mehan, H. 1979. *Learning lessons: Social organization in the classroom*. Cambridge, Mass: Harvard University Press.

Meltzoff, A. N. & Moore, M. K. 1977. Imitation of facial and manual gestures by human neonates. *Science 198* : 75–78.

Meltzoff, A. N. & Decety, J. 2003. What imitation tells us about social cognition: A rapprochement between developmental psychology and cognitive neuroscience. *Philosophical Transactions 358* : 491-500.

Moon, R. 1997. Vocabulary connections: Multi-word items in English. In *Vocabulary: description, acquisition and pedagogy*. eds. N. Schmitt & M. McCarthy : 40-63. Cambridge: Cambridge University Press.

Morishita, M., Satoi, H., & Yokokawa, H. 2010. Verbal lexical representation of Japanese EFL learners: Syntactic priming during language production. *Journal of the Japan Society for Speech Sciences 11* :29-43.

Moskowitz, G. 1971. Interaction analysis: A new modern language for supervisors. *Foreign Language Annuals 5* (2)

Newell, A. & Simon, H. A. 1972. *Human problem solving*. Englewood Cliffs, NJ: Prentice-Hall.

Ohta, A. 2001. *Second language acquisition processes in the classroom: Learning Japanese*. Mahwah, NJ: Lawrence Erlbaum.

Oliver, R. & Philp, J. 2014. *Focus on interaction*. Oxford: Oxford University Press.

Pinker, S. 1994. *The language instinct: How the mind creates language.* New York: HarperCollins.［椋田訳（1995）『言語を生みだす本能〈上〉』東京：日本放送協会（NHKブックス）］

Premack, D. & Woodruff, G. 1978. Does the chimpanzee have a 'Theory of Mind?'"*Behavioral and Brain Sciences 4* : 515-526.

Press.Ward, J. 2010. The student's guide to cognitive neuroscience. (2nd ed.) New York: Psychology Press.

Rizzolatti, G. 2012. The mirror neuron mechanism and its role in understanding others. 日本心理学会第76回大会招待講演. 川崎：専修大学

Robinson, P. 2001. Task complexity, task difficulty, and task production: Exploring interactions in a componential framework. *Applied Linguistics, 22* : 27-57.

Savignon, S. 1983. *Communicative competence: Theory and classroom practice: texts and contexts in second language learning*. Reading, MA: Addison-Wesley.

Schumann, J. H. 1997. *The neurobiology of affect in language.* Oxford: Blackwell.

Schumann, J. H. 2010. Applied linguistics and the neurobiology of language. In *The Oxford Handbook of Applied Linguistics.(2nd ed.)* R.B.Kaplan : 244-259. Oxford: Oxford University Press.

Schmidt, R. 1990. The role of consciousness in second language learning. *Applied Linguistics, 11* : 129-58.

Searle, J. 1969. *Speech acts.* Cambridge: Cambridge University Press.
Shannon, C. E. & Weaver, W. 1949. *A mathematical model of communication.* Urbana, IL: University of Illinois Press.
Sinclair, J. & Brazil, D. 1985. *Teacher talk.* London: Oxford University Press.
Sinclair, J. & Coulthard M.. 1975. *Toward an analysis of discourse.* Oxford: Oxford University Press.
Skehan, P. 1998. *A Cognitive Approach to Language Learning.* Oxford: Oxford University Press.
Spada, N. & Fröhlich, M. 1995. *Communicative orientation of language teaching observation scheme. Coding conventions and applications.* Sydney: NCELTR, Macquarie University.
Sperber, D. & Wilson, D. 1986. *Relevance: communication and cognition.* Cambridge. Mass.:Blackwell.
Swain, M. 1985. Communicative competence: Some roles of comprehensible output in its development. In *Input in second language acquisition,* ed. S. Gass, & C. Madden : 235-56. Rowley, MA: Newbury House.
Swain, M. 1995. Three functions of output in second language learning. In *For H. G. Widdowson: Principles and practice in the study of language,* ed. G. Cook & B. Seidlhofer : 125-44. Oxford: Oxford University Press.
Tomasello, M. 2003. *A usage-based theory of language acquisition.* Cambridge, Massachusetts: Harvard University Press.
Tomasello, M.（著）,橋彌和秀（訳）2013.「ヒトはなぜ協力するのか」東京：勁草書房
Vygotsky, L. S. 1978. *Mind in society: The development of higher psychological processes.* Cambridge, MA: Harvard University Press.
Wajnryb, R. 1990. *Grammar dictation.* Oxford: Oxford University Press.
West, M. 1968.（小川芳男訳注）『困難な状況のもとにおける英語の教え方』東京：英潮社
Willis, D. & Willis, J. 2007. *Doing task-based teaching.* Oxford: Oxford University Press.
Wood, D., Bruner, J. & Ross, G. 1976. The role of tutoring in problem solving. *Journal of Child Psychology and Psychiatry, 17* : 89–100.
Wragg, E. C. 1970. Interaction analysis in the foreign language classroom. *Modern Language Journal 54* (2)
Yashima, T. 2002. Willingness to communicate in a second language: The Japanese EFL context. *The Modern Language Journal, 86* (1) : 54-66.
Zhang, X., & Hung, S. 2013. A case study of exploring viability of task-based instruction on college English teaching in big-sized class. *Journal of Language Teaching and Research, 4* : 693-99.

和文文献

阿栄娜・林良子. 2014.「シャドーイング訓練によって日本語学習者の発音はどう変化するか」横

川博一・定藤規弘・吉田晴世『外国語運用能力はいかに熟達化するか：言語情報処理の自動化のプロセスを探る』: 157-179. 東京：松柏社.

秋田喜代美. 1997.『読書の発達過程』東京：風間書房.

秋田喜代美. 1998.『読書の発達心理学』東京：国土社.

浅川淳司・杉村伸一郎. 2011.「幼児期における計算能力と手指の巧緻性の特異的関係」『発達心理学研究』22（2）: 130-139.

樋口忠彦. 1989.『英語楽習―クイズ・ゲームからコミュニケーション活動まで』中教出版.

樋口忠彦・高橋一幸（編著）. 2015.『Q&A中学英語指導法事典―現場の悩み152に答える』東京：教育出版.

池田真. 2011.『CLIL（内容言語統合型学習）上智大学外国語教育の新たなる挑戦　第1巻　原理と方法』東京：上智大学出版.

伊東治己. 2008.『アウトプット重視の英語授業』東京：教育出版.

Iacoboni, M. 著，塩原通緒訳 2009.『ミラーニューロンの発見：「物まね細胞」が明かす驚きの脳科学』[Mirroring people: The new science of how we connect with others.] 東京：早川書房.

岩井千秋. 2000.『第二言語使用におけるコミュニケーション方略』広島：渓水社.

泉惠美子. 2010.「大学生のオーラル英語におけるコミュニケーション方略指導」*The JASEC BULLETIN,19*: 33-46.

ジェイコブス, G., パワー, M. & イン, L. W. 2005.『先生のためのアイディアブック―協同学習の基本原則とテクニック―』日本協同教育学会.

ジョンソン, D. W., ジョンソン, R. T. & ホルベック, E. J. 2010.『学習の輪　学び合いの協同教育入門』東京：二瓶社.

門田修平. 2002.『英語の書きことばと話しことばはいかに関係しているか』東京：くろしお出版.

門田修平（編著）. 2003.『英語のメンタルレキシコン：語彙の獲得・処理・学習』東京：松柏社.

門田修平. 2012.『シャドーイング・音読と英語習得の科学』東京：コスモピア.

門田修平. 2014a.「トータルな英語教育の中で多聴多読の位置づけを考える」『多聴多読マガジン9月号別冊　英語の多読最前線』: 74-88. 東京：コスモピア.

門田修平. 2014b.『英語上達12のポイント』東京：コスモピア.

門田修平・柴原智幸・高瀬敦子・米山明日香. 2012.『話せる！英語シャドーイング』東京：コスモピア.

金子朝子. 2004.「スピーキング」『第二言語習得研究の現在：これからの外国語教育への視点』小池生夫ほか（編）: 161-179. 東京：大修館書店.

河合裕美. 2014.「英語リズム測定による児童期の言語産出の特徴」JES Journal 14: 147-162. 小学校英語教育学会.

小池生夫（編集主幹），井出祥子・河野守夫・鈴木博・田中春美・田辺洋二・水谷修（編）.2003.『応用言語学事典』東京：研究社.

河野守夫. 1988.「リズム論序説」『音声学会会報』188: 16-20.

神戸大学附属住吉中学校，神戸大学附属中等教育学校．2009.『生徒と創る協同学習―授業が変わる・学びが変わる―』東京：明治図書．
桑野隆．2011.『バフチン：カーニヴァル・対話・笑い』東京：平凡社．
三宅滋．2009.「日本人英語学習者の復唱に関する考察」JACETリーディング研究会・大学院言語コミュニケーション文化研究科共催講演会．大阪：関西学院大学．
文部科学省, 2013.「求められる資質・能力の枠組み試案」
http://www.nier.go.jp/05_kenkyu_seika/pf_pdf/20130627_4.pdf
村野井仁．2006.『第二言語習得研究から見た効果的な英語学習法・指導法』東京：大修館書店．
中本幹子．2005. *Chants for Grammar.* 東京：アプリコット．
近江誠．1988.『頭と心と体を使う英語の学び方』東京：研究社出版．
ラボ教育センター．2011.『佐藤学　内田伸子　大津由起雄が語る言葉の学び、英語の学び』ラボ教育センター．
斎藤栄二．2008.『自己表現力をつける英語の授業』東京：三省堂．
柴田義松．2006.『ヴィゴツキー入門』東京：子どもの未来社．
靜哲人．1999.『英語授業の大技・小技』：72-73. 東京：研究社．
杉江修治．2011.『協同学習入門　基本の理解と51の工夫』京都：ナカニシヤ出版．
杉森幹彦．2011.「外国語授業分析法の概観と英語授業評価基準の提案」『政策科学』京都：立命館大学政策科学会
杉浦香織・平井愛・門田修平・森下美和・生馬裕子・泉惠美子・斉藤倫子・里井久輝・藤原由美・堀智子・籔内智．2013a.「日本人英語学習者に対する絵描写発話の繰り返し効果」第53回外国語教育メディア学会全国研究大会シンポジウム．東京：文京学院大学．
杉浦香織・泉惠美子・齊藤倫子・堀智子・森庸子．2013b.「日本人英語学習者による絵描写発話タスクにおける繰り返し効果：ポーズに注目して　外国語教育メディア学会」2013年度関西支部秋季大会．大阪：関西大学．
鈴木寿一・門田修平（編著）．2012.『英語音読指導ハンドブック』東京：大修館書店．
田中武夫・田中知聡．2009.『英語教師のための発問テクニック　英語授業を活性化するリーディング指導』東京：大修館書店．
寺尾康．2002.『言い間違いはどうして起こる？』東京：岩波書店．
辻幸夫・野村益寛・出原健一・菅井三実・鍋島弘治朗・森吉直子．2008.『ことばをつくる：言語習得の認知言語学的アプローチ』東京：慶應義塾大学出版会．
月本洋・上原泉．2008.『想像：心と身体の接点』京都：ナカニシヤ出版．
鄭嫣婷．2013.「コミュニケーション場面からの第二言語習得：脳科学的知見から」ことばの科学会2013年度オープンフォーラム．大阪：関西学院大学．
鄭嫣婷・川島隆太．2013.「使える英語はコミュニケーション活動から」『英語教育』2013年12月号．
卯城祐司．2011.『英語で英語を読む授業』東京：研究社．
山本玲子．2010.「児童の身体反応と情動に関する研究：リズムと身体運動を重視した指導の効果」

『日本児童英語教育学会紀要』29:31-45.
山本玲子. 2011.「母語で培った基底能力が英語習得に及ぼす影響」『日本児童英語教育学会紀要』30:19-32.
横川博一・藪内智・鈴木正紀・森下美和. 2006.「日本人英語学習者の発話における使用語彙分析と発話潜時:海外語学研修参加者の発話データに基づく分析」『信学技報』33. 東京:電子情報通信学会.
全国高校英語ディベート連盟　http://www.henda.jp/Pages/default.aspx

教科書

田中茂範ほか. 2014. *PRO-VISION English Communication I*. 東京:桐原書店.
野村和宏ほか. 2014. *Perspective English Communication I*. 広島:第一学習社.
松本茂ほか. 2012. *ONE WORLD English Course 1*. 東京:教育出版.
松本茂ほか. 2012. *ONE WORLD English Course 2*. 東京:教育出版.
松本茂ほか. 2012. *ONE WORLD English Course 3*. 東京:教育出版.
西村義弘ほか. 2009. *Polestar Reading Course*. 東京:数研出版.
高橋貞夫ほか. 2012. *NEW CROWN ENGLISH SERIES 3*. 東京:三省堂.
鈴木寿一ほか. 2012. *MAINSTREAM ENGLISH COURSE II*. 大阪:増進堂.
卯城裕司ほか. 2014. *ELEMENT English Course II*.　大阪:啓林館.
沖原勝昭ほか. 2014. *Voyager Reading Course*.　広島:第一学習社.
笹島準一ほか. 2012. *New Horizon English Course 3*. 東京:東京書籍.

索引

あ

アウトプット　59, 308
アウトプット仮説（Output Hypothesis）　336
アウトプット活動　14, 63, 174
アウトプット理論（output theory）　363
足場掛け　338, 339

い

言い間違い（slips of the tongue）　310
意図の読み取り（intention-reading）　298
意味交渉（negotiation of meaning）　304, 335
インタビューテスト　259
インタラクション　86
インタラクション仮説　303, 335
インタラクションモデル　333
インテイク　14
インフォメーションギャップ　140, 247
インプット　19, 59, 308
インプット仮説（Input Hypothesis）　336
インプット理論（input theory）　363

お

オーディオリンガルメソッド　18
オーラル・インタープリテーション　43
オーラルインタラクション　26, 36, 52
オーラル・コミュニケーション　258, 263, 322
オペラント条件づけ（operant conditioning）　295
音声コード化　313, 316

か

概念化装置（conceptualizer） 307
外発的動機（extrinsic motivation） 331
学習システム 59, 297
学習指導要領 6, 10, 22, 282
仮説・検証システム（hypothesistesting system） 297
関連性理論 325

き

疑似反復プライミング（quasi-repetition priming） 364
気づき 62, 336
協学（Community / Culture） 237

く

グループ発表 260
グローバル化 4, 16, 285

け

形態・音韻コード化 313
顕在学習 357
顕在記憶 356, 364
言語（Communication） 236
言語獲得装置（LAD：language acquisition device） 296
言語・ジェスチャー習得（Language-gesture acquisition） 349
言語本能（language instinct） 301

原理とパラメータ（principles and parameters） 294

こ

語彙・文法コード化 312
高次思考スキル（HOTS：Higher-order Thinking Skills） 236
項目依存構文（item-based construction） 301
心の知能指数（EQ：Emotional Quotient） 67
心の理論（theory of mind） 332
古典的条件づけ（classical conditioning） 294
コミュニケーションタスク 12
コミュニケーション能力 10, 322, 327
コミュニケーションへの意志 8
コミュニケーション方略 242, 255
コミュニケーションを図ろうとする態度 331
コンテスト 288, 289, 290

し

ジェスチャー 346
視覚プライミング（visual priming） 356
軸語スキーマ（pivot schema） 300
思考（Cognition） 240
社会言語能力（sociolinguistic competence） 327
社会認知システム（social-cognitive

system） 298
社会文化的アプローチ　337
事例学習（exemplar learning）　306
身体運動　346，348

す

推論モデル（inference model）　325
スーパーグローバル大学（SGU）　5
スーパーグローバルハイスクール（SGH）　5
ズーミングプレゼンソフト　220
ストラテジー　247，255
スモールトーク　28，200

せ

正確さ　253，273
正確性（accuracy）　359
潜在学習　357
潜在記憶　356，364
潜在的学習（implicit learning）　305

そ

相互交流仮説　303
相互作用本能（interactional instinct）　301

た

大学入試　282
多重知能（MI）　67
タスクに基づく　153

タスクに基づく言語指導（task-based language teaching）　155
談話能力（discourse competence）　327

ち

知能指数（IQ：Intelligence Quotient）　67
チャンツ　137
調音装置（articulator）　307
聴覚プライミング（auditory priming）　356

て

ティーチャートーク（teacher talk）　85
ディクトグロス（Dictogloss）　174
定式化装置（formulator）　307
低次思考スキル（LOTS：Lower-order Thinking Skills）　236
ディスカッション　172，183，185
ディベート　157，167
ディベートコンテスト　290

と

統語的プライミング　314
動詞島仮説（verb island hypothesis）　301
トレードオフ（trade-off）　344

な

内在化 203
内発的動機（intrinsic motivation） 331
内容（Content） 236

は

パーラメンタリーディベート（parliamentary debate） 157
パターン発見（pattern-finding） 298
パフォーマンステスト 262
パワーポイント 60, 234
反復プライミング（repetition priming） 356
汎用的問題解決装置（general problem solver） 297

ひ

否定証拠（negative evidence） 337

ふ

フィードバック（feedback） 336
フォーカス・オン・フォーム（FonF） 59
フォーミュラ 314
複雑性（complexity） 359
プライミング 15, 313, 364
プラクティス 15, 308, 363
プレゼンテーション 184, 207, 277
プレゼンテーションコンテスト 289
プロジェクト学習（Project-based Learning：PBL） 223
プロソディ 137, 316
文法能力（grammatical competence） 327

へ

変形生成文法（transformational generative grammar） 296

ほ

方略的能力（strategic competence） 327
ポライトネス（politeness） 325
ポリシーディベート（policy debate） 157

み

ミラーニューロン（mirror neurons） 354

め

メタ認知 253

も

モジュール 189
模倣（imitation） 354
問題解決装置（problem solver） 294

よ

用法基盤モデル（usage-based model）　294, 297
読み聞かせ　201

り

リピーティング（Repeating）　203
留学　318
流暢さ　253, 273
流暢性（fluency）　359

る

類推（analogy）　354
ルーブリック　22, 264

欧文

CAN-DO リスト　264
CBI（Content-based Instruction）　236
CEFR（Common European Framework of Reference for Languages）　266
CLIL（Content and Language Integrated Learning）　18, 236
EQ（Emotional Quotient）　67
explicit memory　356
GTEC　352
GTEC CBT（Global Test of English Communication Computer Based Testing）　283
HOTS（Higher-order Thinking Skills）　236
IQ（Intelligence Quotient）　67
LAD（language acquisition device）　296
LOTS（Lower-order Thinking Skills）　236
Prezi　220
Project-based Learning（PBL）　223
Speech act theory　325
TEAP（Test of English for Academic Purposes）　283
TOEFL　282, 286
TOEIC　283, 285
TPR（Total Physical Response）　352
willingness to communicate（WTC）　8, 331

[編著者紹介]

泉 惠美子(いずみえみこ) 京都教育大学教授
神戸大学大学院修了。博士(学術)。専門は英語教育学・応用言語学。兵庫県立高等学校教諭,兵庫県立教育研修所指導主事等を経て現職。教員養成・研修に広く携わる。主な著書に,『小学校英語教育法入門』(編著, 研究社),『続 小学校英語活動アイディアバンク』,『英語授業改善への提言』,『Q&A中学英語指導法事典』(以上, 編著, 教育出版),『英語科・外国語活動の理論と実践』(編著, あいり出版),『すぐれた英語授業実践』(共著, 大修館書店), 文部科学省検定教科書中学校 *One World*(教育出版), 高等学校 *Perspective*(第一学習社) ほかがある。

門田修平(かどたしゅうへい) 関西学院大学・大学院教授
神戸市外国語大学大学院修了。博士(応用言語学)。専門は心理言語学, 応用言語学。主な著書に,『英語リーディングの認知メカニズム』(編著),『第二言語理解の認知メカニズム』,『SLA研究入門』(以上, くろしお出版),『英語のメンタルレキシコン』(編著, 松柏社),『決定版 英語シャドーイング』(共著),『決定版 英語エッセイ・ライティング』(共著),『シャドーイング・音読と英語習得の科学』,『英語上達12のポイント』,『シャドーイング・音読と英語コミュニケーションの科学』(以上, コスモピア) ほかがある。

英語スピーキング指導ハンドブック
©Emiko Izumi & Shuhei Kadota, 2016   NDC375／xi, 387p／21cm

初版第1刷──2016年5月30日

編著者	泉 惠美子・門田修平
発行者	鈴木一行
発行所	株式会社 大修館書店
	〒113-8541 東京都文京区湯島2-1-1
	電話 03-3868-2651(販売部) 03-3868-2293(編集部)
	振替 00190-7-40504
	[出版情報] http://www.taishukan.co.jp

装丁者	内藤創造
印刷所	広研印刷
製本所	牧製本

ISBN978-4-469-24601-8 Printed in Japan

Ⓡ本書のコピー, スキャン, デジタル化等の無断複製は著作権法上での例外を除き禁じられています。本書を代行業者等の第三者に依頼してスキャンやデジタル化することは, たとえ個人や家庭内での利用であっても著作権法上認められておりません。

フォニックスからシャドーイングまで

英語音読指導ハンドブック

●A5判・418頁
定価＝本体2,900円＋税

鈴木寿一・門田修平●編著　英語力を伸ばすために音読は効果的である。しかし、ただテキストを読むだけでは効果は半減してしまう。本書は効果的な音読法を多数紹介するとともに、授業で取り入れる際の注意点や、音読の効果の科学的検証法など、多角的に音読を扱う。既に音読を授業で取り入れている先生方にも指導法を見直すきっかけとなる書である。

【主要目次】音読指導自己診断テスト／音読指導Q＆A／各種音読指導法／フォニックスと音読指導／教科書を用いた音読・シャドーイング指導／教科書以外の素材を用いた指導法／パソコンを活用した教材作成法／指導上の諸問題への対処法／データの分析手法／音読・シャドーイングを支える理論的背景

音読指導のすべてがこの1冊に！

大修館書店　書店にない場合やお急ぎの方は、直接ご注文ください。☎03-3868-2651

リーディング指導の悩みに答える！

英語リーディング指導ハンドブック

門田修平・野呂忠司・氏木道人●編著

●A5判・426頁
定価＝本体3,000円＋税

● 和訳中心の授業に**変化**をつけたい　● 授業に**オーラルイントロダクション**を取り入れたい　● 授業スタイルに**メリハリ**をつけたい　● 授業に**多読**を導入したい　● **和訳先渡し授業**をしてみたい　● **リーディング**授業に**速読**指導を取り入れたい　● **大学入試**に効果的なリーディング指導をしたい

…など、現場の要望に応える一冊。

主要目次──【第I部 実践編】教科書を用いたリーディング指導（1）pre-reading活動、(2) while-reading 活動、(3) post-reading 活動、リーディング授業の具体的な流れ、多読・速読指導、リーディング指導の諸相　【第II部 理論編】書かれた語や文はいかに処理されるか、第二言語読解研究の方法

大修館書店　書店にない場合やお急ぎの方は、直接ご注文ください。☎03-3868-2651